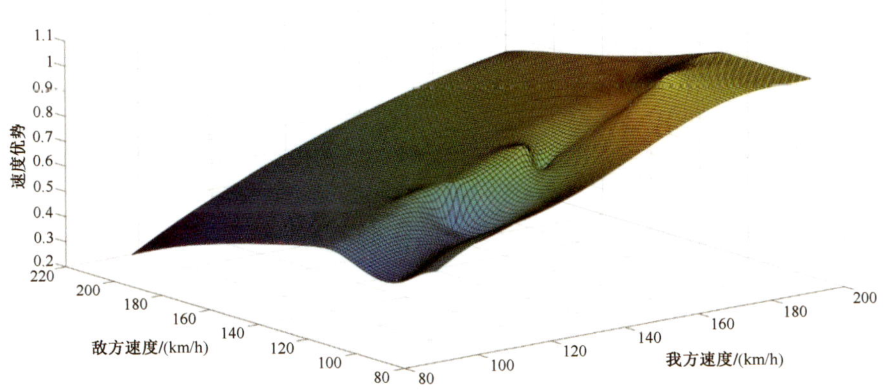

图 2.4 速度优势函数分析

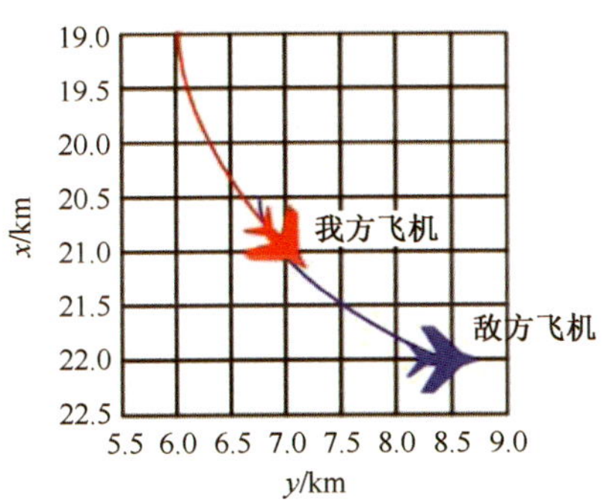

图 3.6 优势态势

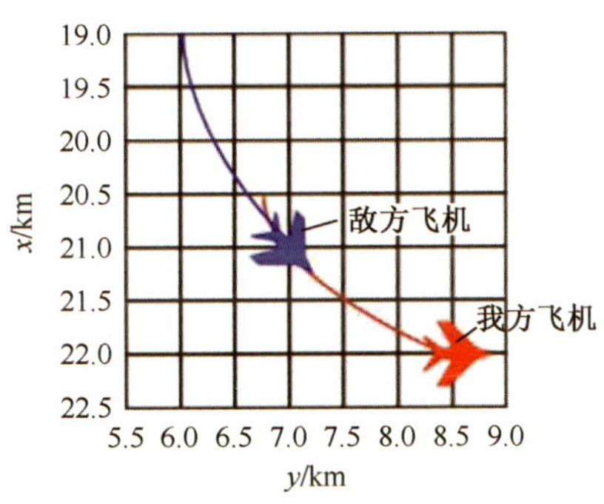

图 3.7 劣势态势

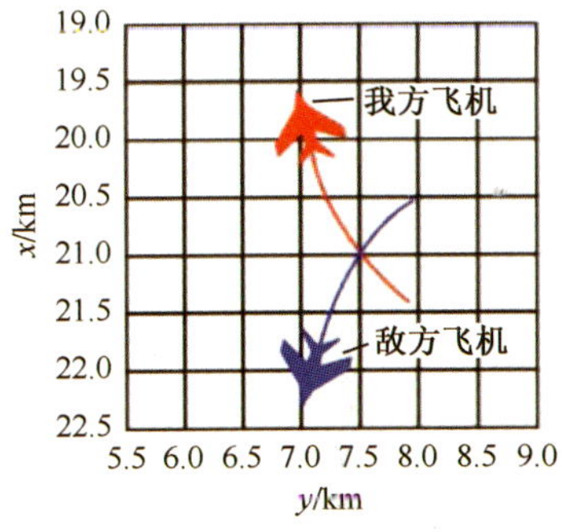

图 3.8 均势态势

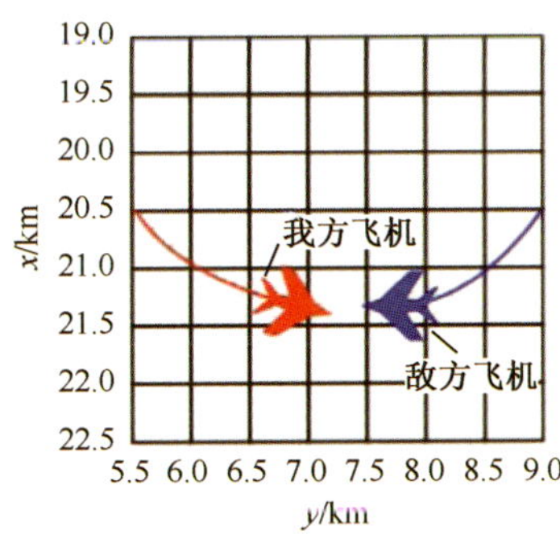

图 3.9 对立态势

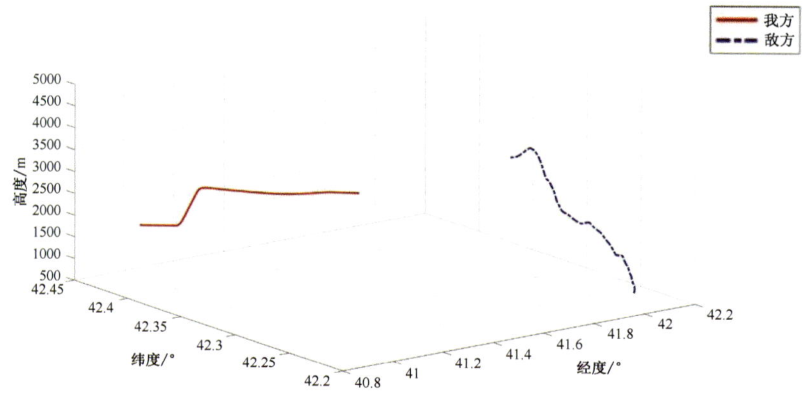

图 4.1　超视距空战轨迹

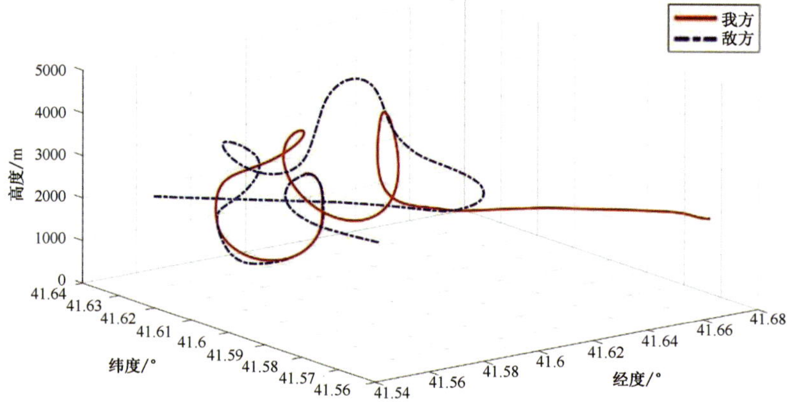

图 4.2　近距盘旋格斗空战轨迹

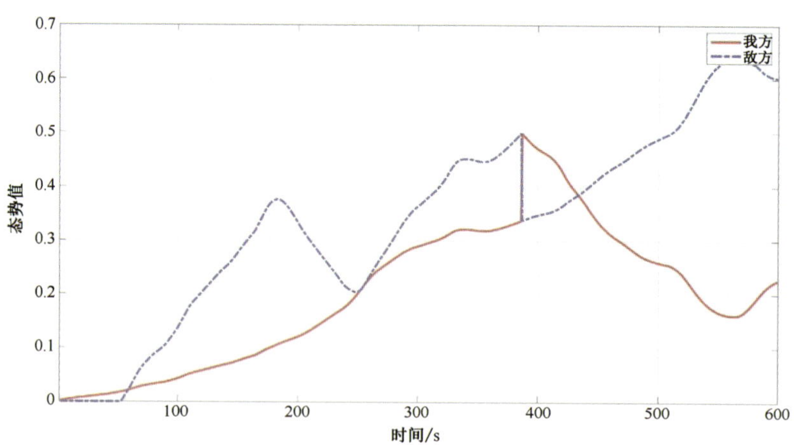

图 4.3　超视距空战数据高度态势优势分析

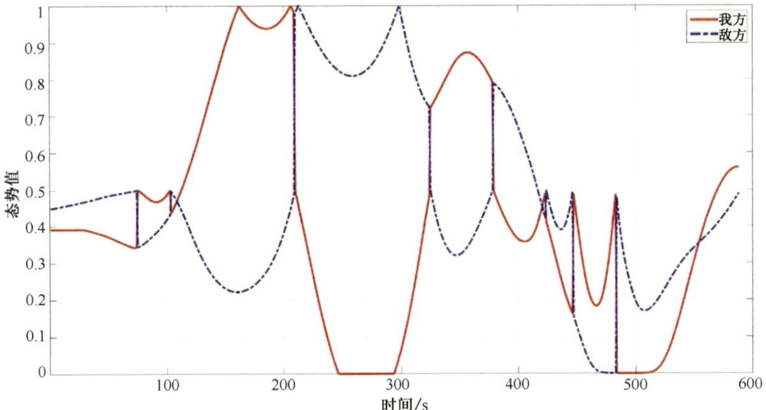

图 4.4　近距盘旋格斗数据高度态势优势分析

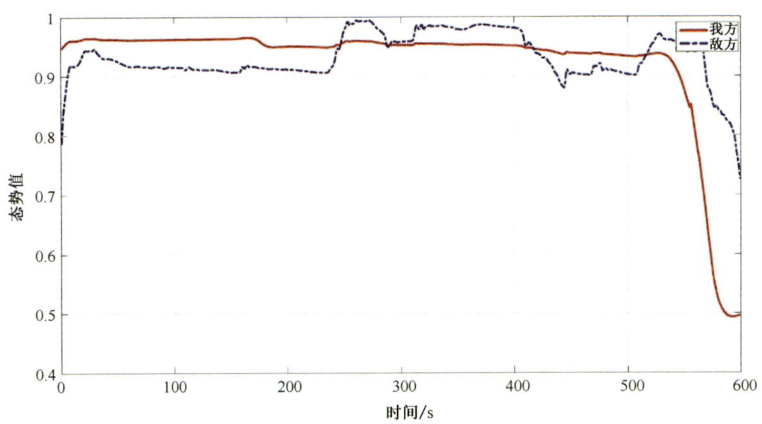

图 4.5　超视距空战数据角度态势优势分析

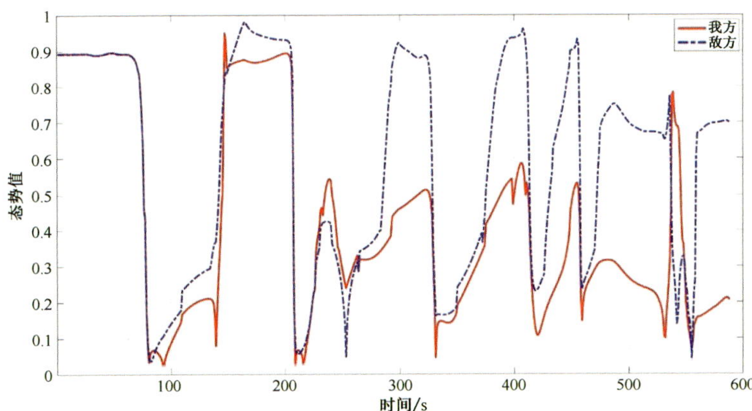

图 4.6　近距盘旋格斗数据角度态势优势分析

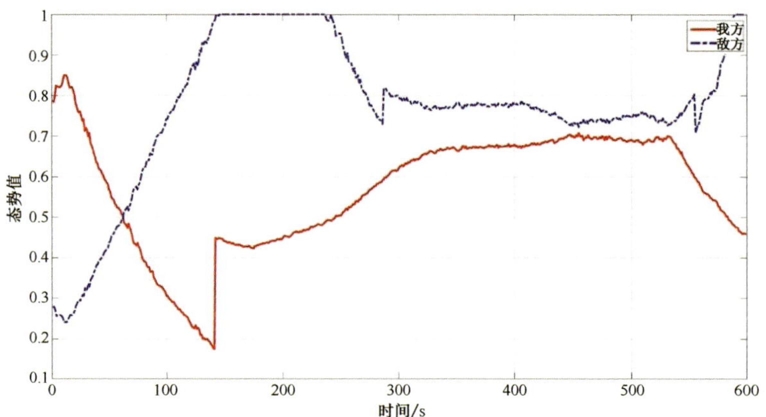

图 4.7　超视距空战数据速度态势优势分析

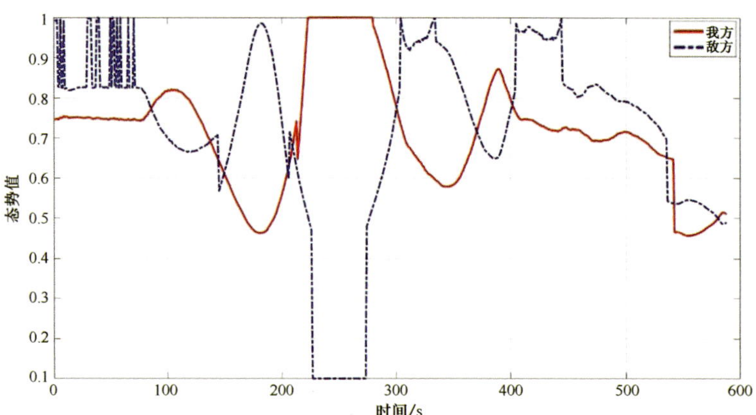

图 4.8　近距盘旋格斗数据速度态势优势分析

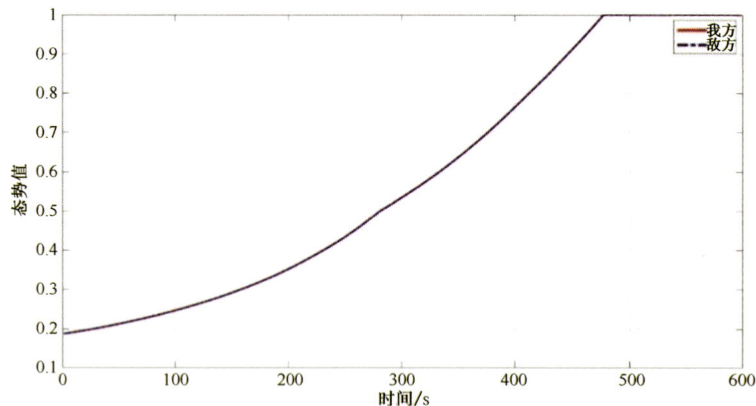

图 4.9　超视距空战数据距离态势优势分析

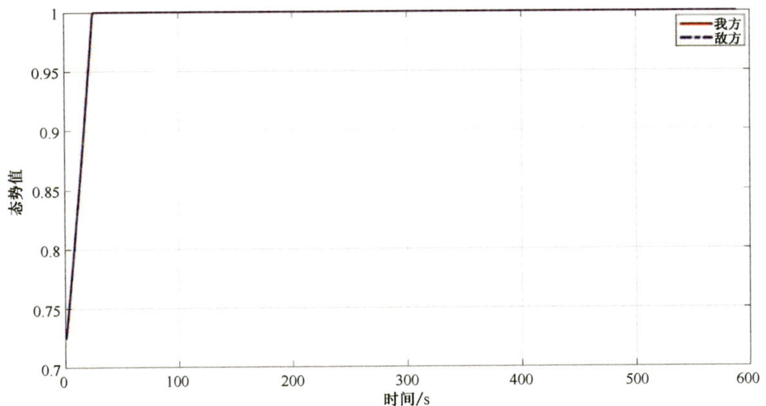

图 4.10　近距盘旋格斗数据距离态势优势分析

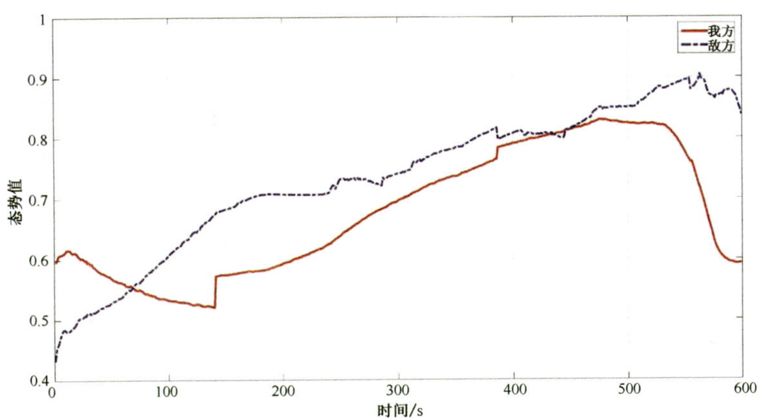

图 4.11　超视距空战数据静态综合态势分析

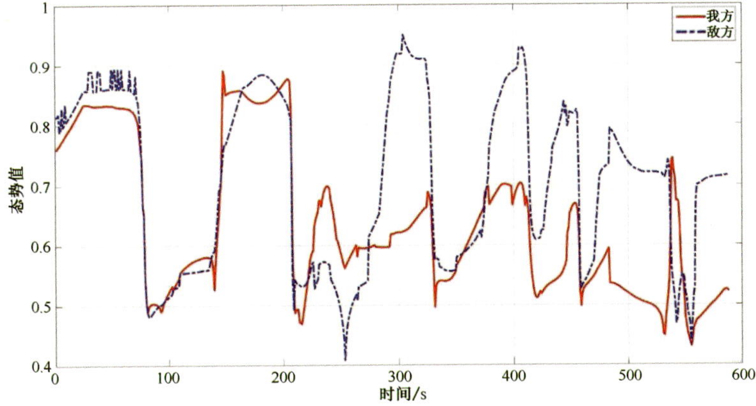

图 4.12　近距盘旋格斗数据静态综合态势分析

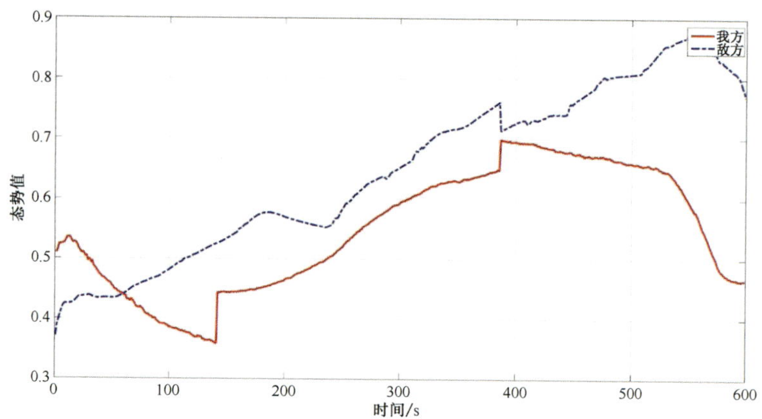

图 4.13　超视距空战数据动态综合态势分析

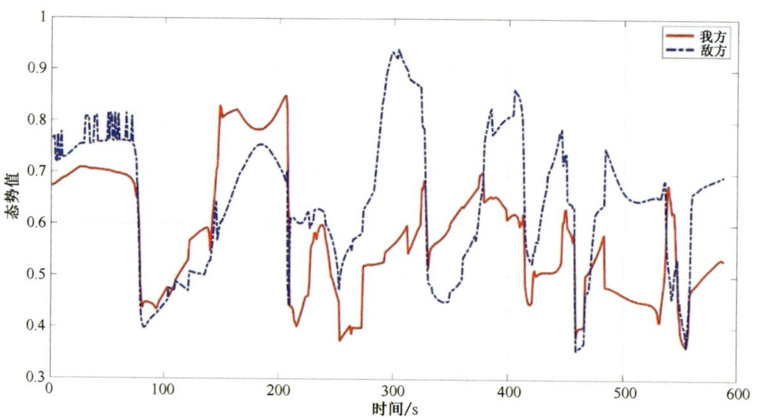

图 4.14　近距盘旋格斗数据动态综合态势分析

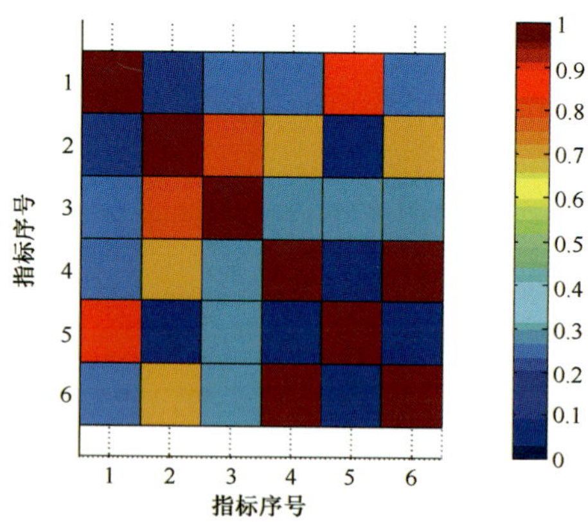

图 10.4　指标间关联关系

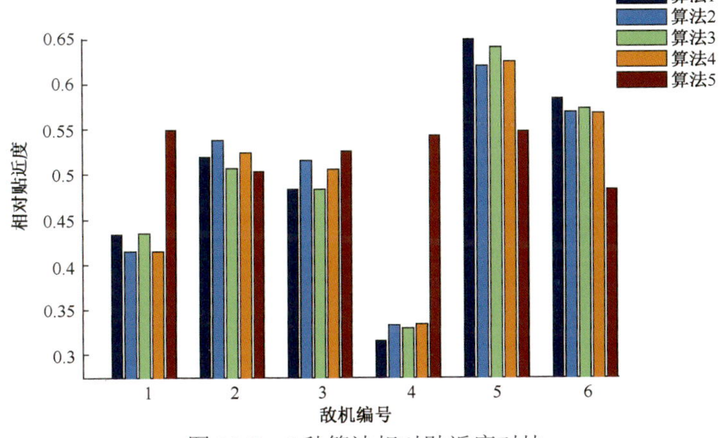

图 10.5　5 种算法相对贴近度对比

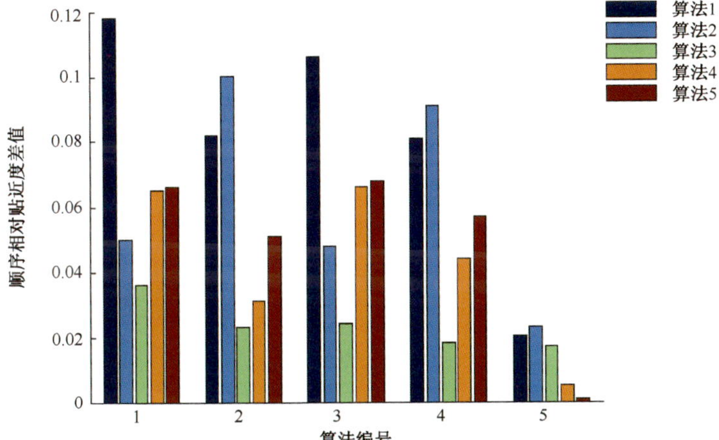

图 10.6　5 种算法顺序相对贴近度差值比较

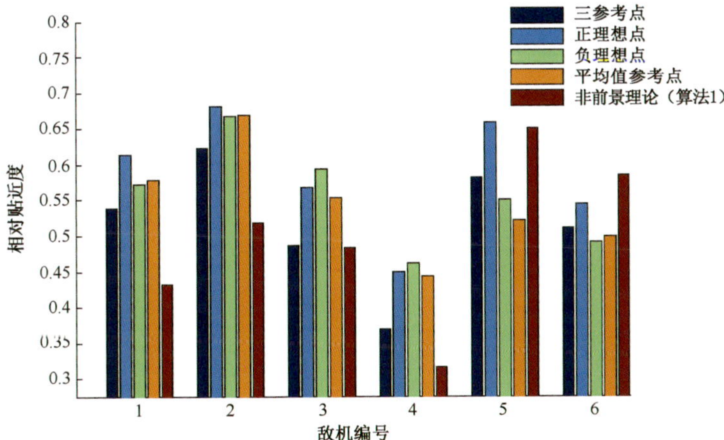

图 10.9　5 种评估模型下目标威胁大小对比

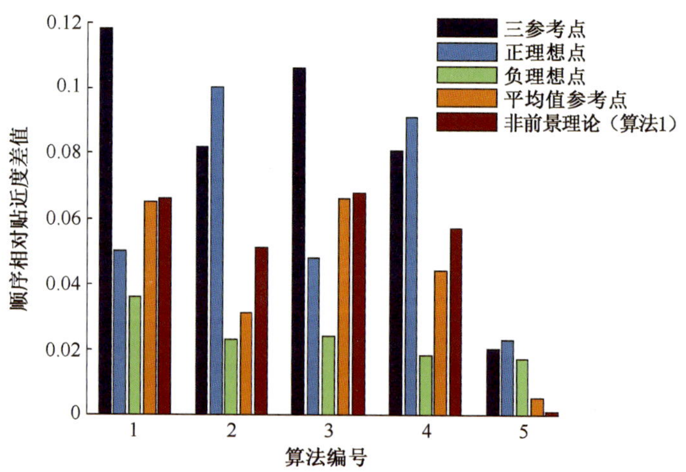

图 10.10　5 种评估模型下的顺序相对贴近度差值比较

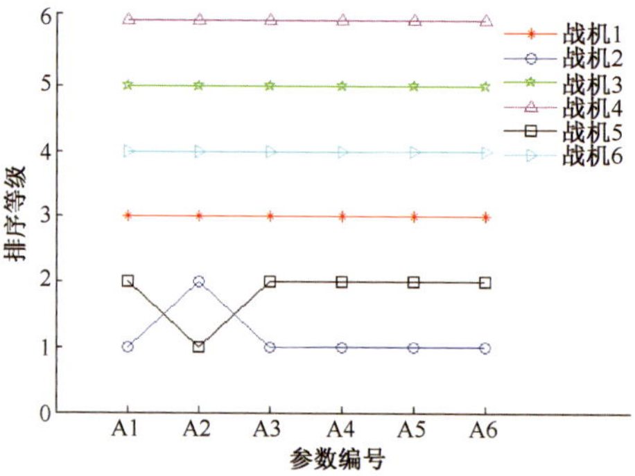

（a）三参考点评估结果

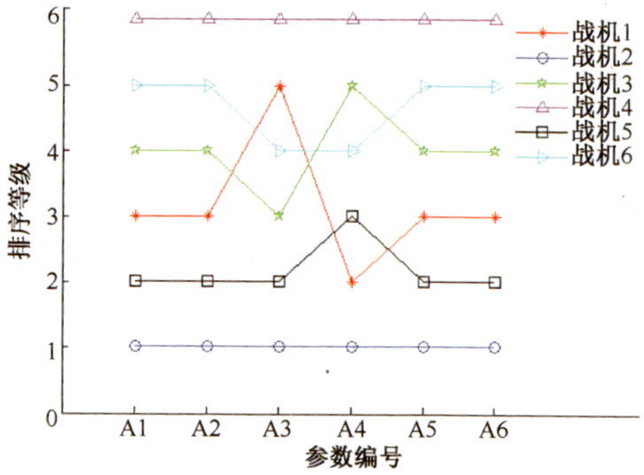

（b）正理想点评估结果

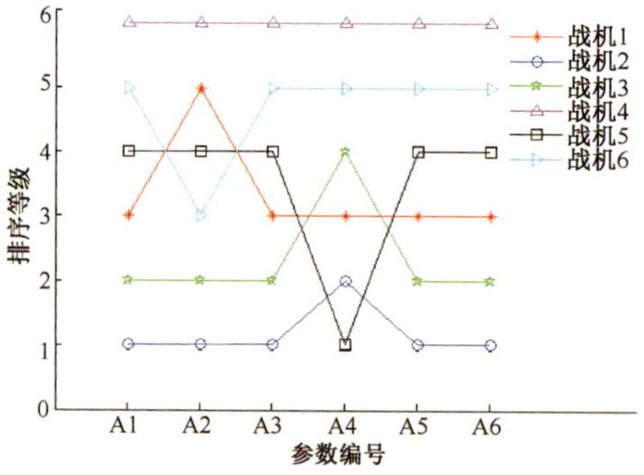

（c）负理想点评估结果

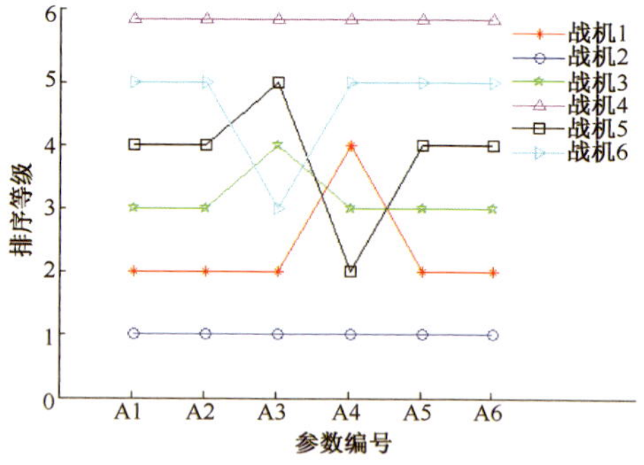

（d）平均值参考点评估结果

图 10.11　决策损失敏感程度高于决策收益威胁评估结果

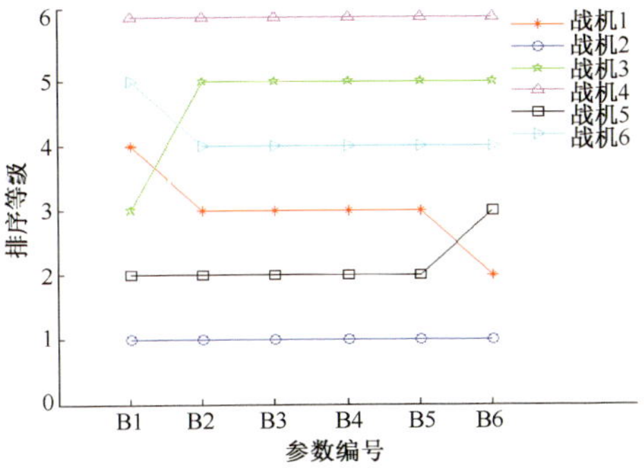

（a）三参考点评估结果

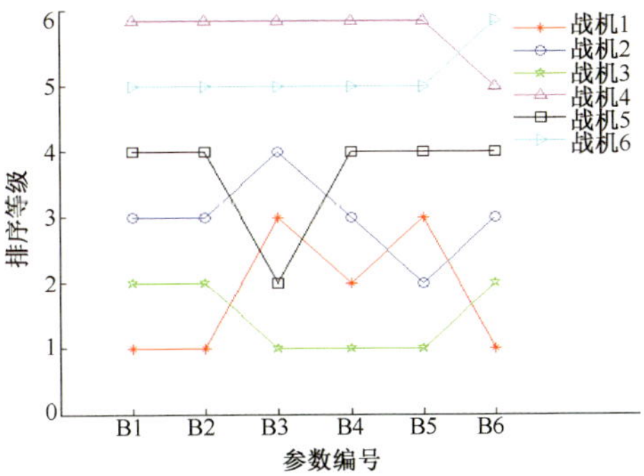

（b）正理想点评估结果

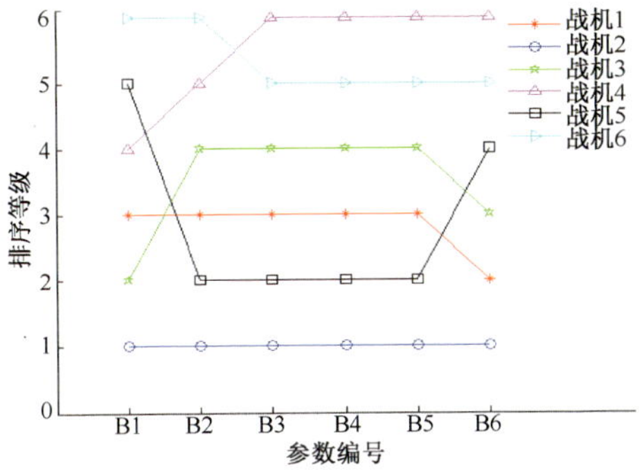

（c）负理想点评估结果

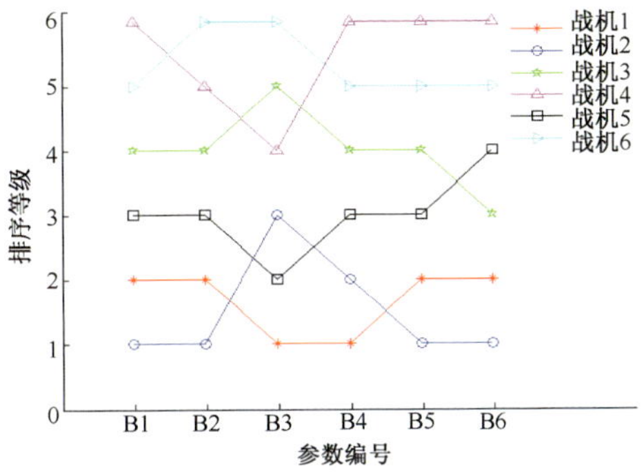

（d）平均值参考点评估结果

图 10.12　决策收益敏感程度高于决策损失威胁评估结果

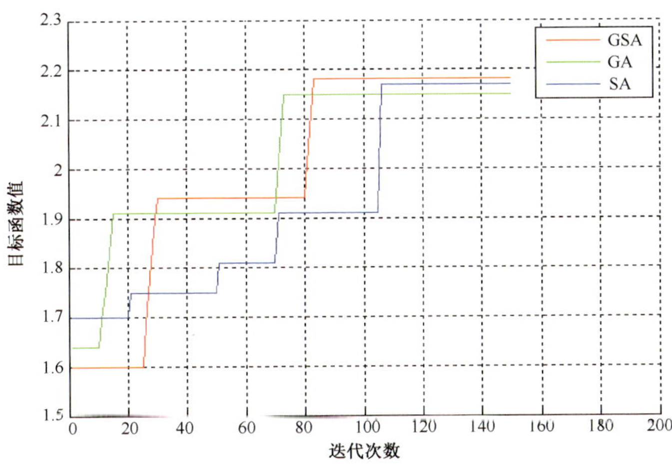

图 11.6　12 对 12 空战态势下我方机群仿真结果结构示意图

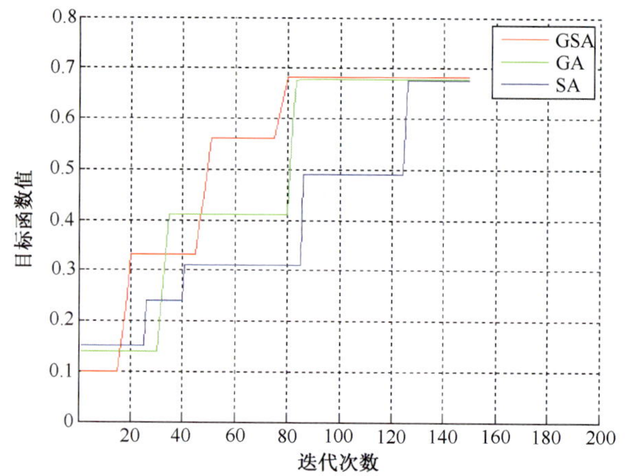

图 11.7　12 对 12 空战态势下我方机群仿真结果结构示意图

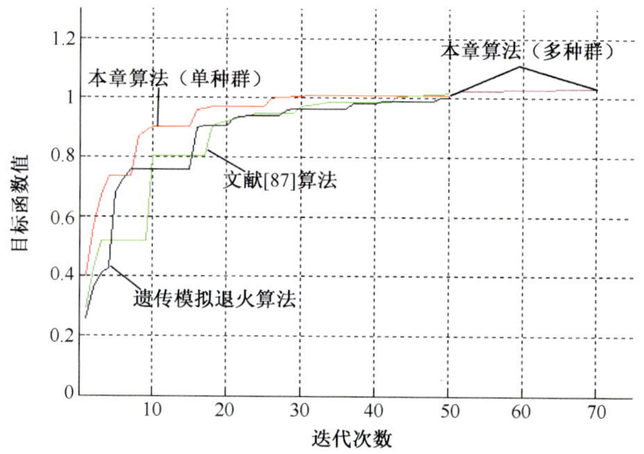

图 11.10　4 种算法在 6 对 6 状态下的迭代效果

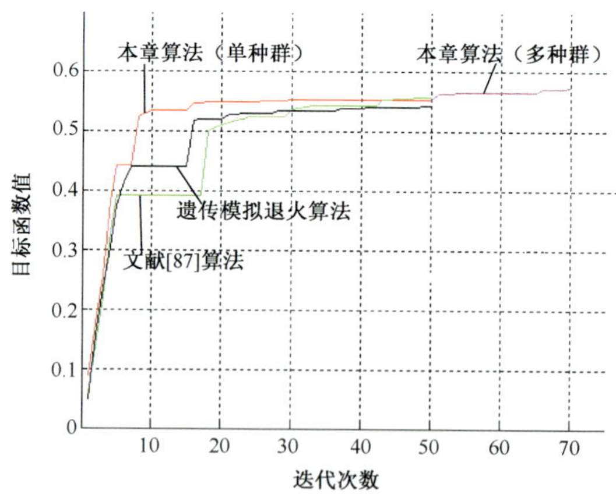

图 11.11　4 种算法在 4 对 6 状态下的迭代效果

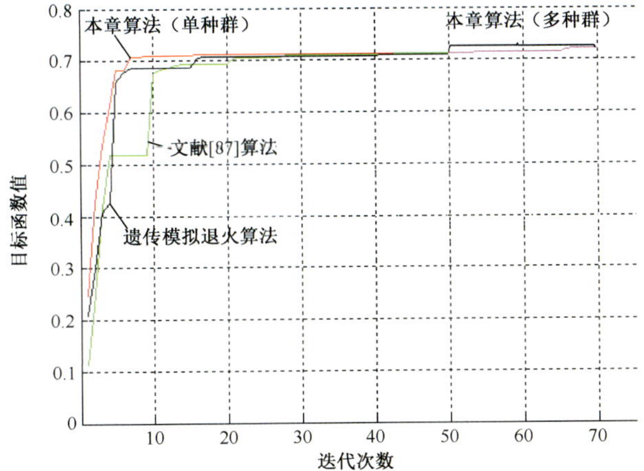

图 11.12　4 种算法在 6 对 4 状态下的迭代效果

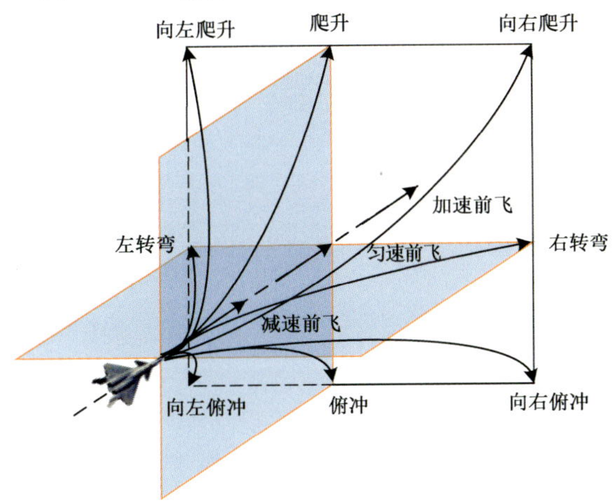

图 12.1　飞机 11 种基本机动动作

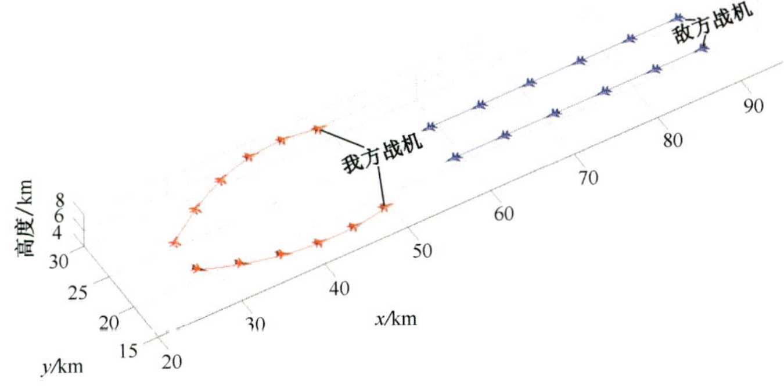

图 12.3　敌方战机不机动时我方战机与其 2 对 2 迎头态势的机动决策结果

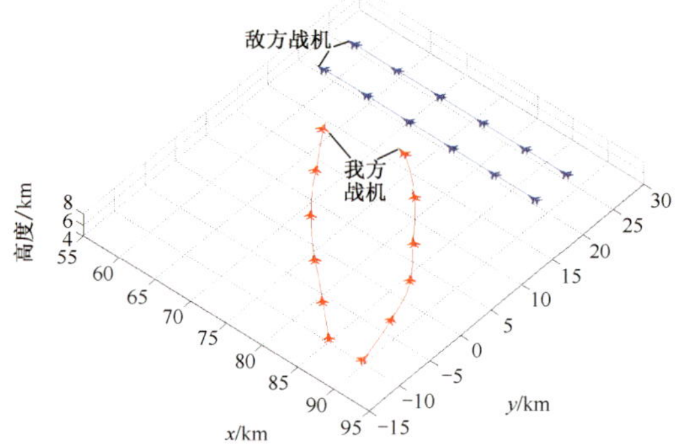

图 12.4　敌方战机不动机时我方战机 2 对 2 对其侧向尾追态势的机动决策结果

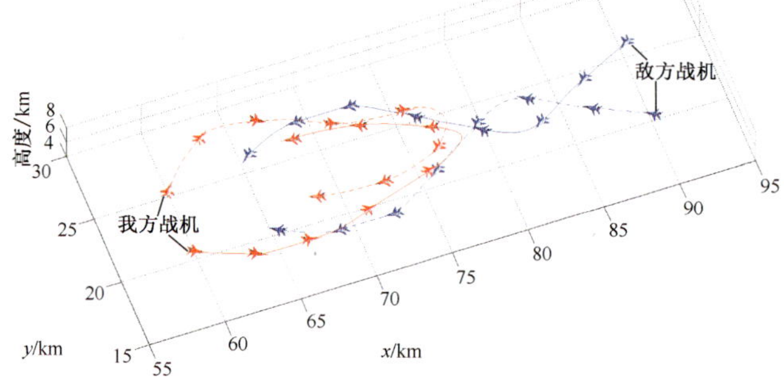

图 12.5　敌方战机机动时我方战机与其 2 对 2 迎头态势的机动决策结果

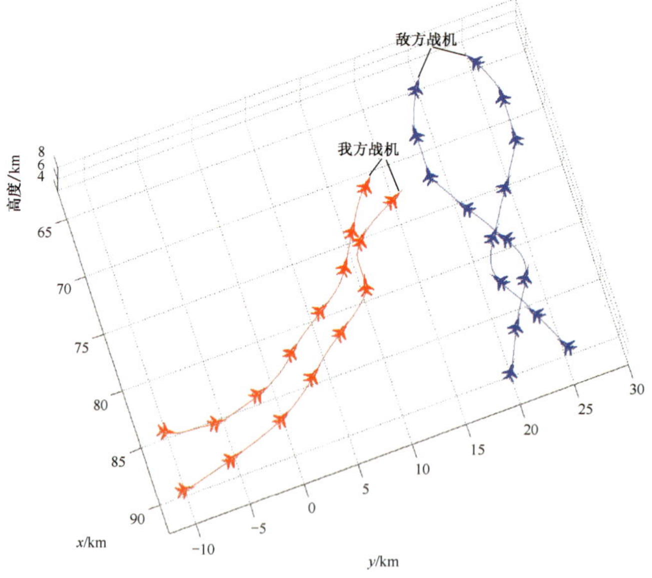

图 12.6　敌方战机机动时我方战机对其 2 对 2 侧向尾追态势的机动决策结果

智能空战对抗训练关键技术研究

王　栋　寇雅楠　胡　涛　马丽英　王永东　任　帆
周向东　姜龙亭　廖开俊　韦　拓　杜晓晨　胡　源 著

電子工業出版社
Publishing House of Electronics Industry
北京 • BEIJING

内 容 简 介

本书针对当前空战对抗态势评估的发展现状，提出基于特征提取的动态权重态势评估方法，分析飞机的各种机动动作，并根据机动动作的复杂程度，将其分为基础机动动作和组合机动动作，确立基础机动动作与组合机动动作之间的组合关系，最终确定机动动作识别的目标。本书以多机协同空战决策作为研究背景，着重对多机协同空战决策效果产生重大影响的关键技术进行分析，从目标威胁评估、协同目标分配和协同机动决策等方面进行研究。

本书可作为飞行控制及相关专业师生的参考教材，也可作为军事爱好者的参考读物。

图书在版编目（CIP）数据

智能空战对抗训练关键技术研究 / 王栋等著. —北京：电子工业出版社，2021.8
ISBN 978-7-121-10612-5

Ⅰ. ①智…　Ⅱ. ①王…　Ⅲ. ①空战－对抗性训练－研究　Ⅳ. ①E824

中国版本图书馆 CIP 数据核字（2021）第 156612 号

责任编辑：刘小琳
印　　刷：北京天宇星印刷厂
装　　订：北京天宇星印刷厂
出版发行：电子工业出版社
　　　　　北京市海淀区万寿路 173 信箱　　邮编 100036
开　　本：720×1 000　1/16　印张：15.5　字数：242 千字　彩插：6
版　　次：2021 年 8 月第 1 版
印　　次：2021 年 8 月第 1 次印刷
定　　价：98.00 元

凡所购买电子工业出版社图书有缺损问题，请向购买书店调换。若书店售缺，请与本社发行部联系，联系及邮购电话：（010）88254888，88258888。

质量投诉请发邮件至 zlts@phei.com.cn，盗版侵权举报请发邮件至 dbqq@phei.com.cn。

本书咨询联系方式：liuxl@phei.com.cn，（010）88254538。

前　言 / Forword

随着各国国防技术的发展，空战对抗的态势环境变得愈加复杂多变。现有的态势评估手段虽然多种多样，但面对未来战场仍有不足，其适应性逐渐难以满足需求。针对空战对抗态势评估发展的现状，本书主要研究以下 3 个部分的内容。

第一部分为空战对抗过程中态势评估研究。这部分提出了基于特征提取的动态权重态势评估方法。以单机空战对抗态势评估为基础，对传统态势评估模型在复杂空战环境下适应性不高和不能精准识别的问题进行研究改进，从而提高态势评估的辨识度和适应性。

第二部分为空战对抗训练过程中飞机机动动作识别研究。这部分分析了飞机的各种机动动作，并根据机动动作的复杂程度，将其分为基础机动动作和组合机动动作，之后确立基础机动动作与组合机动动作之间的组合关系，最终确定机动动作识别目标。

第三部分为多机协同空战决策关键技术研究。这部分在多机协同空战决策的背景下，着重对多机协同空战决策效果产生重大影响的关键技术进行分析，从目标威胁评估、协同目标分配和协同机动决策 3 个方面进行研究。

目　录 / Contents

第三部分　多机协同空战决策关键技术研究

第一部分

空战对抗过程中态势评估研究

第 1 章
空战对抗过程中态势评估研究概述

1.1 研究背景及意义

当今世界形势愈加复杂多变，随之而来的是战争对国防安全的威胁与考验。面对这一问题，世界各国都积极提升自己的军备能力，纷纷研制性能更加卓越的新型装备，开展更加贴合实战的军事训练。近年来，我国一直在努力提高自己的军事战备能力，大力研发新型军事装备。随着信息化、智能化时代的到来，空战训练形式也变得更加多样有效，这为部队日常训练拓展了新的思路。

空军在战争过程中是不可忽视的力量，从一场空战的胜负到制空权的所属，都将对战争形势产生重要的影响。各国对空战装备及训练尤为关注，但空战训练受场地、天气、装备、人员等多种因素的影响，仅依靠日常的飞行训练无疑是低效的。训练结束后对空战训练过程进行有效的评估分析，将大大提高训练的质量和效率。同时，随着战机的不断演变，飞机的操作难度也不断上升，飞行员的操作负担也不断增大，如何降低飞机的操作难度，强化对飞行员的辅助能力成为亟待解决的问题，因此对飞机智能化的需求越发强烈。

态势评估，顾名思义是指在基于特定的空间环境、时间节点，对要素的感知、提取和评估，并给予要素理解。通过态势评估结果，可以分析预测未来一段时间内态势的发展趋势。为了适应未来复杂的空战环境，态势评估从对当前指定时刻个体态势的静态分析，逐步发展为动态过程中多机群影响下的态势评估，并且根据当前态势，实现对下面一段时间空战态势的预测判断，从而达到为飞行员决策提供支撑的目的。这对实现空战的智能决策辅助功能及训练评估都有重大意义。

目前，科学技术迅速发展，各国空战武器装备快速更新换代，未来空战态势局面愈加复杂多变。在这种情况下，一个细节因素便可能影响对战双方的胜负，面对愈加复杂的空战态势，空战态势评估却越发困难。未来战争中，超视距多机相互配合的协同作战将成为空战常态，空战方式也会愈加多样，这对空战态势评估提出了更严峻的挑战。如何使现有的空战对抗态势评估更加准确地实现态势判断，如何适应未来愈加复杂的空战环境，成为亟待解决的重点和难点。面对未来复杂环境的考验，空战态势评估需要实现以下几个特性：

（1）态势判断的实时性。未来战场态势瞬息多变，这对态势评估的实时性提出了较高要求，只有快速准确地判断出己方当前所处态势，才能对飞行员起到有效的辅助作用，使其能够根据态势评估结果，对飞机进行相应的控制和调整，使空战态势向有利方向发展。

（2）态势判断的准确性。面对未来复杂的空战环境，各种影响因素交织在一起，这使对态势评估中多种因素的影响分析面临极大的考验。空战过程中，任何一个疏忽或错误都可能会导致严重后果；只有精准的辨识和准确的判断，才能对空战过程起到积极有效的辅助作用。

（3）态势判断的稳定性。飞行作战的环境是复杂的，必须适应各种空间环境、空战过程，保证态势分析能始终稳定地对态势进行准确分析，避免因无法辨识分析或不能正常工作而导致的失误。

空战态势评估是空战决策的前提，无论是在空战过程中的决策辅助方面，还是在战斗、训练后的分析评估方面都有着广泛的应用前景。本书主要通过特征提取的方法和手段对传统的空战态势评估方法进行优化，以动态权重来精准适应各种复杂空战态势下的态势评估。

1.2　研究现状

目前，专家学者对于空战态势评估的研究方法主要分为两种，一是基于参量法的研究方式，其分析模型主要有层次分析法、人工势场法、优势函数法、模糊评价法等；二是基于非参量法的分析方法，这种方法的分析模型主要有贝叶斯网络评估法和 DS 证据评估法。

1. 国外研究现状

国外从未停止对空战态势评估的研究步伐，各国对空战态势评估的研究发展迅速，无论在基础理论研究方面，还是在体系结构开发方面都取得了较大进展。其中，美国在态势和威胁估计（Situation and Treat Assessment，STA）的研究与应用方面处于领先地位。在态势评估的方法研究上，美国涉及遗传算法、深度学习、贝叶斯网络、基于知识的专家系统、神经网络、模糊逻辑等多种研究手段；而在应用领域，截至目前，美国开发了战场情报准备作业（IPB）、全源分析系统（SAS）、战场开发与目标获取（BETA）、美国陆军分析系统（TCAC）及地面部队战斗态势评定系统（ANALYST）等多种可操作系统。此外，英国也基于其海军的军事应用领域开发研制了态势评定和威胁估计演示器（STATE）及 IKBS 原型系统。加拿大、南非也在系统研制方面取得了较大进展，其中，加拿大成功研制并使用了 TADMUS 系统，南非则成功研制出威胁估计系统 Future。

2. 国内研究现状

我国针对态势评估系统的研究起步较晚，但基于国外的研究经验，我国空战对抗训练评估系统（ACMI）的研究开发进展迅速。该系统通过地面设备与真实空战相结合，实现了多功能态势模拟评估，具有空战态势实时评判、空战态势实时显示、训练安全监控和辅助检讨讲评 4 种主要功能。目前，其关键技术已经取得突破，经受了实装、实训和演习的验证，现已在多种机型中投入使用。

在理论和算法模型的研究和应用方面，我国也在加快探索的脚步，国内相关科研人员进行了大量研究，并取得了一定的成果。2000 年，曲长文等人基于海军舰艇防空作战，通过隶属函数和排序法的方法提高了评估结果的可靠性，建立了基于多属性决策的威胁评估模型。2002 年，吴强等人以非线性结构的威胁因素为基础，重点从模型中各因素隶属度的确定和威胁级别的判定两个角度进行分析，构建了树形权值分配法。2002 年，空军工程大学邱浪波教授将威胁估计与 BP 神经网络模型相结合，利用神经网络的学习性和自适应性，大大提升了态势评估的准确度。2003 年，孔祥忠对态势评估的过程进行了划分、定义，主要包括态势要素提取、态势评估推理及态势预测，并对态势评估的主要功能（目标分析、战力评估分析、协同关系分析、目标战斗序列分析和战场主动权分析）进行了阐述。2003 年，岳韶华等人在孔祥忠的研究基础上，又在态势评估模型中引入了专家系统理论，使系统实现了知识的自学习及自动判断。

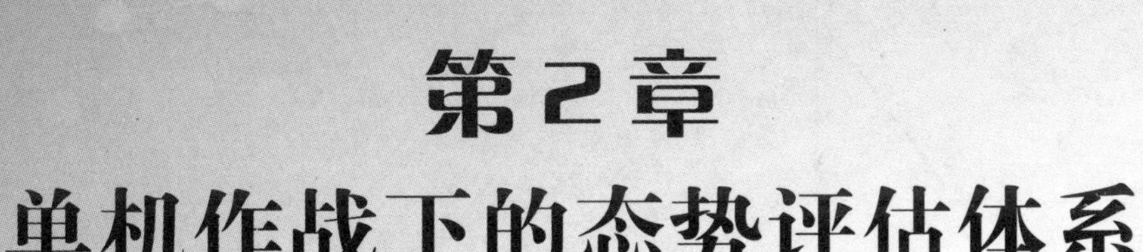

第2章

单机作战下的态势评估体系

在空战对抗中，敌我双方的空战性能指标及空间位置信息，是空战对抗态势评估的重要依据，空战性能指标主要是指飞机及其所带装备的性能；空间位置主要是指敌我双方的空间飞行占位对空战态势的影响。敌我双方空间占位示意图如图 2.1 所示。

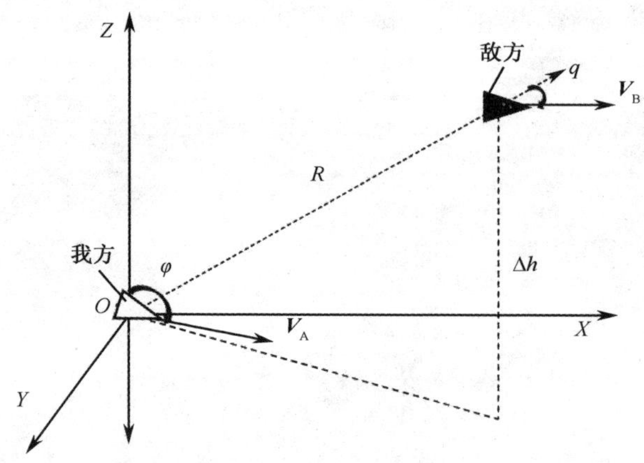

图 2.1　敌我双方空间占位示意图

2.1　空战对抗态势因素构成

在对空战过程进行分析的过程中，空战过程对空战态势影响的因素主要有两个方面：一是基于飞机性能的静态因素；二是基于空战空间占位的动态因素。其中，静态因素主要取决于飞机自身及挂载设备的固有性能，这些因素是相对固定不变的。除此之外，空战双方的动态因素主要包括空战过程中的空间位置、飞行姿态、飞机速度等飞行参数，这些主要通过采集敌我双方的战斗信息来获取，经过分析，主要包括角度、速度、高度和双方距离 4 个因素。通过这些飞行数据可以对飞机的整个作战轨迹进行重构，态势评估正是对敌我双方飞行数据进行态势优势函数的构建，从而对空战过程敌我双方的态势实现数值上的量化，在此基础上可以实现对空战双方空战态势的对比评估。空战态势评估体系结构如图 2.2 所示。

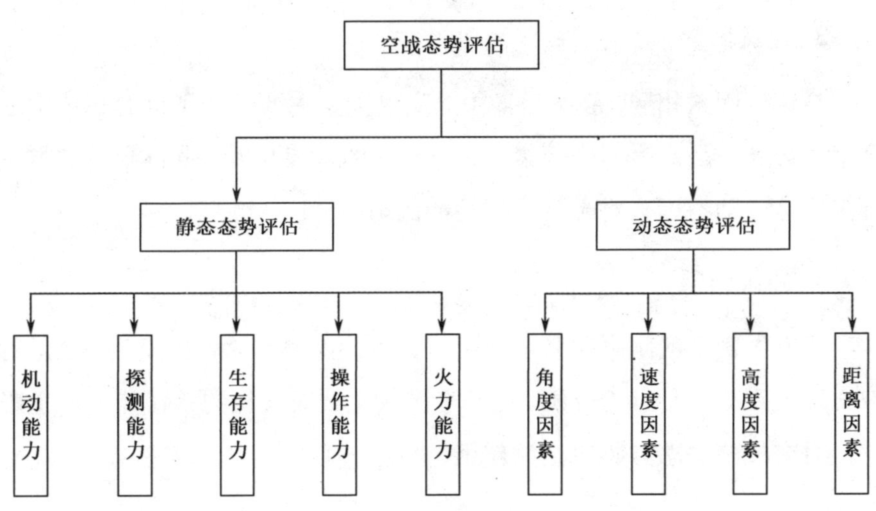

图 2.2　空战态势评估体系结构

经过分析，不难得出影响空战的 4 个主要因素，可以基于飞行角度、速度、高度及双方距离所能获取的信息，结合飞机作战性能静态因素对各因子分别进行分析判断，完成当前的空战态势，进行态势优势模型的构建。本节内容主要对各空战对抗因素进行分析，确定态势函数的主要作用因素。

1. 角度因素

静态因素中起重要作用的角度因素主要包括飞机的雷达搜索角、导弹攻击范围、飞机逃逸角等，这些因素是对飞机搜索目标及攻击目标能力的体现。动态因素主要包括双方的相对方位角和进入角等实时飞行参数，这些主要决定空战双方的飞行占位。

2. 速度因素

静态因素中的速度因素主要包括飞机最佳空战速度，在不同空战速度下，飞机的作战性能也不尽相同：如果速度过小，则在超视距作战中飞机的追击能力或逃逸能力较差；如果速度过大，则在近距格斗中的灵活度又略显不足。动态因素则主要体现双方当前的空战速度。

3. 高度因素

与速度因素相同，静态因素中的高度因素主要结合飞机的最佳空战高度和最大空战高度两个因素。对于不同的作战高度，分析当前双方飞行高度这一动态因素对飞机作战性能的影响。

4. 距离因素

静态因素中的距离因素主要以雷达探测距离和杀伤距离为基础，对双方飞机距离进行讨论分析。这两个因素主要对飞机的杀伤能力产生影响，对空战威胁态势起决定性作用。

2.2 空战态势优势函数构建

2.2.1 角度态势优势函数

通过对空战过程进行分析可以发现，在空战过程中敌方相对于我方的方位角越小，我方的攻击优势越大；而敌方的进入角越小，敌方态势越恶劣，在这种情况下将形成一种追击状态。针对角度因素在空战过程中对空战态势的影响，可以基于双方飞机的雷达搜索角、导弹攻击范围、飞机逃逸角 3 个方面对其做进一步细化，结合具体情况进行细致的分析。当方位角在雷达搜索角范围内时，导弹攻击范围内则占据攻击优势，对当前我方空战态势也有积极影响；当敌方飞机进入角小于飞机逃逸角时，我方的攻击优势较大。根据这些关系，可以构建出相应的角度态势优势函数。

空战过程中，敌我双方空战角度态势分析如图 2.3 所示。其中，假设 $\boldsymbol{V}_{\mathrm{A}}$ 为我方速度矢量，$\boldsymbol{V}_{\mathrm{B}}$ 为敌方速度矢量，φ 为我方相对于敌方的方位角，q 为敌方的进入角，$\varphi_{R\max}$ 为雷达的最大搜索角，$\varphi_{M\max}$ 为空空导弹最大离轴发射角，$\varphi_{MK\max}$ 为空空导弹不可逃逸区最大偏角。同时，为了方便描述，在本书中规定 φ 和 q 向右偏为正，向左偏为负，并且满足以下要求：

$$\begin{cases} 0^\circ \leqslant |\varphi| \leqslant 180^\circ \\ 0^\circ \leqslant |q| \leqslant 180^\circ \end{cases} \tag{2.1}$$

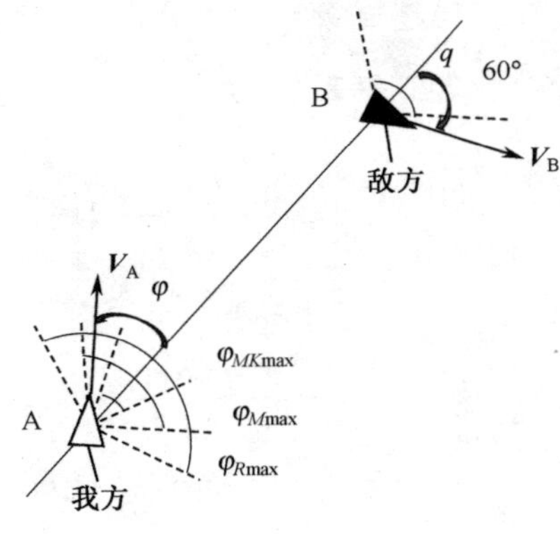

图 2.3　敌我双方空战角度态势分析

现根据以上情况对空战角度态势进行分析，可将空战角度态势根据 $\varphi_{MK\max}$、$\varphi_{M\max}$、$\varphi_{R\max}$ 划分为以下 6 个区域进行讨论：

$$\begin{cases} \varphi_1 : 0^\circ \leqslant |\varphi| \leqslant \varphi_{MK\max} \\ \varphi_2 : \varphi_{MK\max} \leqslant |\varphi| \leqslant \varphi_{M\max} \\ \varphi_3 : \varphi_{M\max} \leqslant |\varphi| \leqslant \varphi_{R\max} \\ \varphi_4 : \varphi_{R\max} \leqslant |\varphi| \leqslant 180^\circ \\ q_1 : 0^\circ \leqslant |q| \leqslant 60^\circ \\ q_2 : 60^\circ \leqslant |q| \leqslant 180^\circ \end{cases} \tag{2.2}$$

角度态势优势依据 φ、q 的关系大致可分为 8 种情况。由图 2.3 可以看出，在特定值 φ_1 和 q_1 区间，我方对敌方形成追击态势，我方相对方位角较小，且目标区位于我方的攻击范围内，目标进入角较小，我方占据攻击优势。在特定值 φ_1 和 q_2 区间，我方相对方位角较小，目标进入角较大，双方形成一个相互对立的态势。在特定值 φ_2 和 q_1 区间，目标位于飞机武器（导弹、航炮）最大离轴发射角和不可逃逸区最大偏角之间，我方对敌方的打击能力受到限制，难以对敌方造成威胁，认为我方优势较小。在特定值 φ_2 和 q_2 区间，对敌方的攻击效果更弱，我方攻击态势优势更小。在特定值 φ_3 和 φ_4 所对应的所有区间中，我方均为劣势状态。

总之，从整体来看，随着 φ 值的减小，我方的态势优势越发明显；随着 q 值的增大，敌方劣势越发突出。因此，结合飞机的静态参数，可构建角度态势优势函数，如式（2.3）所示。

$$S_A=\begin{cases}\left(1-\dfrac{|f|}{5f_{MK\max}}\right)^{3/4}\left[\exp\left(-\dfrac{90^\circ-|q|}{60^\circ}\right)\right]^{1/4} & 0^\circ\leqslant|f|\leqslant f_{MK\max},0^\circ\leqslant|q|\leqslant 60^\circ\\ \left(1-\dfrac{|f|}{5f_{MK\max}}\right)^{3/4}\left[\exp\left(\dfrac{|q|-180^\circ}{360^\circ}\right)\right]^{1/4} & 0^\circ\leqslant|f|\leqslant f_{MK\max},60^\circ\leqslant|q|\leqslant 180^\circ\\ \left[0.8-\dfrac{|f|-f_{MK\max}}{2(f_{M\max}-f_{MK\max})}\right]^{2/3}\left[\exp\left(-\dfrac{90^\circ-|q|}{60^\circ}\right)\right]^{1/3} & f_{MK\max}\leqslant|f|\leqslant f_{M\max},0^\circ\leqslant|q|\leqslant 60^\circ\\ \left[0.8-\dfrac{|f|-f_{MK\max}}{2(f_{M\max}-f_{MK\max})}\right]^{2/3}\left[\exp\left(\dfrac{|q|-180^\circ}{360^\circ}\right)\right]^{1/3} & f_{MK\max}\leqslant|f|\leqslant f_{M\max},60^\circ\leqslant|q|\leqslant 180^\circ\\ \left[0.3-\dfrac{|f|-f_{M\max}}{10(f_{R\max}-f_{M\max})}\right]^{2/3}\left[\exp\left(-\dfrac{90^\circ-|q|}{60^\circ}\right)\right]^{1/2} & f_{M\max}\leqslant|f|\leqslant f_{R\max},0^\circ\leqslant|q|\leqslant 60^\circ\\ \left[0.3-\dfrac{|f|-f_{M\max}}{10(f_{R\max}-f_{M\max})}\right]^{2/3}\left[\exp\left(\dfrac{|q|-180^\circ}{360^\circ}\right)\right]^{1/2} & f_{M\max}\leqslant|f|\leqslant f_{R\max},60^\circ\leqslant|q|\leqslant 180^\circ\\ \left[0.1-\dfrac{|f|-f_{R\max}}{10(180^\circ-f_{R\max})}\right]^{2/5}\left[\exp\left(-\dfrac{90^\circ-|q|}{60^\circ}\right)\right]^{3/5} & f_{R\max}\leqslant|f|\leqslant 180^\circ,0^\circ\leqslant|q|\leqslant 60^\circ\\ \left[0.1-\dfrac{|f|-f_{R\max}}{10(180^\circ-f_{R\max})}\right]^{2/5}\left[\exp\left(\dfrac{|q|-180^\circ}{360^\circ}\right)\right]^{3/5} & f_{R\max}\leqslant|f|\leqslant 180^\circ,60^\circ\leqslant|q|\leqslant 180^\circ\end{cases}\tag{2.3}$$

2.2.2　速度态势优势函数

空战过程中，机动速度越大，追击敌人时越能够更快进入攻击范围，达到威胁距离；同时，在受到敌人追击的时候，也越容易逃逸出敌人的攻击距离，实现规避。但同时，根据飞机的性能，在飞机速度超过其最佳作战速度时，相应的性能发挥及机动灵活性也大大降低，速度优势反而降低。综合考虑飞机静态参数最佳空战速度 $V_{F\text{best}}$，对函数进行分段，建立如式（2.4）和式（2.5）所示的速度态势优势函数，对应的速度优势函数分析如图 2.4 所示（彩图见插页）。

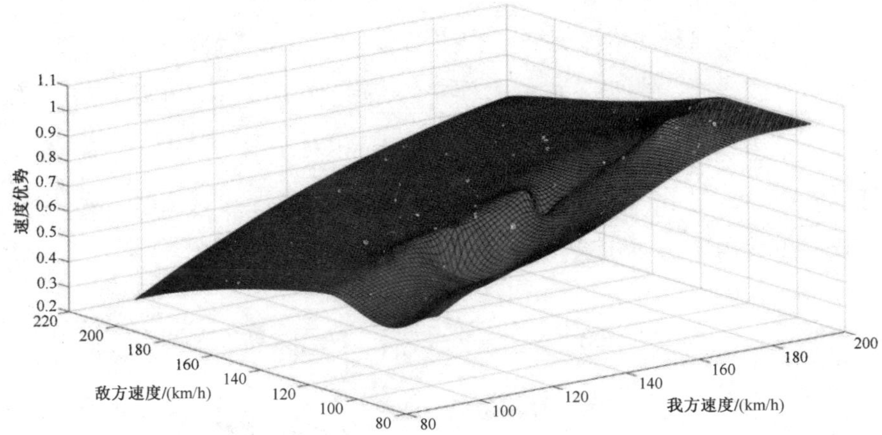

图 2.4　速度优势函数分析

当 $V_{F\text{best}} > 1.5V_T$ 时：

$$S_V = \begin{cases} \exp\left(-\dfrac{V_F - V_{F\text{best}}}{V_{F\text{best}}}\right), & V_{F\text{best}} < V_F \\ 1, & 1.5V_T < V_F \leqslant V_{F\text{best}} \\ -0.5 + \dfrac{V_F}{V_T}, & 0.6V_T < V_F \leqslant 1.5V_T \\ 0.1, & V_F \leqslant 0.6V_T \end{cases} \tag{2.4}$$

当 $V_{F\text{best}} \leqslant 1.5V_T$ 时：

$$S_V = \begin{cases} \exp\left(-\dfrac{V_F - V_{F\text{best}}}{V_{F\text{best}}}\right), & V_{F\text{best}} \leqslant V_F \\ \dfrac{2}{5}\left(\dfrac{V_F}{V_{F\text{best}}} + \dfrac{V_F}{V_T}\right), & 0.6V_T < V_F < V_{F\text{best}} \\ 0.1, & V_F \leqslant 0.6V_T \end{cases} \tag{2.5}$$

2.2.3 高度态势优势函数

空战过程中，飞机始终处于高空环境。一般而言，飞机的飞行高度越高，其空战优势越大，但同时高空的恶劣环境对飞机的作战性能也有极为明显的影响。假设飞机的最佳空战高度为 $H_{F\text{best}}$，并以此进行高度态势优势函数的构建。其中，我方高度 H_F 相对于敌方高度 H_T 越高，其空战优势越大；我方高度越接近最适合作战的高度，其空战优势越大。由此可建立高度态势优势函数，即

$$S_H = \begin{cases} \exp\left(-\dfrac{H_F - H_{F\text{best}}}{H_{F\text{best}}}\right), & H_{F\text{best}} \leqslant H_F \\ \exp\left(\dfrac{H_F - H_{F\text{best}}}{H_T}\right), & H_T < H_F < H_{F\text{best}} \\ -0.5 + \dfrac{H_F}{H_T}, & 0.5H_T < H_F \leqslant H_T \\ 0, & H_F \leqslant 0.5H_T \end{cases} \tag{2.6}$$

2.2.4 距离态势优势函数

在作战过程中，我方飞机主要通过雷达搜索来发现并捕捉敌人，其后主要通过机载武器对敌方造成有效杀伤，但随着双方距离的增大，雷达的捕获能力和武器的杀伤力也逐渐减小，整体来说，对敌方造成的威胁随之变小。因此，通过分析武器的攻击范围($D_{M\min}$, $D_{M\max}$)、不可逃逸范围($D_{MK\min}$, $D_{MK\max}$)及雷达的搜索范围 D_R 等来建造距离态势优势

函数（见图 2.5），即

$$S_D=\begin{cases}0.11\exp\left(-\dfrac{D-D_{M\max}}{D_R-D_{M\max}}\right), & D_R\leqslant D\\ 0.5\exp\left(-\dfrac{D-D_{M\max}}{D_R-D_{M\max}}\right), & D_{M\max}<D<D_R\\ 2\exp\left(-\dfrac{D-D_{MK\max}}{D_{M\max}-D_{MK\max}}\right), & D_{MK\max}\leqslant D\leqslant D_{M\max}\\ 1, & D_{MK\min}<D\leqslant D_{MK\max}\\ 2^{-\frac{D-D_{MK\min}}{10-D_{MK\min}}}, & D_{M\min}\leqslant D<D_{MK\min}\end{cases} \tag{2.7}$$

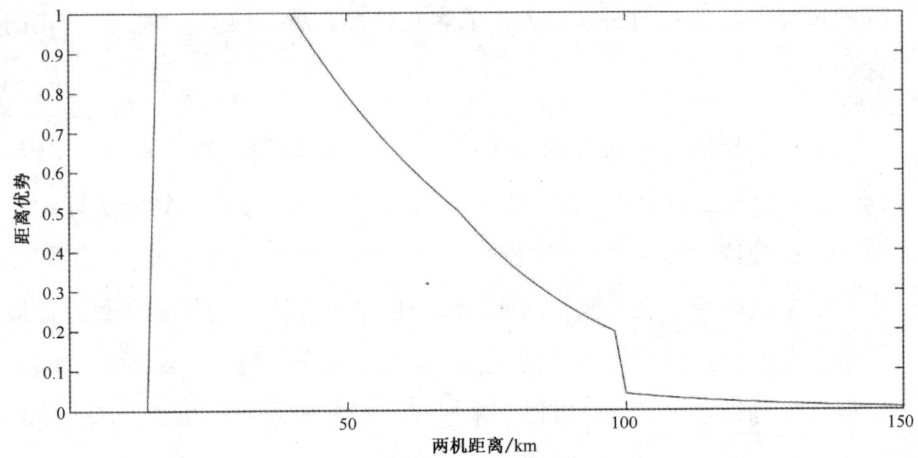

图 2.5　距离态势优势函数分析

经过上述分析可知，空战态势评估就是综合影响飞机空战态势的各种因素，如角度、速度、高度及两机距离等的定量评估技术。对这些因素进行定量分析及对各优势函数进行构建，综合空战态势优势函数如式（2.8）所示。

$$S_H-\begin{cases}T=\omega_1 S_A+\omega_2 S_V+\omega_3 S_H+\omega_4 S_D\\ \omega_1+\omega_2+\omega_3+\omega_4=1\end{cases} \tag{2.8}$$

式中，ω_i（i=1, 2, 3, 4）为各项态势优势函数所占权重。

2.3 综合空战态势函数权重的确定

2.3.1 层次分析法

层次分析法（简称 AHP）最初是由美国匹茨堡大学运筹学家托马斯·萨蒂教授提出的一种层次权重决策分析方法。实质上，它并不是一个单纯的定量分析方法，它同时引入了定性的分析思维，在设置对比矩阵的过程中其参数的引入是人为的客观评分，是一种层次化、系统化的评估方法。

层次分析法把所研究的对象看作一个系统模型，通过分解、比较、判断、综合等逻辑思维方法对目标进行决策判断，是继机理分析理论和统计分析理论后的又一种新型系统分析理论。其核心思想在于不把各因素对结果的影响分裂开来，因此，每个层级中各因素的权重参数设置最终都会对综合结果产生直接或间接的影响。此外，每个层级的每个因素都量化为具体数值，这样可以清晰明了地展示因素对结果的影响。这种分析方法在分析多目标、多要求、多时态或没有明显结构特征的系统模型时有显著效果。

层次分析法主要从评价者的立场上出发，对目标系统的本质、因素进行理解、分析、评价，相比于其他定量分析模型，层次分析法更加注重定性的分析和评判。层次分析法是一种通过模拟人在决策和判断过程中的思考方式来实现的分析法，它将问题分解为各因素，并根据各因素之间的关系及层级关系聚合形成一个多层次的分析模型，从而达到把复杂问题转化为对最底层因素相对于顶层结果的权重的确定及简单的权重计算的目的。

层次分析法既不过度追求高深的数学公式运算，也不片面地依赖行为、逻辑、推理，而是把二者有机结合起来。同时，利用定性与定量的方法，根据问题的性质和达成目标将复杂系统模型分解为不同的因素，将人的思维方式数学化、具体化、系统化，使人更加容易接受，且可以实现将多目标、多要求、多时态的系统转化为多层次、单目标的系统。先将分析对象按照总目标、各层子目标、评价准则直至具体备投方案的顺序分解为不同层级，之后利用求解判断矩阵特征向量的方法，计算出每个层级各因素相对于上层因素的优先权重（权重越大，优先级越高），最后通过加权数学运算得出结果。这种方法，比较适合分析分层交错的目标系统，其运算过程简便，结果清晰明了，便于决策者掌握和了解。层次分析法的计算步骤如下。

1. 建立层次结构模型

根据决策对象、目标、因素、准则之间的关系，将目标系统划分为顶层、中间层和最底层 3 个层级。顶层，包括决策所要实现的目的、需要解决的难题；中间层，包括考虑的因素及决策的要求准则；最底层，通常是决策时的备用方案。在相邻的两个层级中，上一层级称为目标层，下一层级称为因素层。同时，根据关系可以绘制出层次结构图。

2. 构建判断矩阵

计算各层级因素的权重时，如果仅仅建立在定性基础上的结果，则通常很难被接受。因此，Saaty 等专家学者提出了一致矩阵法，解决权重计算的精准度问题；在同层级之间，两两因素进行比较，按照重要程度进行评级，并同时采用相同标准，避免不同性质、标准的各种因素之间比较困难的问题，大大提高了精确度。假设对因素 i 和因素 j 的重要性进行比较，结果记为 a_{ij}，为对标准进行统一，Saaty 对重要性进行划分，分为 9 个等级，其等级划分及相应的量化值如表 2.1 所示。按照两两比较的结果，可以罗列出一个矩阵，即判断矩阵，它具有以下性质：

$$a_{ij} = \frac{1}{a_{ji}} \tag{2.9}$$

表 2.1 等级划分及相应的量化值

因素 i 比因素 j	量化值
同等重要	1
稍微重要	3
较强重要	5
强烈重要	7
极端重要	9
两相邻判断的中间值	2，4，6，8

3. 层次单排序及其一致性检验

判断矩阵最大特征根 λ 相对应的特征向量，经过归一化后可记为 $\boldsymbol{M}$。$\boldsymbol{M}$ 中的各元素代表同层级因素相对于高层级因素的重要性排序，这一排序过程被称为层级单排序。确认层级单排序是否符合要求，需要通过一致性检测验证。确定 $\boldsymbol{A}$ 不一致的接受范围的判断称为一致性检验。其中，n 阶一致矩阵的非零特征根只有 n；n 阶正互反阵 $\boldsymbol{A}$ 的最大特征根 $\lambda \geqslant n$，当且仅当 $\lambda = n$ 时，$\boldsymbol{A}$ 为一致矩阵。

由于 λ 连续依赖 a_{ij}，则 λ 与 n 相差值越大，表示 $\boldsymbol{A}$ 的不一致性表现就越突出。假设一致性指标用 CI 计算，则 CI 越小，对应的一致性也就越大。被比较因素相对于高层级某因素影响程度大小的权重向量，采用与最大特征值相对应的特征向量来表示，其不一致程度与引起的判断误差成正比，误差随其增长而变大。因而可以用 $\lambda - n$ 的大小来衡量 $\boldsymbol{A}$ 的不一致程度。定义一致性指标为

$$\mathrm{CI} = \frac{\lambda - n}{n - 1} \tag{2.10}$$

当 CI=0 时，$\boldsymbol{A}$ 有完全的一致性；当 CI 接近 0 时，$\boldsymbol{A}$ 有满意的一致性；CI 越大，$\boldsymbol{A}$ 的不一致性越严重。为衡量 CI 的大小，引入随机一致

性指标 RI：

$$\mathrm{RI}=\frac{\mathrm{CI}_1+\mathrm{CI}_2+\cdots+\mathrm{CI}_n}{n} \tag{2.11}$$

其中，随机一致性指标 RI 的值与对应的判断矩阵阶数相关，二者通常成正比关系，对应关系如表 2.2 所示。标准不同，RI 的值也会有微小的差异，随着矩阵阶数的增大，一致性随机偏离出现的可能性也越大。

表 2.2　平均随机一致性指标 RI 标准值

矩阵阶数	1	2	3	4	5	6	7	8	9	10
RI	0	0	0.58	0.9	1.12	1.24	1.32	1.41	1.45	1.49

考虑存在因随机因素导致一致性偏离现象的可能性，因此，在对判断矩阵是否具有符合标准的一致性进行检验时，还需要将 CI 和随机一致性指标 RI 进行比较，得出检验系数 CR：

$$\mathrm{CR}=\frac{\mathrm{CI}}{\mathrm{RI}} \tag{2.12}$$

一般地，如果 CR＜0.1，则可以认为该判断矩阵通过一致性检验；否则，一致性不满足相应的要求。

4. 层次总排序及其一致性检验

层次总排序是指对各层级中所有因素相对顶层因素的相对重要性权值进行量化排序的过程，这一过程是自上而下依次进行的。

2.3.2　综合态势函数权重计算

根据态势评估模型的角度优势 $T_{a_{ij}}$ 、速度优势 $T_{v_{ij}}$ 、高度优势 $T_{h_{ij}}$ 和距离优势 $T_{d_{ij}}$ 4 个因素，建立层次化模型，如图 2.6 所示。综合态势评估的实现基于对影响空战因素的信息的收集，之后对要素进行提取，根据影响方式分别构建角度、速度、高度和双方距离态势优势函数。最后，我们根据各要素对综合态势的影响比重，确定各态势函数结果在综合态势函数中的权重，构建综合态势评估函数。

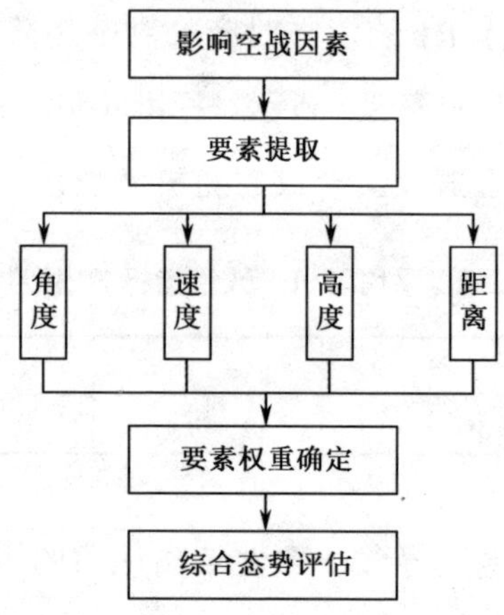

图 2.6 层次化模型

根据前面的分析可以知道，近距离空战中角度因素对态势的影响最大，所以在构造矩阵时所占比重最大，速度因素与角度因素相比对态势的影响较小，距离因素与高度因素对态势的影响差不多。由此经验，再查阅相关文献和资料，可构造各类态势因素的权值评估矩阵 $\boldsymbol{A}$，如表 2.3 所示。

表 2.3 权值评估矩阵

评估矩阵 $\boldsymbol{A}$	$T_{a_{ij}}$	$T_{d_{ij}}$	$T_{h_{ij}}$	$T_{v_{ij}}$
$T_{a_{ij}}$	1	2	3	2
$T_{d_{ij}}$	1/2	1	2	2
$T_{h_{ij}}$	1/3	1/2	1	1/2
$T_{v_{ij}}$	1/2	1/2	2	1

将权值评估矩阵 $\boldsymbol{A}$ 代入上述算法步骤可得各指标的权重分别为：ω_1=0.4182、ω_2=0.2707、ω_3=0.1205、ω_4=0.1906。

为提高权重的可信度，我们采取多组专家打分的方式，多组专家分别利用层次分析法进行权值计算，并进行平均计算，避免单一专家打分的片面性和主观性。重复进行上述过程，进行多次打分计算，如表 2.4 所示。

表 2.4　各指标权重

专家打分	各指标权重			
	ω_1	ω_2	ω_3	ω_4
打分 1	0.4182	0.2707	0.1205	0.1906
打分 2	0.3954	0.2934	0.1318	0.1795
打分 3	0.3987	0.2901	0.1480	0.1633
打分 4	0.4039	0.2705	0.1627	0.1629
打分 5	0.4326	0.1867	0.1315	0.2493
打分均值	0.4098	0.2623	0.1389	0.1891

根据表 2.4 求各指标权重，可得综合态势优势函数为

$$T = 0.4098T_a + 0.2623T_d + 0.1389T_h + 0.1891T_v \tag{2.13}$$

本章内容主要是对空战态势评估方法过程的分析。首先结合常规空战的过程对影响空战态势评估的关键因素进行分析，确定态势评估将通过角度、速度、高度及双方距离 4 个因素进行。之后分别构建了相应的态势优势函数，并利用层次分析法确定各因素的态势权重，进一步构建静态综合空战态势评估函数，为下一步的动态态势评估研究打下基础。

第3章 基于特征提取的动态态势评估

3.1 特征提取

特征提取是计算机视觉和图像处理的一个概念，最早用于对图像的识别辨析。我们将这一概念应用于空战态势评估，通过对空战信息中关键节点的提取和辨析，实现高效辨析的目标。

影响空战结果的因素很多，飞机的性能参数、外部气候条件、电磁环境、飞行员的操作、塔台的指挥等，是多种因素共同影响产生的结果。面对如此复杂的信息，究竟应该如何对空战态势进行有效的评估呢？

传统的评估方法是对影响空战的关键因素进行分析，通过各种方法分析各空战态势影响因素之间的关系，从而构建相应的态势函数，进而通过对各态势函数间影响权重的确定，进一步确定其空战综合态势函数。

而特征提取则是在提取重要空战态势影响因素的过程中，同时对其态势优势函数进行计算，并根据结果对各因素态势进行预判，根据预判结果对各空战态势影响因素进行态势类型的分类提取。针对空战的不同形式，可以大致划分为优势、劣势、均势、对立 4 种态势类型。根据各空战态势影响因素的提取结果，可以实现对空战综合态势的预判。之后，结合特征提取情况，并根据不同的态势预判结果对各空战态势影响因素之间的依赖关系进行定义，从而实现对空战态势的细致化处理，让其在不同空战态势下能够更加精准地实现判断，提高结果的准确性。

传统的态势评估是直接在飞行数据的基础上实现态势优势函数的构建的，这种基于数据的构建方法，对多样的态势情况的应变能力较弱。通过特征提取在各特征优势函数构建的基础上，通过对其结果的对比判断进行评估，根据评估结果对应相应的综合优势函数。这样对细节的调整，使飞行员面对更复杂的空战时有更强的辨别能力。

对空战态势评估中角度、速度、高度及双方距离这 4 个关键因素进行特征提取。根据态势优势函数计算结果，通过对比敌我双方的结果，对各特征进行评估，预分为优势、均势、劣势、对立，特征提取结果形式如表 3.1 所示。根据这一结果，进一步利用贝叶斯网络的方法对综合空战态势进行预判，进而再针对不同预判结果进行相应的综合态势优势函数计算，从而实现对空战态势的精准评估。

表 3.1　特征提取结果形式

项目	优势	劣势	均势	对立
角度	—	—	—	√
速度	√	—	—	—
高度	√	—	—	—
双方距离	—	—	—	√

特征提取实际上是对动态特征提取进一步细化的方法，通过考虑各空战态势影响因素间的因果关系，从而对各种情况下的态势特征有良好的适应性。

3.2　贝叶斯网络

贝叶斯网络又称信度网络，是贝叶斯方法的扩展，由有向无环图（Directed Acylic Graph，DAG）与条件概率表（Conditional Probability Table，CPT）组成，是目前推理领域和不确定知识表达最有效的理论模型之一。自 Pearl 首先提出贝叶斯网络以来，专家学者大力研究，已成为近年来的热门研究课题。贝叶斯网络的有向无环图主要由两个部分构成：一是代表着随机变量的变量节点，变量节点是对任何问题的抽象，如采集现象、测量值、意见情况等；二是连接节点的有向边，代表各节点之间（父节点和子节点）的关系。在有向无环图中，节点间关系强度采用条件概率表达，如果一个节点出现没有父节点的情况，则采用先验概率表达。贝叶斯网络常在依赖多种限制性控制因素的决策中应用，用于表示并分析概率性或不确定性事件，它能从不完整、不确定或不精确的信息中作出推理。

在贝叶斯网络中，如果变量 A 和变量 B 是直接连接的，则表示两个变量之间存在直接的依赖关系，对变量 A 的信息了解会对变量 B 的信度产生影响，反之亦然。在这种情况下，信息可以在两个直接通过有向边连接的节点之间相互传递。在另一种情况下，即如果变量 A 和变量 B 之间间接相连，以及通过除变量 A 和变量 B 以外的第三变量实现连接，那么信息则需要通过第三变量来实现两者之间的信息传递。如果变量 A 和变量 B 之间没有实现信息交互的通道，那么信息就无法在两者之间传递。这时，对于其中一个变量的信息了解不会对另一个变量的信度产生影响，因而两者之间是相互条件独立的。

通过第三变量间接实现两个变量相连的方式称为间接连接。在贝叶斯网络中，间接连接的方式主要有顺连、分连、汇连 3 种。假设变量 a 和变量 b 通过第 3 个变量 c 间接相连，这 3 种间接连接方式介绍如下。

1. 顺连

当贝叶斯网络为顺连形式时，贝叶斯公式可以表示为式（3.1）和式（3.2），即

$$P(a,b,c)=P(a)\times P(c|a)\times P(b|c) \tag{3.1}$$

$$P(a,b|c)=P(a|c)\times P(b|c) \tag{3.2}$$

当 c 未知时，a 的变化会影响 c 的信度变化，从而间接影响 b 的信

度，此时 a 和 b 不独立。

当 c 已知时，a 的变化不会影响 c 的信度，也不会影响 b 的信度，此时 a 和 b 独立。在这种情况下，a 和 b 的信息通道被阻断了。贝叶斯网络中的顺连示意图如图 3.1 所示。

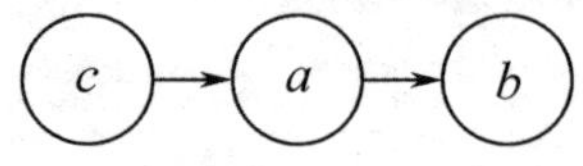

图 3.1　顺连示意图

2. 分连

当贝叶斯网络为分连形式时，贝叶斯公式可以表示为

$$P(a,b,c) = P(c) \times P(a \mid c) \times P(b \mid c) \tag{3.3}$$

分连示意图如图 3.2 所示。在一般情况下，分连形式的贝叶斯网络表示一个原因会导致多个结果：当 c 未知时，a 和 b 可以相互影响，此时 a 和 b 不独立；当 c 已知时，a 和 b 不会相互影响，此时 a 和 b 独立。

3. 汇连

当贝叶斯网络为汇连形式时，贝叶斯公式可以表示为

$$P(a,b,c) = P(a) \times P(b) \times P(c \mid a,b) \tag{3.4}$$

汇连和分连的情况相反，汇连形式的贝叶斯网络表示多个原因导致一个结果。汇连示意图如图 3.3 所示：当 c 未知时，a 和 b 不会相互影响，此时 a 和 b 独立；当 c 已知时，a 和 b 可以相互影响，此时 a 和 b 不独立。

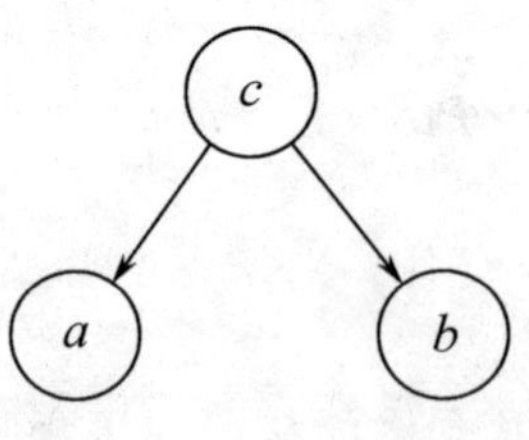

图 3.2　分连示意图

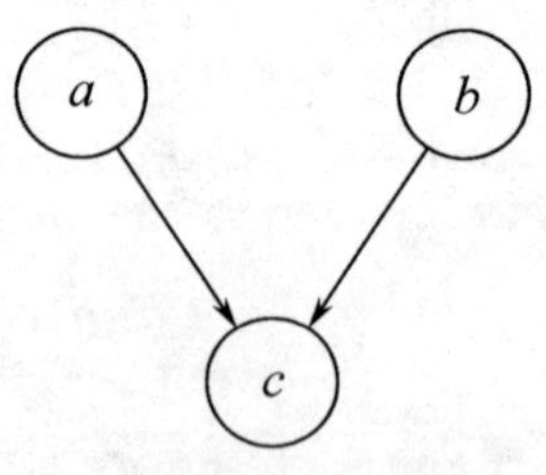

图 3.3　汇连示意图

在一般情况下，贝叶斯网络有以下 3 种不同的构建方式：

（1）首先，由相关专业领域的专家对贝叶斯网络中的变量节点（有时也称影响因子）进行确认；然后，网络结构利用专家知识进行确定，并进一步对其分布参数进行设置。这种完全在专家指导下来构造的贝叶斯网络，由于人们知识的获取具有局限性，因此会导致构造出来的贝叶斯网络相较实践积累下来的数据有很大偏差。

（2）首先，由相关专业领域的专家对贝叶斯网络中的变量节点进行确认；然后，通过对大量训练数据的分析，实现对贝叶斯网络的整体架构及节点参数进行学习。这种数据驱动的方式，其学习特点是具有很强的适应性；除此之外，随着人工智能、机器学习及数据挖掘等技术研究的不断深入，这种方法的可行性逐渐增大。如何从大量的训练数据中实现网络结构和参数的学习已经成为当前的研究热点。

（3）结合前面两种方法，首先，由相关专业领域的专家对贝叶斯网络中的变量节点进行确认，并通过专家知识实现网络结构的确定；然后，通过机器学习大量训练数据推测出网络中的节点参数。在系统中各变量节点关系较为明了时，通过这种折中的方法，可以极大地减少学习时间，提高效率。

贝叶斯网络类似人类的思维方式，其本身是多元化知识的可视化，通过对事物之间不确定的因果关系进行推测分析，使其成为一种推理模型，模型结构主要包含各节点间的因果关系及条件关系，是一种应用广泛的推理模型。

在有向无环图中，表示随机变量的节点$\{X_1, X_2, \cdots, X_n\}$可以是客观变量、不客观变量、已知参数或未知参数等。把具有因果关联的两个变量用有向边来连接，两个节点分别代表因（Parents）和果（Children），此时二者之间就会存在一个条件概率参数。

如图 3.4 所示，假设节点 A 对节点 B 可以产生直接影响，即 $A \to B$，则用由节点 A 指向节点 B 的有向边表示节点 A 到节点 B 的关联关系，权值则使用条件概率 $P(B|A)$来表示。

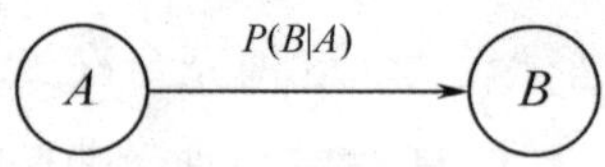

图 3.4 节点关系图

简而言之，就是把某个系统模型中所涉及的随机变量，按照它们相互之间的条件关系，绘制在同一个有向图中，这便是贝叶斯网络。其主要功能是用来描述随机变量之间的依赖关系和因果关系的。此外，可根据各局部条件概率分布相乘得出任意随机变量相应的联合概率，如式（3.5）所示。

$$P(x_1, x_2, \cdots, x_n) = \prod_{i=1}^{n} P\left(\frac{x_i}{P_a(x_i)}\right) \tag{3.5}$$

确定当前时态下，敌我双方的空战态势优势是空战态势评估最根本的目的，通过对敌我双方的状态信息采集，对其中决定性因素进行分析，计算出相应的态势优势。从态势优势的大小，就可以看出敌我双方目标的态势关系，确定当前的攻防关系，这是战斗决策的基础，只有敌我双方构成攻击关系时，进行态势评估才有意义。空战态势优势评估，关键在于如何根据敌我双方的空间占位、空战速度、航向角度、飞行动作等参数进行综合评价分析，得出敌我双方在态势上的结论。

基于贝叶斯的态势评估方法主要是通过采集到的敌我双方的空战信息，构建相应的贝叶斯网络模型，从而构建出对应的态势优势函数，再进一步确定综合函数模型。

3.3　基于特征提取的动态态势评估函数构建

3.2 节介绍了静态空战综合态势评估方法，主要通过对空战双方收集的飞行数据和相应参数分别构建角度、速度、高度及双方距离态势优势函数，再通过构造这些态势优势函数的关系进行运算处理，进而得出空战综合态势优势函数，但这种方法并不能很好地适应复杂多变的空战情况。静态空战综合态势评估方法通过关系构建出的函数仍旧比较单一，对于大多数情况虽然说有很好的适应性，但面对当前愈加复杂的空战态势，其精准性和对空战态势的应变能力还有所不足，不能很好地区别各种空战态势。

依据特征提取的方法，分别针对飞行过程中的角度、速度、高度及双方距离进行态势优势函数的构建（参见 2.2 节）。通过对空战态势影响因素态势优势函数结果的分析、提取，会对态势类型有一个明显的分类，然后利用贝叶斯网络对影响空战的重要因素进行分析，可以对当前空战态势实现预判，之后便可针对不同的态势结果及特征提取结果对态势权重进行针对性调节，使其更加精准地适配各种环境条件下的态势特征。最终可以建立动态变权的综合态势评估模型，分析过程如图 3.5 所示。

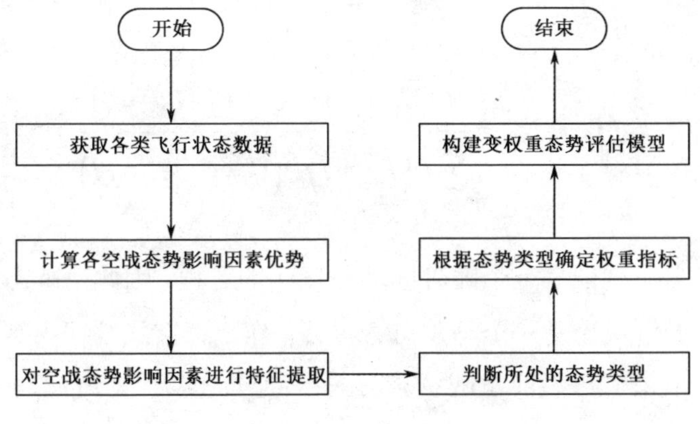

图 3.5　动态变权的综合态势评估模型

3.3.1 态势类型的确定

空战态势类型 Γ 的定义如表 3.2 所示，根据对实际空战的分析可以发现，空战的攻击态势取决于两机能否对对方施行有效打击，根据情况可以确定对应的空战态势。而飞机的攻击态势则主要取决于其飞行夹角（我方相对方位角、敌方进入夹角）及两机距离，如果此时敌方在我方武器有效攻击范围内，则此时我方攻击态势占据优势。由上述分析可以得知，空战态势类型的判断主要由状态变量 $C=[\psi, q, D]$决定，其中 ψ 为我方相对敌方的方位角，q 为敌方的进入角，D 为两机距离。

表 3.2 空战态势类型

空战态势类型	I	II	III	IV
Γ	优势态势	劣势态势	均势态势	对立态势

利用贝叶斯网络分析方式，可以构建态势分类预判概率模型，Γ_k^F 为 k 时刻的空战态势，则每一时刻的态势概率表示为

$$P\left(\Gamma_k^F = j \middle| C = C_k^F\right) \tag{3.6}$$

式中，j=1, 2, 3, 4 分别对应优势态势Ⅰ、劣势态势Ⅱ、均势态势Ⅲ、对立态势Ⅳ这 4 种空战态势类型，其中，条件概率应当满足$\sum_j P\left(\Gamma_k^F = j \middle| C = C_k^F\right) = 1$。

通过贝叶斯理论可得知：

$$P\left(\Gamma_k^F = j \middle| C = C_k^F\right) = \frac{P\left(\Gamma_k^F = j\right) P\left(C = C_k^F \middle| \Gamma_k^F = j\right)}{\sum_{i=1}^{4} P\left(\Gamma_k^F = l\right) P\left(C = C_k^F \middle| \Gamma_k^F = l\right)} \tag{3.7}$$

由于空战过程是一个随时间动态变化的过程，因此空战态势评估的过程可以近似认为是一个马尔可夫过程。所以，空战过程中某一时刻的态势评估结果仅与当前空战状态有关；同时先验概率 $P(\Gamma_k^F = j)$之间是相互独立的，且满足 $P(\Gamma_k^F = j)$=0.25。因此式（3.7）可以简化为

$$P\left(\Gamma_k^F = j \middle| C = C_k^F\right) = \frac{P\left(C = C_k^F \middle| \Gamma_k^F = j\right)}{\sum_{i=1}^{4} P\left(C = C_k^F \middle| \Gamma_k^F = l\right)} \tag{3.8}$$

由于变量 C 中的元素 ψ、q、D 相互独立，因此联合条件概率密度为

$$\begin{aligned} &P\left(C = C_k^F \middle| \Gamma_k^F = j\right) \\ &= P^{\psi}\left(\psi_k^F \middle| \Gamma_k^F = j\right) \times P^{q}\left(q_k^F \middle| \Gamma_k^F = j\right) \times P^{D}\left(D_k \middle| \Gamma_k^F = j\right) \end{aligned} \tag{3.9}$$

式中，ψ_k^F 表示 k 时刻我方的相对方位角；q_k^F 表示 k 时刻敌方的进入角；D_k 表示 k 时刻我方与目标的距离。空战态势主要分为优势态势、劣势态势、均势态势和对立态势 4 类，其示意图分别如图 3.6～图 3.9 所示（彩图见插页）。

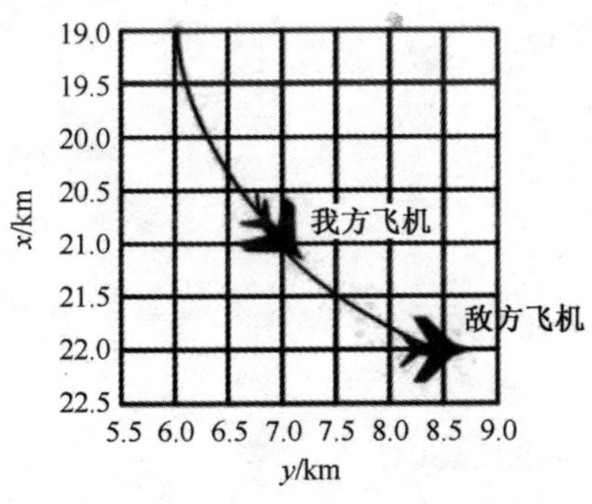

图 3.6　优势态势

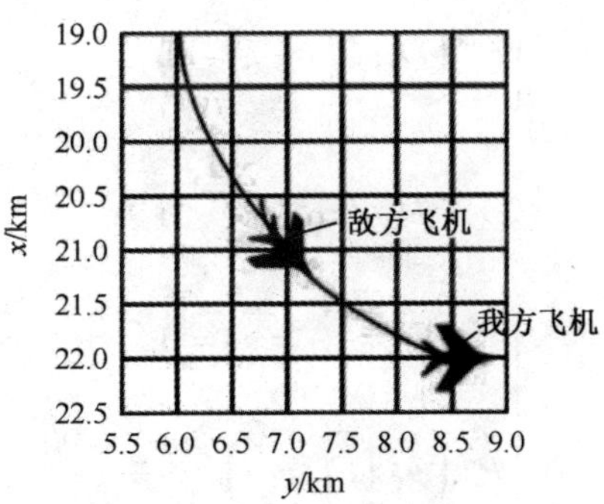

图 3.7　劣势态势

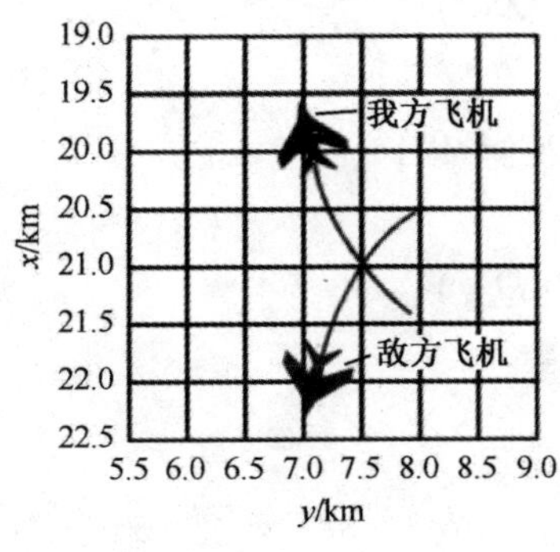

图 3.8　均势态势

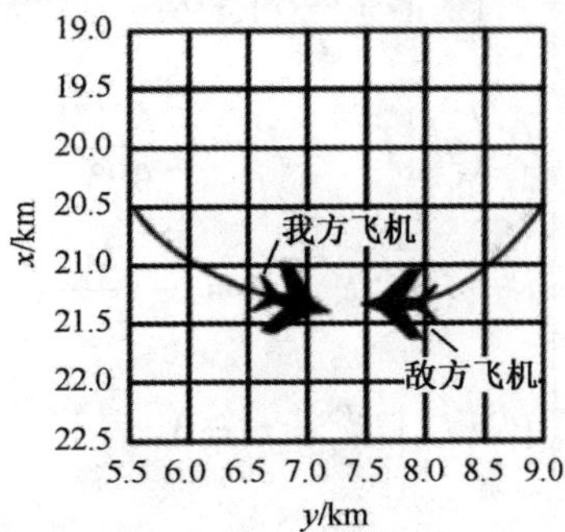

图 3.9　对立态势

4类空战态势下的条件概率函数 P^{ψ}、P^{q}、P^{D} 分别定义如下。

（1）优势态势（Γ= Ⅰ）：

$$\begin{cases} P^{\psi}\left(\psi_k^F \middle| \Gamma_k^F = j\right) = \dfrac{90° - \psi_k^F}{90°}, & \psi_k^F \in [0°, 90°) \\ P^{\psi}\left(\psi_k^F \middle| \Gamma_k^F = j\right) = 0, & \psi_k^F \in [90°, 180°] \\ P^{q}\left(q_k^F \middle| \Gamma_k^F = j\right) = \dfrac{90° - q_k^F}{90°}, & q_k^F \in [0°, 90°) \\ P^{q}\left(q_k^F \middle| \Gamma_k^F = j\right) = 0, & q_k^F \in [90°, 180°] \\ P^{D}\left(D_k \middle| \Gamma_k^F = j\right) = 1 - \dfrac{D_k}{D_{\text{adv}}}, & D_k \in [0, D_{\text{adv}}) \\ P^{D}\left(D_k \middle| \Gamma_k^F = j\right) = 0, & D_k \in [D_{\text{adv}}, \infty) \end{cases} \tag{3.10}$$

（2）劣势态势（Γ= Ⅱ）：

$$\begin{cases} P^{\psi}\left(\psi_k^F \middle| \Gamma_k^F = j\right) = 0, & \psi_k^F \in [0°, 90°) \\ P^{\psi}\left(\psi_k^F \middle| \Gamma_k^F = j\right) = \dfrac{\psi_k^F - 90°}{90°}, & \psi_k^F \in [90°, 180°] \\ P^{q}\left(q_k^F \middle| \Gamma_k^F = j\right) = 0, & q_k^F \in [0°, 90°) \\ P^{q}\left(q_k^F \middle| \Gamma_k^F = j\right) = \dfrac{q_k^F - 90°}{90°}, & q_k^F \in [90°, 180°] \\ P^{D}\left(D_k \middle| \Gamma_k^F = j\right) = 1 - \dfrac{D_k}{D_{\text{adv}}}, & D_k \in [0, D_{\text{adv}}) \\ P^{D}\left(D_k \middle| \Gamma_k^F = j\right) = 0, & D_k \in [D_{\text{adv}}, \infty) \end{cases} \tag{3.11}$$

（3）均势态势（Γ=Ⅲ）：

$$\begin{cases} P^{\psi}\left(\psi_k^F \middle| \Gamma_k^F = j\right) = 0, & \psi_k^F \in [0°, 90°) \\ P^{\psi}\left(\psi_k^F \middle| \Gamma_k^F = j\right) = \dfrac{\psi_k^F - 90°}{90°}, & \psi_k^F \in [90°, 180°] \\ P^{q}\left(q_k^F \middle| \Gamma_k^F = j\right) = \dfrac{90° - q_k^F}{90°}, & q_k^F \in [0°, 90°) \\ P^{q}\left(q_k^F \middle| \Gamma_k^F = j\right) = 0, & q_k^F \in [90°, 180°] \\ P^{D}\left(D_k \middle| \Gamma_k^F = j\right) = 1 - \dfrac{D_k}{D_{\text{adv}}}, & D_k \in [0, D_{\text{adv}}) \\ P^{D}\left(D_k \middle| \Gamma_k^F = j\right) = 0, & D_k \in [D_{\text{adv}}, \infty) \end{cases} \tag{3.12}$$

（4）对立态势（Γ=Ⅳ）：

$$\begin{cases} P^{\psi}\left(\psi_k^F \middle| \Gamma_k^F = j\right) = \dfrac{90° - \psi_k^F}{90°}, & \psi_k^F \in [0°, 90°) \\ P^{\psi}\left(\psi_k^F \middle| \Gamma_k^F = j\right) = 0, & \psi_k^F \in [90°, 180°] \\ P^{q}\left(q_k^F \middle| \Gamma_k^F = j\right) = 0, & q_k^F \in [0°, 90°) \\ P^{q}\left(q_k^F \middle| \Gamma_k^F = j\right) = \dfrac{q_k^F - 90°}{90°}, & q_k^F \in [90°, 180°] \\ P^{D}\left(D_k \middle| \Gamma_k^F = j\right) = 1 - \dfrac{D_k}{D_{\text{adv}}}, & D_k \in [0, D_{\text{adv}}) \\ P^{D}\left(D_k \middle| \Gamma_k^F = j\right) = 0, & D_k \in [D_{\text{adv}}, \infty) \end{cases} \tag{3.13}$$

3.3.2　动态权重的确定

当我方攻击处于优势态势时，应当缩短双方距离，使敌方处于我方的攻击范围内，甚至使敌方位于不可逃逸区，此时距离是决定性因素，其次是角度、速度和高度。当我方处于劣势态势时，应当尽快拉开间距，增大我方进入角和敌方方位角，逃离敌方的攻击范围，此时距离和角度因素的影响均较大。当双方处于均势态势时，双方均不处于敌方的攻击范围，此时应当尽快增大角度，占据攻击优势，因此速度、角度对此时的状态有更大的影响。最后，双方出现对立态势时，两机处于交战相持阶段，此时的速度、高度因素对战局有关键影响，可以获得较大的能量优势，另外角度也对战场主动性影响较大。根据以上分析，利用层次分析法，分别对各态势下各因素权重进行计算，确定态势评估动态权重，如表 3.3 所示。

表 3.3 动态权重表

态势类型	ω_1	ω_2	ω_3	ω_4
优势态势	0.4237	0.2270	0.1223	0.2270
劣势态势	0.3961	0.2727	0.1234	0.2078
均势态势	0.3557	0.1429	0.1429	0.3585
对立态势	0.2572	0.1276	0.3076	0.3076

本章内容主要是基于优势函数的建立，对静态综合态势评估函数进行改进，利用特征提取的方法，根据各态势优势函数的结果进行提取、分类；然后基于贝叶斯网络，构建动态变权的综合态势预判模型，利用预判模型对空战态势进行评估预判；最后结合预判结果和特征提取情况，对确定不同预判态势下的空战影响要素权重，实现最终动态变权的综合态势评估模型。

第4章
仿真分析

实验仿真主要利用战场空战模拟飞行数据使用 MatLab 进行仿真分析，通过空战模拟数据再现空战过程，并对空战过程进行态势评估。考虑单机空战过程中超视距空战和近距空战格斗两种主要作战方式，本书在多组仿真分析中，选取这两种主要作战方式的数据进行讨论。在超视距空战分析过程中，我方为 MiG-29S 战斗机，采用 R-77 空空导弹作为主战武器；敌方为 F-16C 战斗机，采用 AIM-120B 中距离空空导弹作为主战武器。而在近距空战格斗中，我方为 J-11A 战斗机，采用 M61 机炮作为主战武器；敌方为 F-15C 战斗机，采用 M61 机炮作为主战武器。假设对战双方的机型相同，空战过程中的性能指标参数如表 4.1 所示。

表 4.1　空战过程中的性能指标参数

性能指标	超视距空战参数		近距空战格斗参数	
	MiG-29S	F-16C	J-11A	F-15C
最佳空战速度/m·s^{-1}	600	650	220	210
最佳空战高度/m	6000	7000	4000	4200
雷达最大搜索方位角/°	120	120	120	120
导弹最大离轴发射角/°	60	62	60	60
不可逃逸区最大偏角/°	30	31	30	30
雷达最大搜索距离/km	100	100	100	100
最大攻击距离/km	70	80	10	10
最小攻击距离/km	15	10	0	0
最大不可逃逸距离/km	40	40	5	5
最小不可逃逸距离/km	17	15	0	0

超视距空战仿真：我方进入战场，此时敌方发现敌情，起飞后转向相对迎战飞行，此时两机皆处于攻击优势状态，形成对立，最后我方施行打击，击落敌方。

近距空战格斗仿真：敌我双方进入战场，待双方拉近距离后，利用机载近战武器（航炮等）进行盘旋格斗（狗斗）；然后敌方经过纠缠取得胜利。

利用飞行数据通过仿真得出的空战轨迹如图 4.1 和图 4.2 所示（彩图见插页），借此可以对敌我双方的飞行态势进行实时分析评估。

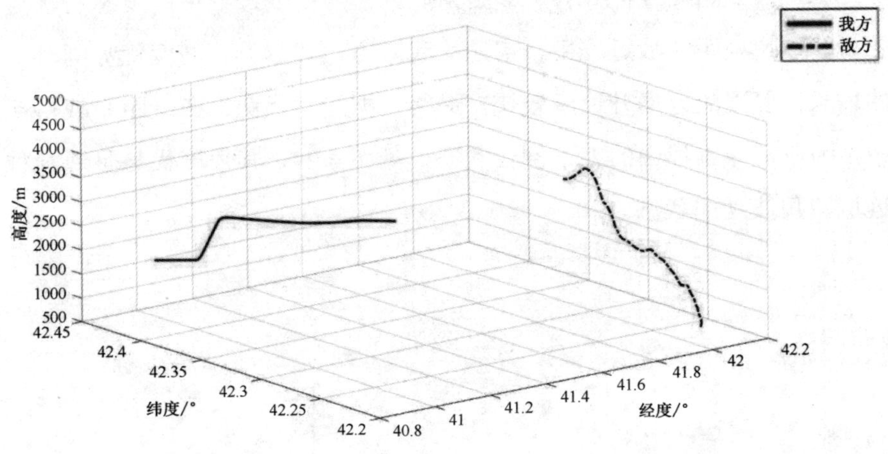

图 4.1　超视距空战轨迹

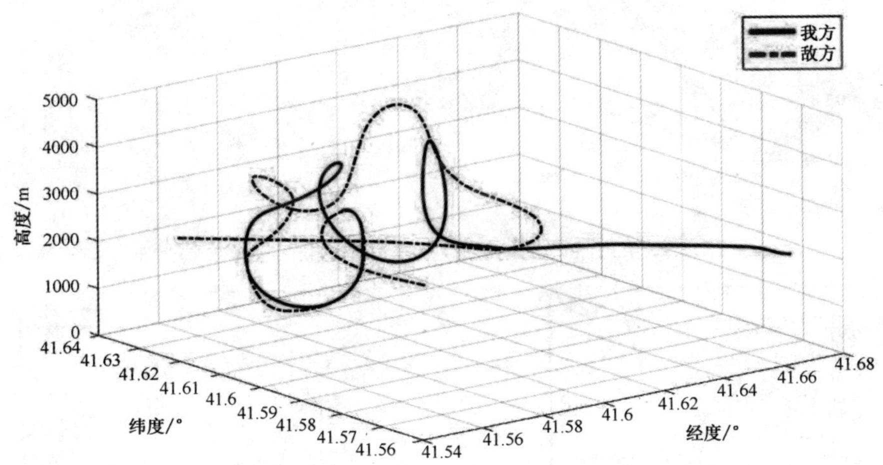

图 4.2　近距盘旋格斗空战轨迹

4.1　静态分析

如第 2 章所述，仿真分别对影响空战的因素（角度、速度、高度、双方距离）进行态势优势模型的建立，通过对飞行数据的分析、量化、判断，可以得到以下分析结果。

如图 4.3 和图 4.4 所示（彩图见插页）为空战过程中高度态势优势分析。在超视距空战过程中，初期敌我双方迅速攀升，高度优势同时开始增长，但因敌方攀升速度较快，最终占据较大优势；在近距空战格斗中，因在格斗过程中的上下倒转状态（见图 4.2），其角度优势呈现一种近似三角波动的状态。

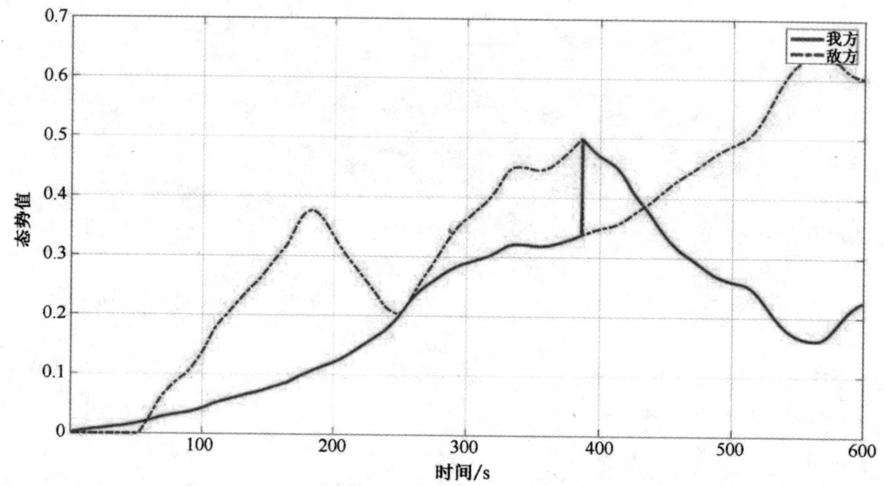

图 4.3　超视距空战数据高度态势优势分析

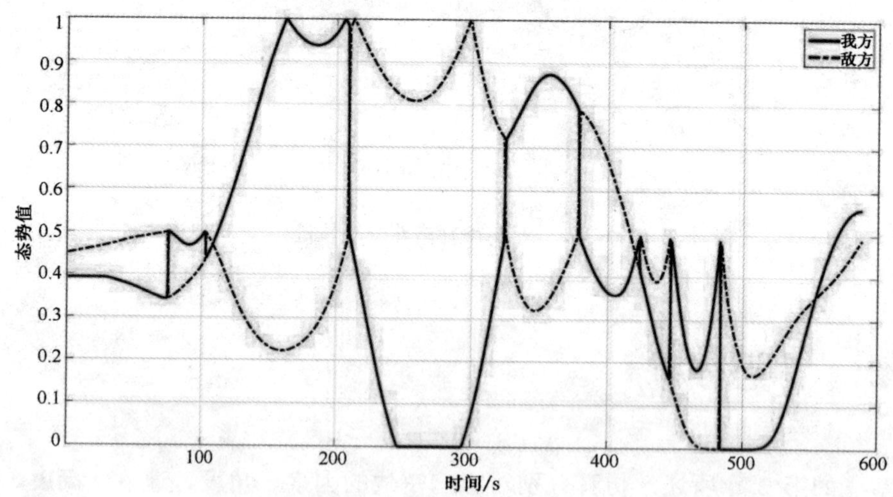

图 4.4　近距盘旋格斗数据高度态势优势分析

如图 4.5 和图 4.6 所示（彩图见插页），在超视距空战过程中，因为两机相对飞行，且夹角较小，因此二者角度优势函数值始终较大；其中，因近距空战格斗为盘旋格斗状态，其角度优势呈现一种上下波动的状态。

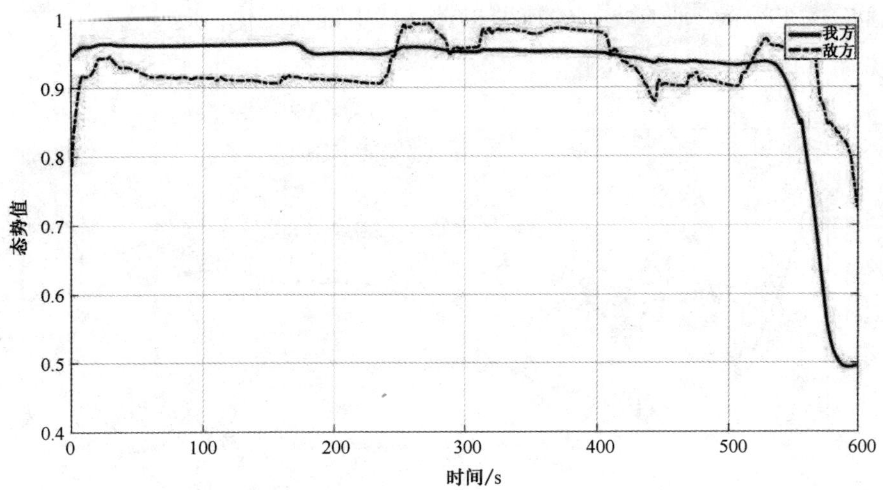

图 4.5　超视距空战数据角度态势优势分析

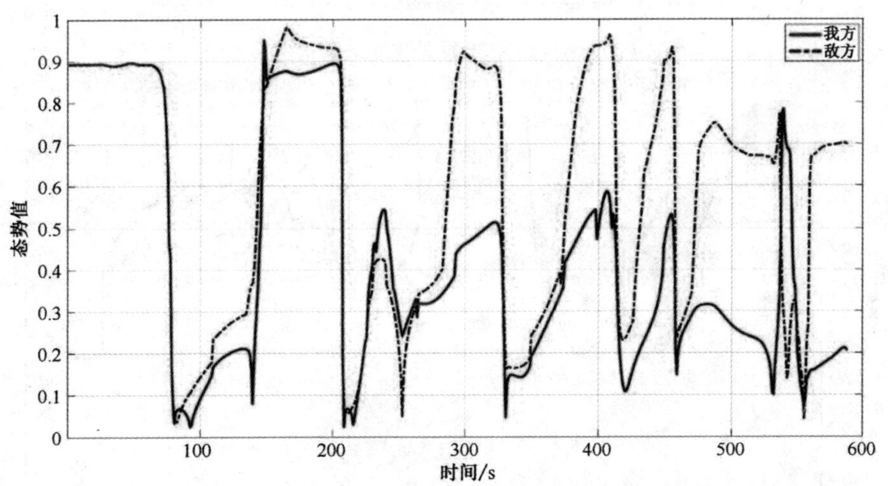

图 4.6　近距盘旋格斗数据角度态势优势分析

空战速度优势模型主要是结合空战的最佳速度及双方的飞行速度来进行判断的。如图 4.7 和图 4.8 所示（彩图见插页）为空战过程中速度优势函数的分析结果，在超视距空战过程中，敌方飞机的起飞加速，最终速度超过我方飞机，在态势途中，我们可以看到随着前期速度的增加，敌方飞机最终处于相对优势的态势。而在近距空战格斗中，因其为盘旋格斗状态，双方飞机的速度也在盘旋中波动变化，最终态势仿真结果亦为波动形态。

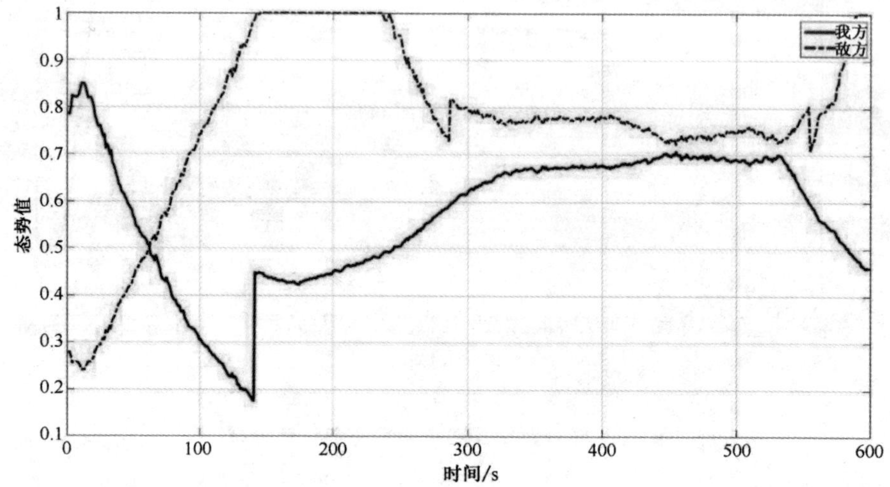

图 4.7　超视距空战数据速度态势优势分析

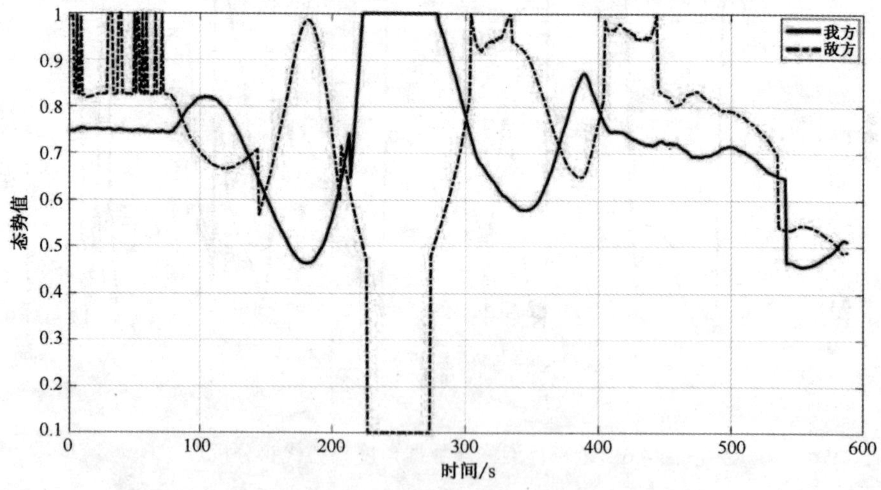

图 4.8　近距盘旋格斗数据速度态势优势分析

距离优势函数主要取决于飞机的攻击性能参数，这里对双方飞机的影响是客观的，随着双方距离的拉近，双方的态势值同步增加，分析结果如图 4.9 和图 4.10 所示（彩图见插页）。

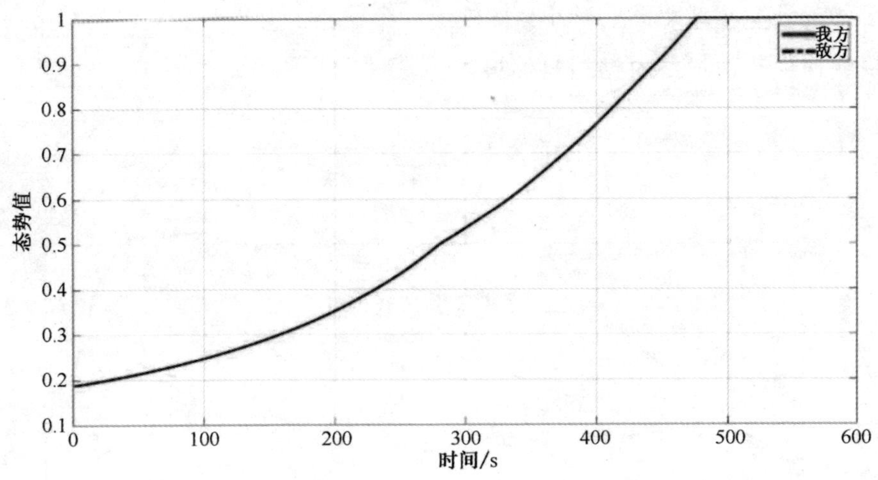

图 4.9　超视距空战数据距离态势优势分析

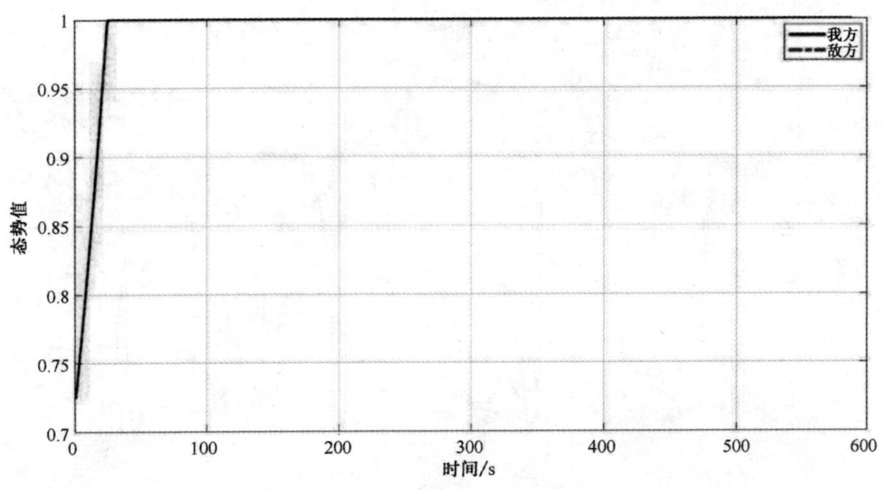

图 4.10　近距盘旋格斗数据距离态势优势分析

静态综合空战态势评估主要是利用层次分析法确定权重来实现综合函数的计算，结合角度、速度、高度、双方距离等多方面因素进行分析，进一步对空战态势进行量化，实现态势的判断，图 4.11 和图 4.12 所示（彩图见插页）为空战双方的静态综合态势评定结果。在超视距空战过程中，因双方飞机的飞行状态相近，所以双方飞机前期随着速度、高度的提升及相对距离的减小，均处于一个稳步上升的阶段，最后敌方飞机快速提升，最终占据相对优势态势。

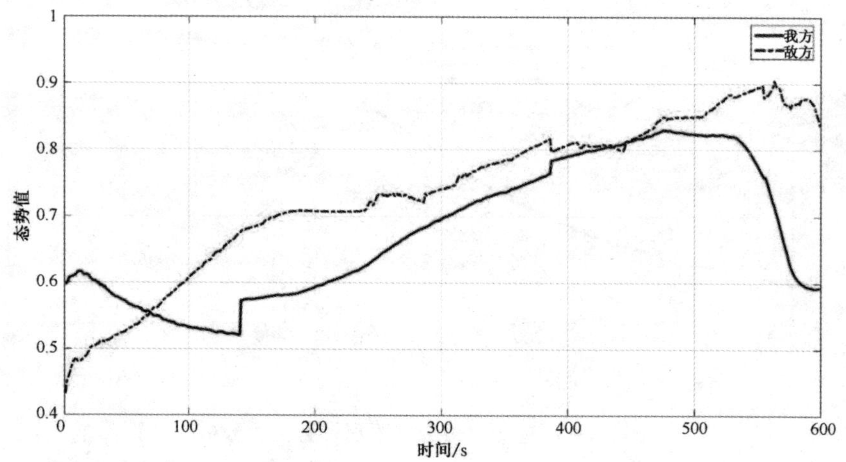

图 4.11　超视距空战数据静态综合态势分析

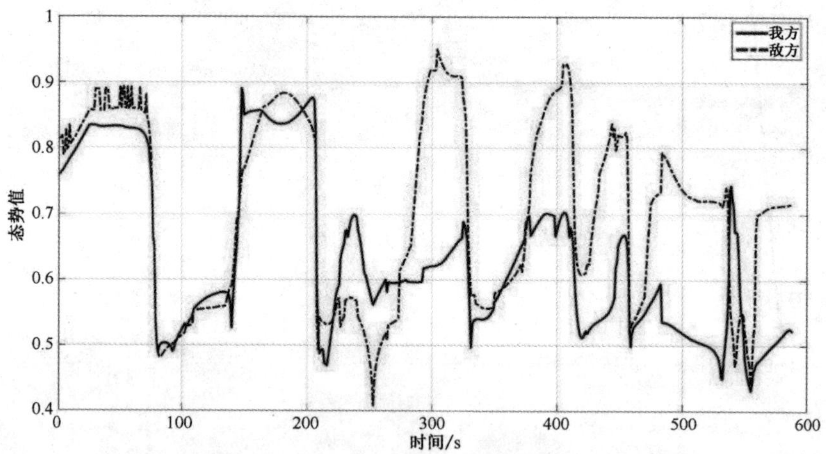

图 4.12　近距盘旋格斗数据静态综合态势分析

通过静态分析可以看到，通过对飞行数据的分析，能对当前的空战态势进行判断，但因其本身的限制，针对边界值的处理效果不是很乐观。

4.2　动态分析

动态分析是主要通过结合特征提取及贝叶斯网络对态势评估进行改进的方法，通过对态势结果的预判，可以依据预判结果对各因素权重进行相应的调整，提高态势评估的准确度，仿真结果如图 4.13 和图 4.14 所示（彩图见插页）。

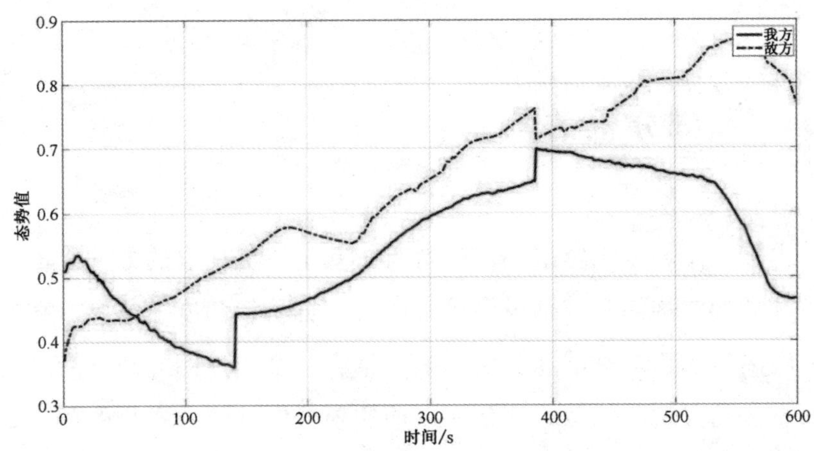

图 4.13　超视距空战数据动态综合态势分析

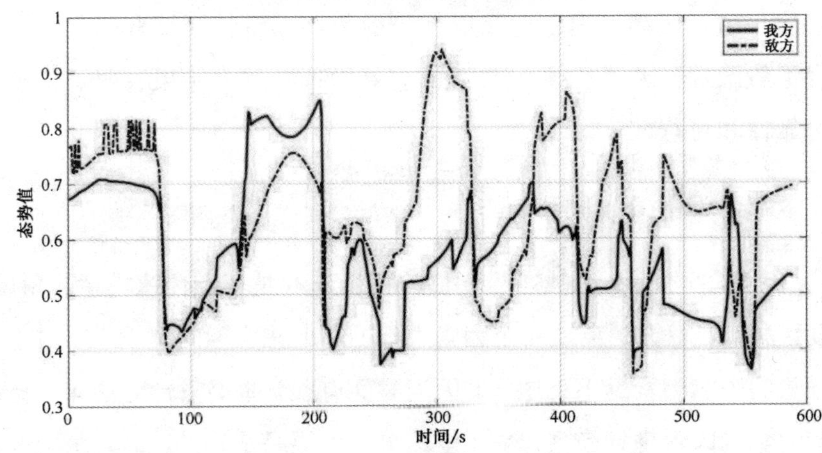

图 4.14　近距盘旋格斗数据动态综合态势分析

根据与静态模型的对比可以看出，基于特征提取的贝叶斯动态模型在判断结果上在各转点与静态结果相对应，在结果数值方面突变点减少，准确性、稳定性更加优秀。

本章主要对各项函数模型进行仿真分析，主要从静态模型和动态模型两个方面分别进行仿真计算。为确认函数模型的适用性，分别采用超视距空战和近距盘旋格斗两组数据进行仿真，以确保仿真结果的可靠性。仿真结果显示，动态评估模型比静态评估模型更适用于各种空战态势，其准确性更高。

本部分总结

本部分结合复杂空战环境的特点，基于特征提取的方法对传统基于贝叶斯的空战态势评估模型进行改进。分析了角度、速度、高度及双方距离等因素对空战态势的影响，结合特征提取的方法，对这些特征的态势结果进行提取、评估，从而实现对空战综合态势的预判。通过预判可以进一步加强综合态势评估结果的可靠性、准确性。建立了单机的角度、距离、速度、高度优势函数，通过特征提取确定了单机综合优势函数，并进行了 1 对 1 的仿真验证，仿真结果表明了该模型的可靠性和可行性。

本部分还存在以下问题：

（1）本部分对于空战态势评估的特征选取是基于传统模型的角度、速度、高度、双方距离这 4 个因素进行的；但在实际的空战中，对于空战态势的影响因素远不止这些。因为时间有限，本书只针对这 4 个更加直接的影响因素进行模型建立，虽然最后结果是成功的，但其精确度和适应性仍旧不高；在复杂环境中，其结果的准确度仍旧不高。这是下一步研究需要努力的方向，通过选取更多特征信息来实现对复杂空战环境的适应性。

（2）研究过程中选取的实验数据是日常飞行训练过程中的记录数据，实验效果比较单一，并且训练过程中难以实现真正空战的复杂程度，因此对改进方法适应性的考察仍旧不足，对它的完善仍存在缺漏，需要通过大量的仿真模拟来实现模型漏洞的发现和补缺。

（3）研究过程中主要采用层次分析法计算各态势权值，但这种方法依靠专家打分，在打分过程中所依据的资料有限，打分结果不够准确，将对态势评估的结果产生影响，降低其判断准确性。下一步可以通过更加权威的专家打分来提高可靠性，或者采用更好的权值确定方法提高准确度。

空战对抗的态势评估是当今世界各国空军研究的热点，也是我国空军现代化训练手段的重要部分。整个研究内容涉及贝叶斯网络、特征提取等多个领域。本部分主要研究的是基于特征提取分析方法的空战对抗态势评估，其核心思想是利用特征提取分析方法对其空战特征的态势结果进行提取、评估，从而实现对传统基于贝叶斯网络的态势评估方法手段的改进，使其能够更加灵活地应用于各种复杂的空战态势。还需要深入研究和探讨的问题如下：

（1）本部分在综合态势评估函数的构建过程中，选取了 4 个关键因素，并采取基于特征提取的贝叶斯网络进行态势预判，其后利用层次分析法确定各态势权重实现动态权值。然而在现代战场中，影响战场态势的要素越来越多，虽然选取关键因素能够具有一定的代表性，但是战争结果仍然有许多可能性。因此在信息处理速度及战场态势相关理论的研究方面仍有非常广阔的空间。

（2）在空战进行过程中，飞机的各种机动动作及敌我双方的关系远不止本部分分析设想的那么简单。同时，在双方交战的过程中，飞行员的主观意识及操作水平仍然是控制飞机的重要主体。因此态势评估在智能决策领域的应用还有待发展。期待本部分的研究能够对未来更完善的决策系统提供一些帮助。

参考文献

[1] 姜龙亭，寇雅楠，王栋，等. 动态变权重的近距空战态势评估方法[J]. 电光与控制，2019（4）：5-9.

[2] 常一哲，李战武，孙源源，等. 基于威力场的超视距协同空战态势评估方法[J]. 火力与指挥控制，2015，40（10）：40-45.

[3] 顾佼佼，赵建军，徐海峰，等. 基于 SPA 及 PSO 的超视距空战态势评估[J]. 系统工程与电子技术，2014，36（4）：691-696.

[4] 王琳，寇英信. Dempster-Shafer 证据理论在空战态势评估方面的应用[J]. 电光与控制，2007，14（6）：155-157.

[5] CERUTI M G, DAS S, ASHENFELTER A, et al. Pedigree Information for Enhanced Situation and Threat Assessment[C]// International Conference on Information Fusion, 2006.

[6] 周晓越，王昕. 基于 AFS 方法的模糊推理规则[J]. 大连海事大学学报，2003，29（1）：72-76.

[7] 高阳阳，余敏建，杨杰. 多机空战指挥引导优势量化评估模型研究[J]. 航空计算技术，2018（4）：5.

[8] 曲长文，何友，马强. 应用多属性决策的威胁评估方法[J]. 系统工程与电子技术，2000，22（5）：26-29.

[9] 吴强，曹义华，金长江. 威胁级别判断技术的研究[J]. 飞行力学，2002，20（4）：56-60.

[10] 邱浪波，刘作良，刘明. 一种应用神经网络技术的威胁估计算法[J]. 空军工程大学学报（自然科学版），2002，3（6）：25-28.

[11] 孔祥忠. 战场态势估计和威胁估计[J]. 火力与指挥控制，2003，28（6）：91-94.

[12] 岳韶华，李松，刘进忙. 基于专家系统的目标威胁判断模型[J]. 计算机工程与应用，2003，39（11）：71-72.

[13] 高阳阳，余敏建，杨杰. 多机空战指挥引导优势量化评估模型研究[J]. 航空计算技术，2018（4）：5.

[14] 徐俊，刘娜. 层次分析法的基本思想与实际应用[J]. 情报探索，2008，12：56-58.

[15] 孙伟. 层次分析法应用研究[J]. 市场研究，2008，12：32-34.

[16] 孙铭蔚. 基于 AHP 的商务智能系统模糊综合评价研究[D]. 哈尔滨：黑龙江大学，2011（7）.

[17] ROHACOVA I, MARKOVA Z. The Analysis of AHP method and its potential use in logistics[J]. Acta Montanistica Slovaca, 2009, 14(1): 103-112.

[18] Diego F, Federico F, Massimiliano M S. A lodistics provider evaluation and selsction methodology based on AHP, DEA and linear programming intedration[J]. International Journal of Production Research, 2012, 50(17): 4822-4829.

[19] 常建娥，蒋太立. 层次分析法确定权重的研究[J]. 武汉理工大学学报（信息与管理工程版），2007，1：19-21.

[20] 邓雪，李家铭，曾浩健，等. 层次分析法权重计算方法分析及其应用研究[J]. 数学的实践与认识，2012，7：93-100.

[21] 王莲芬，许树柏. 层次分析法引论[M]. 北京：中国人民大学出版社，1990.

[22] 张伟华. 供电企业突发事件新闻应急管理研究[D]. 北京：华北电力大学，2014.

[23] SAATY T L. How to Make a Decision: The Analytic Hierarchy Process[J]. Interfaces, 1990, 48(6): 19-43.

[24] SAATY T L. The analytic hierarchy process[M]. New York: Mcgraw Hill, 1980.

[25] TERENT&APOS A N, YEV, BIDYUK P I. Method of probabilistic inference from learning data in bayesian networks[J]. Cybernetics and Systems Analysis, 2007, 43(3): 391-396.

[26] SAMPATH S, STUART R, ALICE A. Automated construction of sparse Bayesian networks from unstructured probabilistic models and domain information[C]. Proceedings of the Fifth Annual Conference on Uncertainty in Artificial Intelligence. Amsterdan, North Holland, 1990: 295-308.

[27] GREGORY F, COOPER E H. A Bayesian method for the induction of probabilistic networks from data[J]. Machine Learning, 1992, 9(4): 309-347.

[28] 王发智. 基于贝叶斯网络的交通突发事件态势评估技术[D]. 大连：大连理工大学，2006.

[29] 史建国，高晓光，李相民. 基于离散模糊动态贝叶斯网络的空战态势评估及仿真[J]. 系统仿真学报，2006（5）：8-11.

[30] HUANG C Q, DONG K S, HUANG H Q, et al. Autonomous air combat maneuver decision using Bayesian inference and moving horizon optimization[J]. Journal of Systems Engineering and Electronics, 2018, 29(1): 86-97.

[31] 徐西蒙，杨任农，符颖，等. 基于 ELM_AdaBoost 强预测器的空战目标威胁评估[J]. 系统工程与电子技术，2018，40（8）：1760-1768.

第二部分

空战对抗训练过程中飞机机动动作识别研究

第5章 空战对抗训练过程中飞机机动动作识别研究概述

5.1 研究背景及意义

美军在最近的几场战争中对战斗机的运用可谓淋漓尽致，凭借空中优势，对战场进行空中封锁，将制空权牢牢掌握在手中，对敌方战略要地实施战略轰炸，利用空中力量对敌后方作战指挥人员进行外科手术式的精确打击，对推动战争进程并赢得最终胜利起到了至关重要的作用。经过这几场战争的检验，空军在未来战场中的地位和作用愈加显著，世界各军事强国对军队作战能力的建设也愈加重视。随着各国部队作战水平的提高，武器装备体系化、信息化发展愈演愈烈，对我国的空军信息化建设水平和飞行员作战能力的要求也越来越高。

作战飞机的机动性能不断提高，各种高速制导武器层出不穷，现代空战场环境愈加复杂，作战双方战机态势时刻都在发生变化，赢得胜利的时机转瞬即逝，为了提高飞行员在战场中的生存能力和完成任务能力，如何培养飞行员敏锐的战场直觉、优秀的战术素养，变成了现阶段空战训练中亟待解决的问题。每名飞行员都是通过漫长的日常飞行训练来提高自身的飞机操纵能力的，而要达到训练目的，不仅要有科学有效的训练计划，更要有全面准确的训练评估方法，它能使组训人员准确把握飞行员的训练效果和训练计划的完成情况，指出飞行训练中存在的问题。在当前形势下，如何提高训练效益和评估质量得到高度重视，而现行的评估手段和方法存在各种各样的问题，无不制约着实战化训练的开展和战斗力的提升。

如今，随着战斗机机动性能的不断提升，飞机在性能指标上能够实现的机动动作也愈加多样，若飞行员能充分利用并发挥出飞机的机动性能优势，将有助于作战任务的完成，并显著提高飞行员的战场生存率。

平时在空中格斗等对机动动作要求较高的训练科目中，飞行员是否完成飞行训练科目中相关机动动作的评估，决定了飞行训练的效果。在针对战斗机的训练评估，飞机机动动作识别模块有至关重要的作用，因此拥有一套科学、高效、准确、可靠的飞机机动动作识别方法显得尤为重要。通过这个方法能准确识别飞行员在空中训练时完成的机动动作，把握飞行员的训练状态和任务完成情况，快速提升飞行员的战术机动动作操作能力，提升飞行员的空中作战能力和战场生存率。

本书主要的研究内容是利用现有的空战训练的数据资源，分析整理先验知识中关于飞行数据参数与典型机动动作之间的关系，并将该关系确定为准确的逻辑关系，搭建飞行参数数据与飞机机动动作之间的逻辑链接桥梁，通过 Python 实现该逻辑方法，并通过与人工识别的结果对比进行验证。

5.2 机动动作识别研究现状

在日常的空战训练中，飞行员会在飞行过程中操纵飞机实现各种战术机动动作，以提升自己在真实战场中的主动性和安全性。对飞机的机动动作进行识别，有助于指挥人员准确评估飞行训练的效果和把握每名飞行员的飞行水平；而且飞行员在进行事后分析时，也能从飞行动作数据中，找出自己在相关机动动作操作过程中可以提升和完善的部分，缩短飞行员战斗力生成与提高的训练周期。

国外的很多学者，特别是军方的研究机构，很早就认识到飞机战术机动对空战的重要意义，开展了大量针对飞机机动动作识别的相关研究，典型的研究成果如 Hyunju Park 所著的文献，在研究无人作战飞机在空战博弈中的运用时，提出了一种基于微分博弈理论的无人作战飞机视距内空空作战机动动作生成算法，该算法遵循递阶决策结构，基于微分博弈理论进行得分函数矩阵计算，寻找当前作战环境下的最优机动方案，保持无人战斗机的优势态势。E. Y. RODIN 等人在文献中提出了利用人工神经网络识别飞机机动动作的方法，将中心动力问题分解为几个较小的子问题（特征值），这些子问题描述了连续轨道动力系统的状态，进而判断机动动作的状态转换。

国内学者也在该领域开展了深入的研究和探索，典型研究成果如下：

孟光磊在文献中提出了利用动态贝叶斯网络识别飞机机动动作的方法，并在文献中设计了模型在线调用机制，解决了传统贝叶斯识别网络算法，因多次迭代推理导致的计算复杂、识别速度慢的问题，实现了飞机机动动作的在线识别。张振兴等人在文献中提出了基于增量学习—隐马尔可夫模型的目标机动动作识别和预测方法，通过将增量学习与传统 HMM 相结合的方法，当满足一定条件时，对模型进行调整更新，较好地解决了传统隐马尔可夫模型不能实时更新的问题。

倪世宏等人在两篇文献中，分别提出了将群智能理论中的粒子群优化算法和改进量子遗传算法，运用于飞机机动动作识别规则的自动提取，解决了规则提取运算过程中，因种群多样性迅速降低，而导致算法陷入局部最优的问题，提高了飞机机动动作识别知识库建立的可靠性。王玉伟等人在文献中提出了鲸鱼优化算法，改善了智能优化算法在提取飞行动作规则时存在早熟收敛、容易陷入局部极值的现象，显著提高了飞机机动动作识别知识库建立的效率和精度。郑昌艳等人在文献中提出了基于多时间窗口的空中目标机动模式提取及识别方法，有效解决了现存机动模式识别算法，因完全依赖特征点提取而造成的实用性差和识别准确率偏低等问题。

徐西蒙在文献中提出了一种基于运动分解和层次支持向量机的机

动动作识别方法，将机动动作识别问题等效为飞行数据分类问题，显著降低了机动动作识别问题的复杂程度。杨俊等人在文献中针对飞机机动动作识别的多模式分类问题，设计了模糊最小二乘支持向量机，相较于没有进行模糊化的最小二乘支持向量分类器，在识别率上有了明显提高。并在文献中解决了不可分区域问题，其设计提出的模糊支持向量机，比传统支持向量分类器的算法简单，并显著提高了飞机机动动作识别准确率。钟友武等人在文献中提出了将飞机机动动作分为简单的基本动作和复杂的组合动作两种，所有的组合动作都是由几个基础机动动作组合实现的分析思路。

姜龙亭等人在文献中依据相邻权有关思想，通过构建含飞行参数的基本空战战术（BFM）库，建立战术动作的控制模型，并依据战术动作与参数之间的对应关系，运用最大相似法对敌方进行战术动作定量识别。周超等人在文献中采用缩小规整路径范围与加权优化的方法，对传统动态时间规整算法识别战术机动动作进行改进，使得识别计算时间明显降低，提高了算法的运行速度。贾镇泽等人在文献中提出了一种基于空战机动动作元的两级识别方法，解决了因雷达数据不能提供敌方姿态信息，导致战术机动动作难以直接描述的问题，实现敌方战术机动的在线准确识别。

通过分析国内外研究现状不难发现，在飞机机动动作识别方面，数据来源主要是飞机的飞行参数数据，识别方法是将该数据按时间顺序排列在时间序列上进行相似性匹配，在此基础上不断优化算法中的关键技术参数数值，使识别准确率达到一个较为满意的数值。

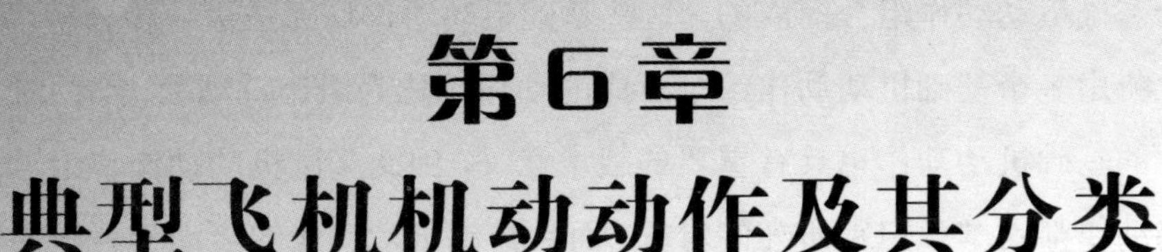

第6章 典型飞机机动动作及其分类

本章的研究思路是利用飞机参数进行机动动作识别操作，在不同的飞行机动动作中，飞行数据参数的变化过程存在很大的差异，根据这一特征在飞机机动动作与特定飞行参数的变化特征之间建立一定的映射关系，再依据此关系，在连续时间序列上对飞行参数进行识别，最终获取数据中的机动动作信息。在进行识别程序设计之前，需要确定识别的具体对象和识别的目标，即飞机飞行参数和典型机动动作，并明确两者之间的映射关系。

针对典型的机动动作，本章将运用机动动作分解的思路，对其进行一个简单的分类，以便动作识别的开展。假设每种机动动作都是由若干个基础机动动作组合而成的，这些基础机动动作均无法进一步分解。在此将由多个基础机动动作组合而成的动作统称为组合机动动作，同时单独的基础机动动作也具有重要的战术意义，因此基础机动动作和组合机动动作都是本章识别研究的对象，而且基础机动动作的运动特征较为明显，易于识别，故可优先识别基础机动动作，在此基础上对可能存在的组合动作进行识别。本章内容就是为了确定基础机动动作和组合机动动作，明确动作识别目标。

6.1 基础机动动作

基础机动动作，即无法进一步分解的战术动作，分为平飞、爬升、俯冲、横滚、转弯。基础机动动作是其他组合动作的基础，一个组合机动动作由若干个基础机动动作构成。下面是基础机动动作的相关特征定义信息：

（1）平飞。平飞是指飞行过程中高度、航向角基本保持不变，俯仰角和横滚角在 0° 附近的飞行姿态，是飞机最基本的飞行状态。

（2）爬升。爬升是指飞机高度快速增长，俯仰角为正值且较大。

（3）俯冲。俯冲是指飞机高度快速减小，俯仰角为负值且绝对值较大。

（4）横滚。横滚是指飞行过程中横滚角快速变化，飞机很快进入倒扣状态（半横滚倒转），或横滚一周又回到平飞状态（360° 滚转一周）。

（5）转弯。转弯是指飞行过程中航向角快速变化，横滚角绝对值保持一定数值。

以上 5 种基础机动动作的参数变化特征较为明显，识别难度低，因此在机动动作识别时，本章选择先识别基础机动动作，再根据同一时间段内基础机动动作的构成情况，确定较为复杂的组合机动动作。

6.2　组合机动动作

前文介绍了基础机动动作，并提出了较为复杂的组合机动动作是由若干个基础机动动作构成的，如半筋斗倒转就是由爬升和半横滚叠加而成的。

根据相关资料，整理得出较为常用的战术机动动作，包括转弯、俯冲、爬升、筋斗、半筋斗倒转、半滚倒转、横滚、上升/下降转弯、左/右盘旋、上升/下降盘旋 10 种典型机动动作，其中 6 种组合机动动作分解如表 6.1 所示。

表 6.1　6 种组合机动动作分解

复杂动作名称	飞行过程描述	基本动作组合
上升/下降转弯	上升/下降且转弯	爬升/俯冲+转弯
筋斗	上升再下滑，俯仰角（绝对值）累计变化量为 360°	爬升（持续拉起）
半筋斗倒转	上升至俯仰角为 180°，再横滚半周	半筋斗+半横滚

续表

复杂动作名称	飞行过程描述	基本动作组合
半滚倒转	平飞同时横滚半周，接着下滑至俯仰角为0°	半横滚+半筋斗
左/右盘旋	定高转弯一周（航向角变化 360° 以上）	转弯
上升/下降盘旋	上升/下降且盘旋	爬升/俯冲+盘旋

由表 6.1 可知，这 6 种组合机动动作均可按照基础机动动作进行分解，组合机动动作均是由若干个基础机动动作，按照飞行训练教范中规定的飞机机动动作编排要求，相互衔接组合而成的，识别时重点关注各组合机动动作的编排要求。例如，盘旋的整个机动过程都可以视作在进行转弯机动，但要求它的航向角变化量为360°，并且横滚角在机动过程中保持为定值且绝对值较大，满足这些条件才可将转弯机动动作转换为盘旋机动动作。

但在实际情况中，有一些机动动作不能简单地理解为这样的分解步骤，如筋斗类机动动作（筋斗、半筋斗倒转、半滚倒转）。这类机动动作属于较为复杂的机动动作，在飞行训练科目中属于复杂特技飞行科目，涉及的参数众多且变化幅度大，如果在设计程序时不将其单独处理，可能会被识别成简单的俯冲转弯或爬升转弯，降低识别准确度。本章在设计机动动作识别程序时，会单独为筋斗类机动动作设计识别层，对其进行优先识别操作，检测完筋斗类机动动作后，再按照正常思路对其余数据进行逐层识别，最终确定其他较为简单的组合机动动作。

6.3 筋斗类机动动作

本节依据航迹进行分类，将现有的机动动作根据其运动轨迹分为铅垂面内的机动动作、水平面内的机动动作及空间机动动作。转弯、盘旋等机动动作并未在较大程度上改变飞机的飞行高度，而着重体现了飞机在水平方向上的机动性能，即它们为水平面内的机动动作。飞机在机动动作过程中同时改变飞行方向、高度和速度的机动动作即为空间机动动作，如斜筋斗及战斗转弯等如图 6.1 所示。

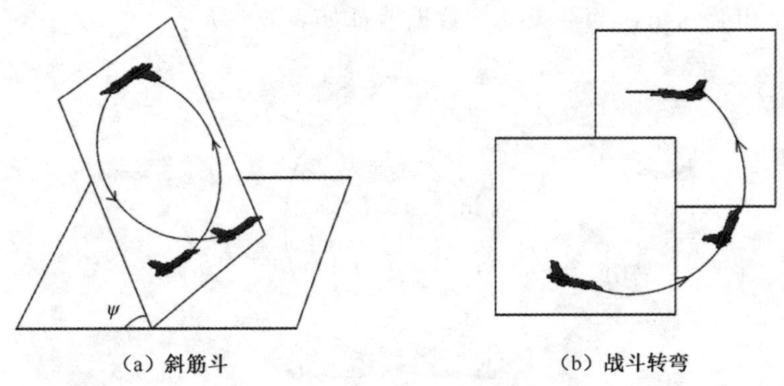

（a）斜筋斗　　（b）战斗转弯

图 6.1　部分空间机动动作

而针对飞机的轴对称平面，始终与飞行速度矢量所在的铅垂面重合的这类机动动作，称为铅垂面内的机动动作，显而易见，大部分筋斗类机动动作都是铅垂面内的机动动作。图 6.2 所示为几种常见的铅垂面内的机动动作。

图 6.2 中为 3 种常见的铅垂面内的机动动作，即筋斗、半滚倒转及半筋斗倒转，这 3 种机动动作在动作过程中主要改变了飞机的高度和机体的俯仰角，而没有较大地改变飞机的飞行方向。但实际上，在筋斗类机动动作过程中，当俯仰角到达 180° 或回到 0° 时，飞机的航向角均会发生一次幅度大约为 180° 的突变，这并不是识别筋斗类机动动作的主要特征，此处不做深究。筋斗类机动动作能够充分发挥作战飞机的纵向机动性能，在垂直机动中，能够快速改变飞机的机动方向，在空战中快速占据有利态势。前文已经介绍过，筋斗类机动动作是铅垂面内的机动动作，即其航迹与水平面的夹角 ψ 为 90°，但当其夹角 ψ 为 0°～90° 时则为斜筋斗机动动作，如图 6.2（a）所示。筋斗类机动动作还可以进一

步分解，如果仅完成筋斗类机动动作的前半段，再加上180°倒转，则为半筋斗倒转；而先倒转180°，再加上筋斗类机动动作的后半段，即为半滚倒转，如图6.2（b）所示。在筋斗类机动过程中，数据变化较大的为俯仰角和航向角，筋斗类动作数据特征如表6.2所示。

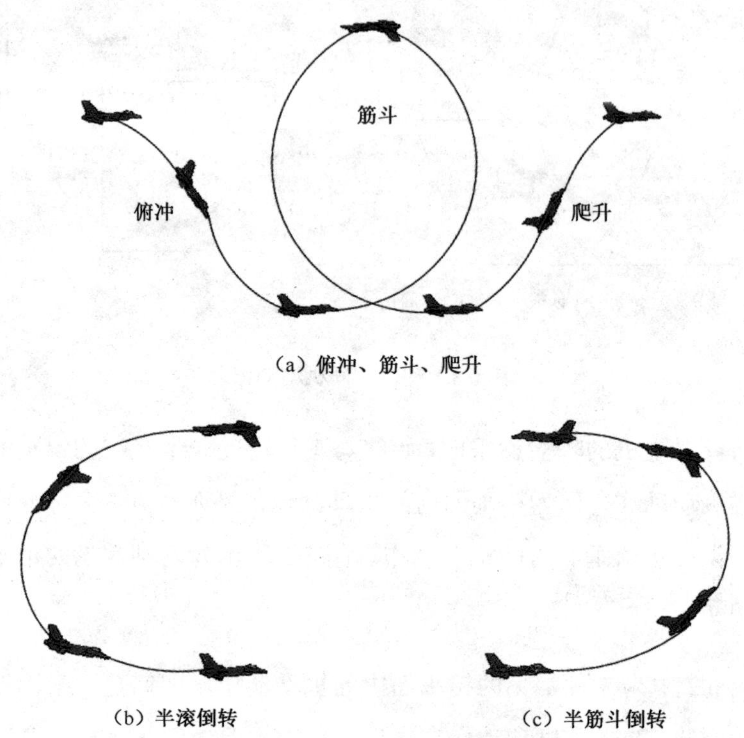

（a）俯冲、筋斗、爬升

（b）半滚倒转

（c）半筋斗倒转

图6.2　几种常见的铅垂面内的机动动作

表6.2　筋斗类动作数据特征

动作名称	俯仰角变化率/°·s^{-1}	俯仰角累加变化量/°	航向角累加变化量/°
筋斗	≥8	360	360
半筋斗倒转	≥8	180	180
半滚倒转	≥8	180	180
斜筋斗	3～8	240	360

由表6.2可知，俯仰角变化率和俯仰角累加变化量是筋斗类机动动

作识别时的关键参数信息。在设计识别程序时，可以从这两个参数入手，对筋斗类机动动作进行识别，在设计识别其他机动动作时，也是利用这种思想，通过找出各机动动作过程中变化较为明显的特征参数来识别飞机的机动动作，第 7 章将分析并确定各机动动作的特征数据参数。

第 7 章
飞行参数选择及预处理

前文确立了基础机动动作和组合机动动作的概念，并确定了识别程序的识别目标，在本章的研究设想中，程序识别的对象为空战训练测量仪（ACMI）采集的飞行数据参数，而采集的数据参数项目众多，需要筛选出其中的关键数据参数。这里首先建立相应的参考坐标系，用以理解相关飞行参数的实际意义，再对 10 种典型机动动作的先验特征参数进行分析，并对相关概念和表述比较模糊的参数进行预处理，以达到一个明确值，便于识别程序的调用分析。最后根据先验知识确定各机动动作的特征参数，整理归纳得出程序设计所需的飞行参数数据集。

7.1　飞机参考坐标系

在本章的研究中需要运用部分飞行参数数据，因此需要建立相关参考坐标系来解释相关飞行参数的现实意义，将飞行参数数据与实际物理意义连接起来，在此引入参考坐标模型。

在建立参考坐标系前，为了突出研究重点，减少与所研究问题无关的因素的干扰，降低计算复杂度，我们在分析机动动作时作出以下假设：

（1）不考虑飞行高度引起的重力加速度变化，包括地球曲率等因素，忽略其对机动动作过程的影响。

（2）忽略其他影响飞机机动动作的次要因素，如启动弹性、科氏力等。

（3）飞机在空中做机动动作时，我们将其视作为一个质点，且质点的位置始终处于飞机中心位置不变，所有机动动作不考虑自身重力变化及其他影响。

对飞机机动动作的识别，主要运用到飞机的姿态坐标系，现有的飞机姿态坐标系包括机体坐标系、速度坐标系、轨迹坐标系和地理坐标系等。飞机的飞行位置参数按照地理坐标系进行解算，因此描述飞机相对地面的特征采用地理坐标系；而描述空中飞行姿态的信息使用机体坐标系。在解释飞行数据参数的意义时，需要将飞机的机体坐标系与地理坐标系相结合进行分析，得出在描述飞机姿态状况时的关键参数，即偏航角（航向角）、滚转角、俯仰角。

地理坐标系 $X_gY_gZ_g$，原点 O_g 在飞机的重心或地球表面的任意一点上，O_gX_g 轴在水平面内且指向正北方向，O_gZ_g 轴垂直于水平面并指向地心，O_gY_g 轴在水平面内垂直于 O_gX_g 轴。

机体坐标系 XYZ，原点 O 在飞机的重心上，OX 轴沿飞机纵轴向前，OY 轴沿飞机横轴向右，OZ 轴沿飞机立轴（航向轴）向上。

图 7.1 中飞机各姿态角，即航向角（偏航角）φ、横滚角 ϕ、俯仰角 θ 的意义如下：

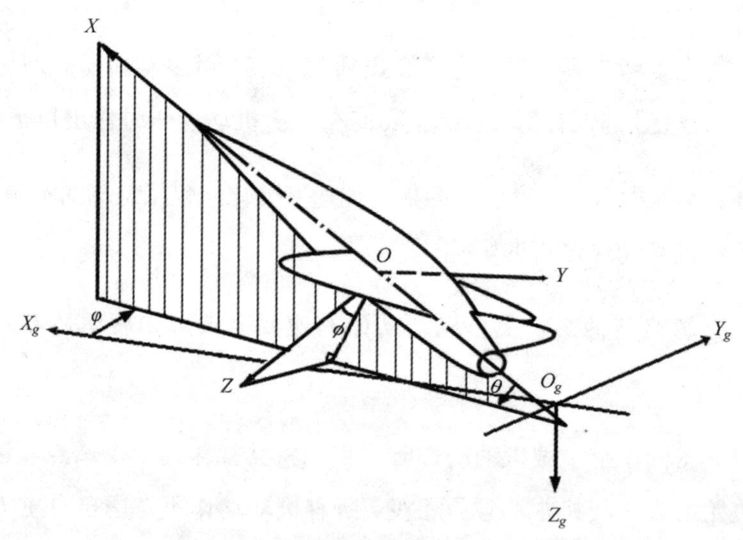

图 7.1　飞机参考坐标系及姿态角关系示意图

（1）航向角（偏航角）φ：由正北方向线顺时针转至机体坐标系 X 轴

在水平面上的投影线的角度（0°～360°）。

（2）横滚角 ϕ：机体坐标系 Z 轴与铅垂面之间的夹角，当机体向右滚转时，横滚角为正，反之为负（图 7.1 中即为正）。

（3）俯仰角 θ：机体坐标系 X 轴与水平面的夹角，当 X 轴的正半轴位于过坐标原点的水平面之上（抬头）时，俯仰角为正，否则为负。

通过建立图 7.1 所示的飞机参考坐标系，确定了飞机各项飞行参数的来源和意义，这是进行飞机机动动作特征参数分析的基础。

7.2　机动动作参数选择

飞机空战训练测量仪中存储着十余项飞行参数项目，每个项目下都有大量通过时间链串联起来的数据，很难直接通过纸面上的数据分析出其与各种飞机机动动作的关系。这里先简单分析相关机动动作的操作，再通过其操纵原理猜测与其关联性最强的几种飞行参数。

在实际的飞机飞行中，飞行员在机舱中通过控制操纵舵来改变飞机的飞行状态，其中主要操纵舵包括油门踏板、方向舵、升降舵、副翼控制，它们相互配合构成了飞机的主操作机构，基本能够完成飞行员对飞机飞行状态控制的所有操作。通过将飞行员的简单操作与相关参数和机动动作相结合进行分析，可以得出如表 7.1 所示的飞机相关操作通道。

表 7.1　飞机相关操作通道

机动动作	飞行员操纵	操纵通道	参数
加速	油门踏板	油门	速度 v
转弯	方向舵	垂直尾翼	航向角 φ
爬升/俯冲	升降舵	水平尾翼	俯仰角 θ
横滚	方向踏板	副翼通道	横滚角 ϕ

通过表 7.1 可知，飞行员通过简单操作即可完成前文提到的 5 种飞机基础机动动作，这些改变飞机飞行状态的操作在飞行数据中主要体现在速度、航向角、俯仰角、横滚角这 4 个参数上。例如，在进行筋斗类机动动作时，飞行员会通过控制升降舵使水平尾翼一直保持上翘的状态，使飞机俯仰角 θ 持续升高直至变化 360°，然后恢复到平飞状态，即俯仰角为 0°。因此可以确定飞机的飞行状态与这 4 个参数有密切联系。

在实际的飞机飞行过程中，飞行员在机舱中通过飞控系统控制水平尾翼、垂直尾翼和副翼，可以产生绕纵轴、横轴和竖轴的力矩，借助这些力矩可以改变飞机姿态角，进而互相配合完成相关的简单或复杂的机动动作。可以大胆假设：水平方向上的机动动作与航向角和横滚角关联紧密；垂直方向上的机动动作与俯仰角关联紧密。例如，通过控制垂直尾翼来改变飞机的航向角，以此完成转弯和盘旋等机动动作；通过控制水平尾翼来改变飞机的俯仰角，以此完成爬升/俯冲机动动作。在识别飞机机动动作时，不区分加力盘旋和普通盘旋、加力爬升和普通爬升，所以不考虑速度和速度变化率，最后只以航向角、横滚角和俯仰角 3 个参数及其变化率作为基本参数。

之前的研究人员已经分析了大多数机动动作的参数变化特征，为便于更好地反映参数与典型机动动作之间的关系，此处引入相关数据对前文提到的 10 种机动动作参数进行分析、归纳和总结，得到表 7.2。

表 7.2　10 种机动动作过程中的相关参数变化

动作	横滚角 ϕ/°	横滚角累加变化量 $\lvert\Delta\phi\rvert$/°	横滚角变化率 $\mathrm{d}\phi$/°	俯仰角 θ/°	俯仰角累加变化量 $\lvert\Delta\theta\rvert$/°	俯仰角变化率 $\mathrm{d}\theta$/°	航向角累加变化量 $\lvert\Delta\varphi\rvert$/°	航向角变化率 $\mathrm{d}\varphi$/°	高度变化量 $\lvert\Delta H\rvert$/m
俯冲	—	—	—	-60～-30	30～60	—	0	—	≤2000
爬升	—	—	—	30～60	30～60	—	0	—	≤2000
筋斗	—	—	—	—	360	6～10	—	—	≈2000
半筋斗倒转	180	180	—	—	180	6～10	180	—	≈2000

续表

动作	横滚角 ϕ/°	横滚角累加变化量 $\|\Delta\phi\|$/°	横滚角变化率 $d\phi$/°	俯仰角 θ/°	俯仰角累加变化量 $\|\Delta\theta\|$/°	俯仰角变化率 $d\theta$/°	航向角累加变化量 $\|\Delta\varphi\|$/°	航向角变化率 $d\varphi$/°	高度变化量 $\|\Delta H\|$/m
半滚倒转	180	180	—	—	180	6～10	180	—	≈2000
盘旋	±（45～80）	—	—	—	—	—	>360	>4 或 <-4	≤500
右转弯	±（45～80）	—	—	—	—	—	>40	>2.5 或 <-2.5	≤1000
左转弯	-80～-45	—	—	—	—	—	>40	>2.5 或 <-2.5	≤1000
上升转弯	±（45～60）	—	—	3～10	—	—	>40	>2.5 或 <-2.5	≈1500
下降转弯	±（45～60）	—	—	-10～-3	—	—	>40	>2.5 或 <-2.5	≈1500
横滚	—	360	—	—	—	—	15～30	—	≤300

由表 7.2 可知机动动作与参数变化的部分特征规律如下：

（1）在进行爬升/俯冲机动动作时，飞机参数的俯仰角 θ 会有显著变化。

（2）在进行筋斗类机动动作时，最显著的变化是俯仰角 θ、俯仰角变化率 $d\theta$ 和俯仰角累加变化量 $|\Delta\theta|$。在一个完整的标准筋斗类机动动作中，俯仰角 θ 会持续增大，俯仰角变化率 $d\theta$ 会一直保持在一个较高的数值范围内，俯仰角累加变化量 $|\Delta\theta|\approx360°$；而在半筋斗倒转和半滚倒转动作中，俯仰角累加变化量 $|\Delta\theta|\approx180°$。因此，对于筋斗类机动动作，俯仰角 θ、俯仰角变化率 $d\theta$ 和俯仰角累加变化量 $|\Delta\theta|$ 3 个参量是其最显著的特征，在半筋斗倒转和半滚倒转两个机动动作中，还会联系到横滚角累加变化量 $|\Delta\phi|$ 这一参数，数值大约为 180°。

（3）在进行转弯机动动作时，最显著的变化是横滚角 ϕ 和航向角累加变化量$|\Delta\varphi|$。在动作过程中，横滚角 ϕ 会达到一个较大的数值，并持续一段时间，对于标准的转弯动作，整个转弯过程的航向角累加变化量$|\Delta\varphi|$应该大于等于 40°。

（4）在进行横滚机动动作时，最显著的变化是横滚角 ϕ 和横滚角累加变化量$|\Delta\phi|$。在动作过程中，横滚角 ϕ 会快速变化，横滚角累加变化量$|\Delta\phi|$也会累加变大，半滚和全滚动作的横滚角累加变化量$|\Delta\phi|\approx 180°$，360°。

综上所述，在设计机动动作识别程序时，需要用到的参数包括俯仰角 θ、俯仰角变化率 dθ、俯仰角累加变化量$|\Delta\theta|$、航向角累加变化量$|\Delta\varphi|$、横滚角 ϕ、横滚角累加变化量$|\Delta\phi|$、高度 H 7 个参考变量。

7.3 飞行数据预处理

进行飞机机动动作识别运用的数据包括时间、高度、速度、俯仰角、横滚角和航向角等，其中俯仰角、横滚角、航向角和时间是本章研究机动动作识别的关键参数。根据前文所述，在动作识别过程中，需要用到的参数包括俯仰角 θ、俯仰角变化率 dθ、俯仰角累加变化量$|\Delta\theta|$、航向角累加变化量$|\Delta\varphi|$、横滚角 ϕ、横滚角累加变化量$|\Delta\phi|$、高度 H 7 个参考变量。

由于在训练数据采集时，航向角的定义没有正负之分，0° 和 360° 的位置一样；对于横滚角而言，-180° 和 180° 的位置也一样；对于俯仰角而言，0° 和 360° 的位置一样。因此在某些较短的时间段内，会出现 360° 或类似的变化量比较大的变化，如航向角出现从 0° 到 358° 的变化量，但选取的采集间隔时间小于 1s，相邻的时间点不可能出现如此巨大的角度变化，所以实际上的角度变化应该是−2°。由此可见，在进行机动动作识别前，需要将航向角变化率 dφ、横滚角变化率 dϕ 进行预处理。

（1）对于航向角变化率 dφ，计算当前帧与上一帧的差值 $\Delta\varphi_t' = x_t(\varphi) - x_{t-1}(\varphi)$。若 180°＜$\Delta\varphi_t'$＜360°，则 $\Delta\varphi_t = \Delta\varphi_t' - 360°$；若 −360°＜$\Delta\varphi_t'$＜−180°，则 $\Delta\varphi_t = \Delta\varphi_t' + 360°$。

（2）对于横滚角变化率 dϕ，计算当前帧与上一帧的差值 $\Delta\phi_t' = x_t(\phi) - x_{t-1}(\phi)$。若 180°＜$\Delta\phi_t'$＜360°，则 $\Delta\phi_t = \Delta\phi_t' - 360°$；若 −360°＜$\Delta\phi_t'$＜−180°，则 $\Delta\phi_t = \Delta\phi_t' + 360°$。

（3）对于俯仰角变化率 dθ，计算当前帧与上一帧的差值 $\Delta\theta_t' = x_t(\theta) - x_{t-1}(\theta)$。若 180°＜$\Delta\theta_t'$＜360°，则 $\Delta\theta_t = \Delta\theta_t' - 360°$；若 −360°＜$\Delta\theta_t'$＜−180°，则 $\Delta\theta_t = \Delta\theta_t' + 360°$。

此处利用如下 Python 语言编程解释航向角变化率 dφ、横滚角变化率 dϕ 与航向角累加变化量|$\Delta\varphi$|、横滚角累加变化量|$\Delta\phi$|的关系。

```
for row in range(BZdzks, BZdzjs):
    hxjbh+=data.loc[row, 'dr']
```

“hxjbh”为航向角累加变化量|$\Delta\varphi$|，“data.loc[row, 'dr']”为帧间航向角变化率 dφ，“BZdzks”为动作开始帧，“BZdzjs”为动作结束帧。横滚角累加变化量|$\Delta\phi$|和横滚角变化率 dϕ 的关系与之类似，此处不再赘述。

在前文中，首先，通过由简到繁的思路，将飞行机动动作分为基础机动动作和组合机动动作，确定本书所要识别的 10 种典型机动动作。其次，通过建立相应的参考坐标系，确定和解释飞行数据参数的意义，并引出研究过程中可能会重点使用的 3 个姿态角。最后，对 10 种典型机动动作的参数数据变化特性进行研究分析，确定在程序设计阶段所要用到的特征参数。通过对机动动作进行分类和确定特征参数，明确了动作识别对象和目标的相应特性，并简要地明确了两者之间的部分映射关系，为映射关系的细化和程序系统的设计实现奠定了基础。

第8章

基于先验知识的飞机机动动作识别

在空战训练评估系统中，飞机机动动作的识别功能模块是系统的重要组成部分，机动动作识别的准确与否，直接影响训练评估系统的科学性与可靠性。我们结合已有飞机机动动作的相关先验知识和 Python 软件的强大数据处理及科学运算能力，依靠从大量飞行数据中筛选出的特征数据参数，以及它们与机动动作间的映射关系来识别飞机的机动动作，本章的内容是如何实现从特征数据到机动动作识别结果的转换。本章将从分析现有识别方法出发，梳理现有识别方法存在的问题，通过改进已有的识别方法、人工识别飞行动作的先验知识，提出机动状态牵引及分层识别的机动动作识别思路。

8.1 基于先验知识的机动动作识别方法

目前，飞机搭载的空战训练测量仪能够准确记录飞机在空中飞行时的飞机姿态信息、飞行员对飞机的驾驶操纵情况，以及飞机之间的关键攻击事件等重要信息，记录的数据已经基本满足开展训练评估的要求，而如何更好地利用该系统记录的空战训练数据，更科学地评估空战训练质量，对提高飞行员的空战能力具有重要意义。

为了保持较好的飞行状态，每名飞行员都需要经过大量的、长时间的飞行训练，而训练过程中，飞行员是否能够准确操纵飞机，实现某一项具体的飞机机动动作，直接反映了飞行员的操纵能力，并决定着一个飞行员的飞行作战水平，甚至决定着飞行员是否能够继续胜任在这片蓝天中的飞行任务。传统方法对飞行员的训练评估都是通过人工分析事后的飞行训练数据，识别其中可能存在的飞机机动动作，并进行评判打分。显而易见，这是一个极其耗时耗力的过程，而且部队的实际飞行训练，往往是每天分时多批次开展，甚至同时多批次开展，人工判读机动动作，虽然正确率较高，但在处理如此巨大的数据量时，需要耗费的人力和时间会非常多，而这也是背离当下部队强调信息化作战训练的大背景。因此，借助自动识别技术，来处理这些飞行训练数据并自主进行机动动作识别评判，就显得尤为重要且紧迫了。

但就目前而言，现存的利用飞行数据进行自动机动动作评判的方法，还存在准确率和效率不高的情况，所以研究一种能够兼顾准确率和效率的方法，且能有效地自动处理空战飞行数据的算法显得十分必要。

目前，主流的飞机机动动作识方法有 4 种：

（1）基于专家系统的机动动作识别方法。该方法根据领域专家的先验知识建立了飞机机动动作识别知识库，对于仪表科目的识别率较高，但对于简单特技科目和复杂特技科目的识别率下降明显。

（2）基于概率图模型的机动动作识别方法，如隐马尔可夫模型、贝叶斯网络模型。该方法在识别过程中建立了飞机机动动作识别的动态贝叶斯网络模型，能够有效识别复杂机动动作，但是识别过程中的计算复杂度较高，难以在线应用。

（3）人工神经网络。采用机器学习中的人工神经网络算法进行机动识别，在前期学习过程中，需要大量经过专家识别的训练样本，来提高机动动作识别的准确率。

（4）利用飞行参数数据进行离线识别的模糊支持向量机方法。该方法通过对数据进行分类的方法进行动作识别，但存在不可分区域的问题，识别准确度难以保证。

而本章主要的研究内容是在专家系统方法的基础上进行优化改进。这两篇文献提出了一种基于领域专家，在人工识别过程中积累的先验知识的飞行机动动作识别方法，其核心思想是分析军用飞机不同机动动作的飞行数据参数变化的特征，充分利用领域专家的先验知识，建立机动动作识别知识库，研制专家系统推理机，对飞机实际飞行数据进行识别分析。其理论方法经过实践检验，确实有效，但存在对飞行数据要求高、抗干扰性不强的问题。本章在其基础上，利用分析得出的不同机动动作过程中，飞行数据参数的变化特征，以及其建立机动动作识别知识库的思想，推导出一套能够更加准确识别复杂多样的空战数据且能通过 Python 逻辑编程实现的飞行机动动作识别方法。

8.2 基于先验知识的飞机机动动作识别方法的改进

飞机在实际飞行训练过程中，产生的数据变化起伏大且不规则，针对这种现象，本章在已有的基于先验知识的飞行机动动作识别规则上，提出机动状态牵引思路和分层识别的方法，以重点识别特征较为明显的基础机动动作为原则，以之应对变化频繁的实际空战训练飞行数据。

8.2.1 机动状态牵引思路

飞机在飞行过程中，由于进行的机动动作不同，导致飞机处于不同的飞行状态，每种状态下飞行参数的变化规律各不相同，在此过程中飞行参数也可能会因发生数据颠簸，而产生变化幅度极大的不规律数据，这一系列情况最终造成了数据的复杂多样，明显增加了机动动作识别的难度。本章的识别逻辑是：首先识别基础机动动作；然后将在时间线上存在重叠的基础机动动作，依据飞行训练教范中规定的飞机机动动作编排方式，进行组合识别；最终识别出对应的组合机动动作，对于无重叠情况的基础机动动作，直接输出为识别结果。鉴于基础机动动作参数变化特征较为明显这一特点，在此提出机动状态牵引思路，在此方法中将基础机动动作用一种飞行状态来表示，针对各状态设立状态起始标志和状态结束标志，状态起始标志由基础机动动作飞行参数的变化特征确定，而状态结束标志则由飞行参数的累加变化量和变化范围确定，当状态结束标志成立且同时满足领域专家的先验知识时，则基本动作成立。例如，转弯机动动作，当飞机的横滚角绝对值超过 15° 时，默认其进入转弯状态，并持续检验确定其是否仍然处于此状态；当横滚角绝对值小于 15° 时，退出转弯状态进入平飞或其他机动动作状态。此处，横滚角绝对值超过 15° 是转弯机动状态的限定范围，若不满足则退出该状态。表 8.1 是根据前文提出的典型机动动作，并结合动作识别规则，总结出的飞机的状态划分及其特征。

表 8.1　飞机的状态划分及其特征

飞行状态	动作启动标识、动作结束标识及机动动作过程中的特性
平飞状态	横滚角绝对值$\|\phi\|<15°$，俯仰角 θ 在 0° ～5°，高度 H 和航向角 φ 无明显变化
筋斗机动状态	俯仰角变化率 $d\theta \geqslant 2°$ /帧，当 $d\theta < 2°$ /帧时，筋斗机动状态结束
爬升预备状态	当 $5° < \theta < 10°$ 时，记录爬升动作开始时刻
爬升状态	当 $\theta > 10°$ 时，开始进行爬升动作记录；当 $\theta < 5°$ 时，爬升动作结束
俯冲预备状态	当 $-2° < \theta < 0°$ 时，记录俯冲动作开始时刻
俯冲状态	当 $\theta < -2°$ 时，开始进行俯冲动作记录；当 $\theta > 0°$ 时，俯冲动作结束
转弯状态	当 $15° < \|\phi\| < 170°$，其余数据与平飞状态相同时，进入转弯状态；当 ϕ 回到±15°之间时，回到平飞状态
滚转状态	当$\|d\phi\| > 2°$ /帧时，进入滚转状态；当 $d\phi$ 减小至与滚转方向相反或连续两帧每帧小于 2° 时，则退出滚转状态，所进入的状态根据 ϕ 的大小确定
倒扣状态	飞机经过滚转后，$-170° < \phi < 170°$，则处于倒扣状态

由表 8.1 可知，若参数满足某一机动状态的条件，即会导致飞机进入某个状态或退出某个状态，反映着飞机飞行状态的改变，而飞行状态的改变则说明飞机在此过程中，进行了或正在进行着某种机动动作。通过分析先验知识，总结出参数变化与飞机飞行状态之间的相关变换规则，即可通过此规则识别出某段数据所处的飞行状态，进而识别出此状态下的飞机机动动作。图 8.1 为状态牵引识别原理。

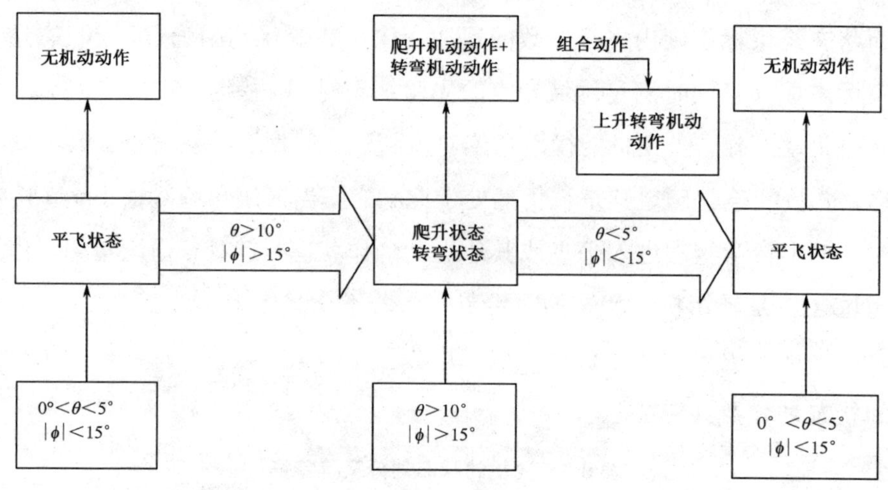

图 8.1 状态牵引识别原理

8.2.2 分层识别飞行动作方法

本章将飞机机动动作识别分为 3 个层次进行，先识别筋斗类机动动作，再识别基础机动动作，最后识别组合机动动作。由前文可知，筋斗类机动动作最显著的特征参量为俯仰角变化率 $d\theta$、俯仰角累加变化量$|\Delta\theta|$和高度 H，水平面内的机动即转弯类机动动作等最显著的特征参量为横滚角 ϕ、航向角累加变化量$|\Delta\varphi|$和横滚角累加变化量$|\Delta\phi|$，普通铅垂面内的机动动作，即爬升/俯冲机动动作，最显著的特征参量为俯仰角。

鉴于如上特点，在设计识别程序时，前 3 层识别层主要应用的参量为俯仰角 θ、航向角累加变化量$|\Delta\varphi|$、俯仰角变化率 $d\theta$、横滚角 ϕ、横滚角累加变化量$|\Delta\phi|$、高度 H 这 6 个参数。在前 3 层将完成对筋斗类机动动作和基础机动动作的识别，然后对前 3 层识别产生的动作数据进行合成处理，最终生成动作识别结果。

（1）第 1 层主要对俯仰角 θ、俯仰角变化率 $d\theta$ 和横滚角 ϕ 进行检测处理，识别出其中的筋斗类机动动作。图 8.2 为第 1 层动作识别流程，其中关键标志变量意义如下：

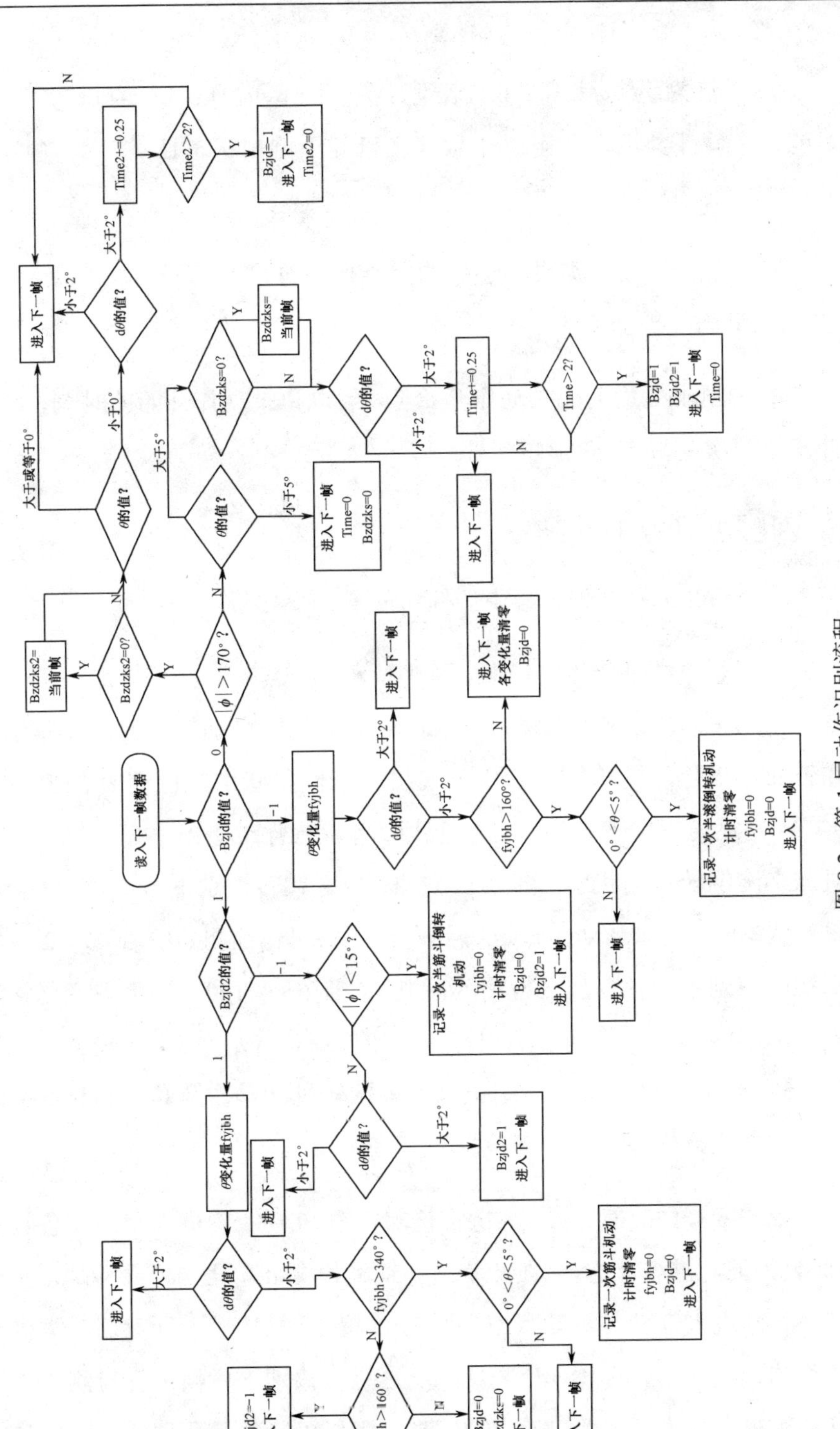

图 8.2 第 1 层动作识别流程

① Bzjd 为筋斗标识符，0 代表没有筋斗类机动动作；1 代表 $d\theta>2°$/帧，可能存在筋斗类机动动作；-1 代表飞机处于倒扣状态且 $d\theta>2°$/帧，可能存在半滚倒转机动动作。

② Bzjd2 为筋斗类机动动作的分类标识符，1 代表筋斗类机动动作；-1 代表半筋斗机动动作。

③ Bzdzks2 均为记录动作开始帧，用以记录动作开始的时刻，即俯仰角第一次突破 5° 的帧序列号。

④ Time2 为计时变量。

⑤ fyjbh 记录动作过程中俯仰角的累加变化量。

对原始数据进行逐帧读取。首先检测$|\phi|$，若$|\phi|>170°$，即处于倒扣状态，Bzdzks2 等于当前帧，进入针对半滚倒转机动动作的识别流程。在针对半滚倒转的识别流程中，飞机处于倒扣状态，检测 θ 的值，若 $\theta\geqslant0°$ 则跳转识别下一帧，反之继续检测 $d\theta$；若 $d\theta>2°$/帧且持续 2s 则进入半滚倒转机动状态，将 Bzjd 置-1，反之跳转识别下一帧。半滚倒转机动状态时，记录从动作开始到当前帧的$|\Delta\theta|$，再检测 $d\theta$，若 $d\theta>2°$/帧则跳转识别下一帧，反之检测$|\Delta\theta|$的值；若$|\Delta\theta|<160°$ 则将各变化量清零，Bzdzks 清零，其他各标识符置原始位；若$|\Delta\theta|\geqslant160°$，检测$|\theta|$，若$|\theta|<5°$（回到平飞状态），则记录半滚倒转机动动作及其开始和结束时间，反之则跳转检测下一帧数据。

检测$|\phi|<170°$ 时，对 θ 进行检测，若 $\theta>5°$ 则进入爬升准备状态（此处为筋斗准备状态）。在此状态下继续检测 $d\theta$，若 $d\theta>2°$/帧，并持续 2s，则进入筋斗类机动状态，将 Bzjd 置 1，默认进入针对筋斗类机动动作的识别流程，即 Bzjd2 置 1；反之跳转识别下一帧进行检测。进入筋斗类机动状态后，当 $d\theta<2°$/帧时，飞机可能处于两种状态，一是完

成半筋斗动作后处于倒扣状态，二是完成筋斗类机动动作后处于平飞状态。通过检测整个动作过程中的$|\Delta\theta|$即可确定飞机处于这两种状态中的哪一种，当$|\Delta\theta|\geqslant 340°$时，飞机应处于平飞状态，记录动作开始和结束时间并记录一次筋斗类机动动作，将各标识符置零。当$|\Delta\theta|\geqslant 160°$时，飞机应处于倒扣状态，将 Bzjd2 置-1，此时检测其$|\phi|$，若$|\phi|<15°$（平飞状态），则记录动作开始和结束时间并记录一次半筋斗倒转机动，将各标识符置零，反之再检测其$|\Delta\theta|$。若$|\Delta\theta|>2°$/帧，将 Bzjd2 置 1，对其继续进行筋斗类机动动作检测；若$|\Delta\theta|<5°$则读入下一帧继续。

（2）第 2 层主要进行对横滚角 ϕ、横滚角（绝对值）累加变化量$|\Delta\phi|$和航向角（绝对值）累加变化量$|\Delta\varphi|$等数据的检测处理，识别出转弯类机动动作，并记录存在滚转特征的数据段。图 8.3 为第 2 层动作识别流程，关键标志变量意义如下：

① Bzwheel 为转弯标识符，0 表示没有转弯动作；1 表示 ϕ 为正，即可能存在右转弯机动动作；-1 表示 ϕ 为负，即可能存在左转弯机动动作。

② Roll 为横滚标识符，用于在机动动作识别过程中标识转弯动作过程是否存在横滚动作。

③ Bzdzks 为动作开始帧，用于记录机动动作的开始时间（起始帧），无动作时置零。

识别过程中对原数据进行逐帧读取，当$|\phi|>15°$时，飞机进入转弯状态，将 Bzwheel 置±1。直到$|\phi|$回到 15°以内，飞机恢复到平飞状态，再对过程中进行识别。首先检测其$|\phi|$最大值，若$|\phi|>170°$，即在此转弯过程中存在横滚机动，将 Roll 置 1，并记录该段横滚机动的转弯动作。若$|\phi|$没有超过 170°，则继续检测其$|\Delta\varphi|$，若$|\Delta\varphi|>40°$，即此过程为转弯类机动动作，将该段转弯动作记录。反之则将 Bzwheel 置零，并将变化量清零，跳转识别下一帧。

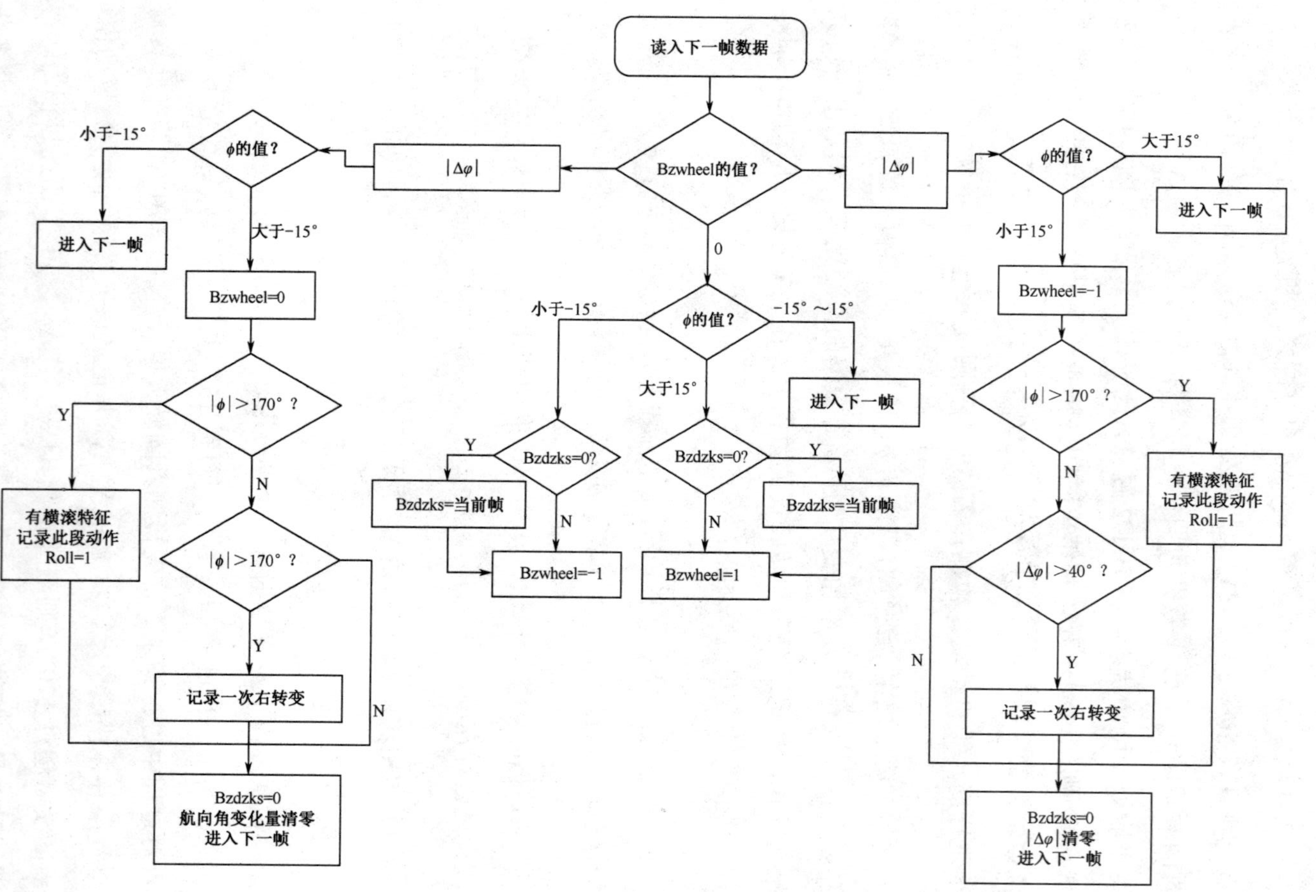

图 8.3 第 2 层动作识别流程

（3）第 3 层对 θ 进行检测处理，识别出其中的爬升/俯冲类机动动作。图 8.4 为第 3 层动作识别流程，关键标志变量意义如下：

① Bzclimb 为爬升/俯冲标识符，1 表示处于爬升动作机动状态；-1 表示处于俯冲动作机动状态；0 表示处于平飞状态。

② Bzdzks 为动作开始帧，用于记录机动动作的开始时间（起始帧），无动作时置零。

③ Timel 与 Timef 为爬升计时变量或俯冲计时变量。

④ Bzdzjs 动作结束帧。

对数据进行逐帧读取。首先检测俯仰角的值，若 $\theta>5°$，Bzdzks 记录当前帧，进入爬升准备状态；继续检测俯仰角的值，若 $\theta>10°$ 且持续 2s 则进入爬升机动状态，Bzclimb 置 1，反之则跳转继续检测下一帧。第一次检测俯仰角的值时，若 $\theta<0°$，则 Bzdzks 记录 0 当前帧，进入俯冲准备状态；继续检测俯仰角的值，若 $\theta<-2°$ 且持续 2s 则进入俯冲机动状态，Bzclimb 置-1，反之则跳转继续检测下一帧。当 $0°<\theta<5°$ 时（处于平飞状态），跳转继续检测下一帧。在爬升机动状态下，检测俯仰角是否大于 5°，若 $\theta>5°$ 则跳转继续检测下一帧。反之则 Bzdzjs 等于当前帧，Timel 开始计时，检测 Timel 是否大于或等于 2s（持续 2s），若大于或等于 2s 则记录爬升机动动作，反之则进入下一帧。俯冲状态的检测方法与此类似，此处不再赘述。

（4）第 4 层以第 2 层的转弯数据为基准，外加高度变化率，对第 3 层爬升/俯冲数据段进行掐头去尾并延展。

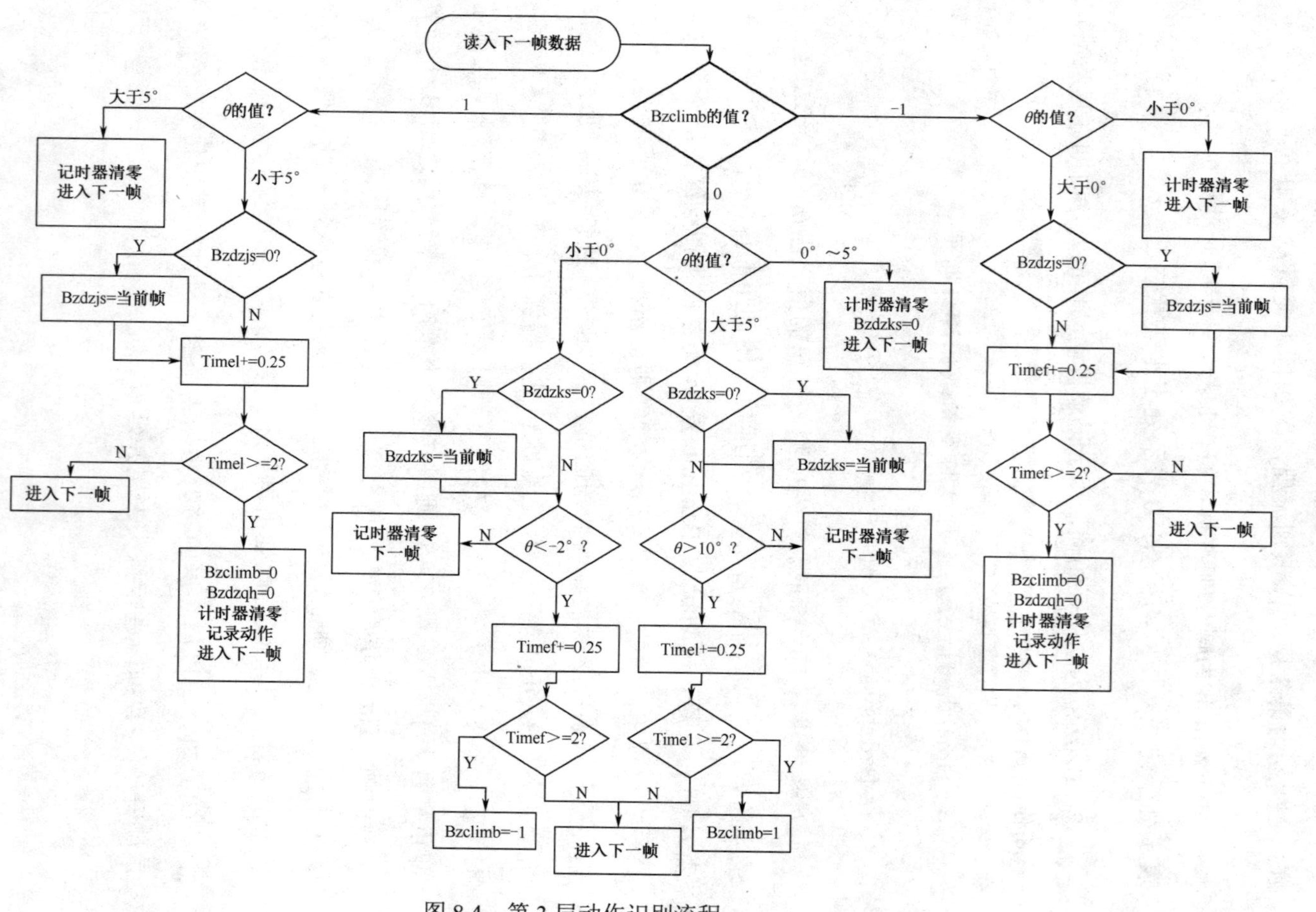

图 8.4 第 3 层动作识别流程

第 2 层和第 3 层识别结束的结果会存在数据交叉覆盖的情况（俯冲转弯等），根据交叉覆盖的具体情况进行以下分类，如图 8.5 所示。

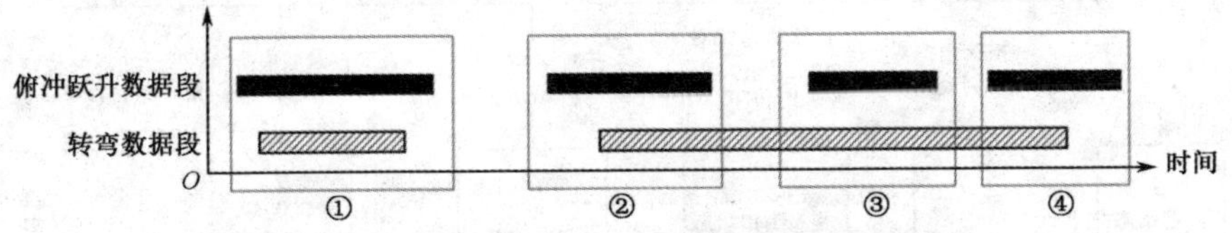

①完全覆盖式：爬升/俯冲数据段比转弯数据段长，将转弯数据段完全覆盖。
②从头覆盖式：爬升/俯冲数据段覆盖转弯数据段靠前的部分。
③中间包含式：爬升/俯冲数据段被包含在转弯数据段内。
④尾后覆盖式：爬升/俯冲数据段覆盖转弯数据段靠后的部分。

图 8.5　交叉覆盖情况

对爬升/俯冲数据段进行掐头去尾，主要针对方框②、④所示的覆盖情况，有时会出现覆盖数据段长度较短的情况，如只在转弯数据段的最后几帧才有覆盖，在识别确定机动动作时，这种情况就应归为转弯而不是边上升边转弯，故应当对此覆盖段予以抹除，避免错误识别。同理，如果在转弯数据段头部最开始几帧出现覆盖，也是如此。

再对爬升/俯冲进行延展，飞机在转弯时，飞机的上升与下降并非与俯仰角紧密相关。例如，当飞机在进行一些横滚角 ϕ 较大的转弯时，当 $\phi>90°$ 时飞机会快速下降，但此时飞机的俯仰角 θ 却处于正值。如果仅依据俯仰角 θ 来判断，很难发现此段出现了俯冲机动动作，因此需要利用高度变化率 dH 来进行辅助判断，并对爬升/俯冲数据段进行延展。延展主要针对方框②、③、④的覆盖情况，对爬升/俯冲数据段的两端向外逐帧读取检测高度变化率绝对值|dH|的大小，标准为 2m/帧，即|dH|＞2m/帧时向外延展一帧，并继续读取下一帧，反之则延展结束。

（5）第 5 层主要对第 2 层具有滚转特征的数据段进行处理，通过该数据段识别出滚转动作，再对第 1 层识别出的半滚倒转机动动作进行补充识别，确定真正的半滚倒转动作起始时刻。

针对滚转的识别存在转弯状态起点和倒扣状态起点两个识别起点，图 8.6 为以转弯为起点的逻辑流程。

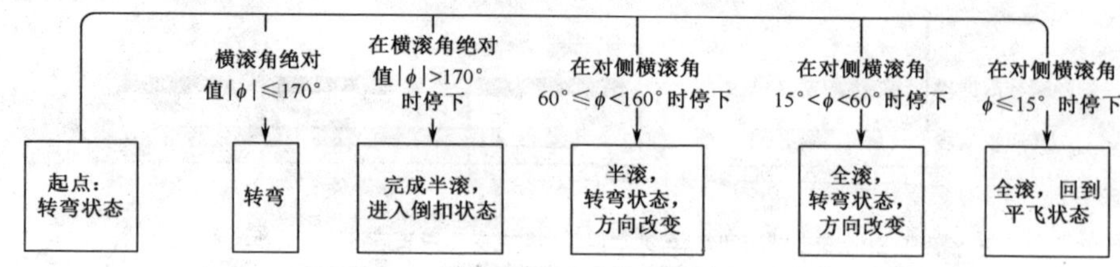

图 8.6　以转弯为起点的逻辑流程

以转弯状态为起点时，当飞机的横滚角变化率$|d\phi|$到达一定值时，表明飞机进入滚转状态。当滚转停下时，飞机的滚转角会稳定到一个固定的范围，表明飞机脱离滚转状态。当飞机经滚转稳定下来时，若横滚角绝对值$|\phi|<170°$，则认定飞机仍处于转弯状态。若横滚角绝对值$|\phi|>170°$，则认定飞机经滚转现处于倒扣状态，表明刚进行半滚动作，予以记录。若横滚角 ϕ 在对侧 60°～160° 停下，则认定飞机仍处于转弯状态但方向改变，但在此过程中至少完成了半滚动作，予以记录。若横滚角 ϕ 在对侧 15°～60° 停下，则认定飞机仍处于转弯状态但方向改变，但在此过程中至少完成了全滚动作，予以记录。若横滚角 ϕ 在对侧 15° 之内停下，则认定飞机处于平飞状态并完成全滚动作，予以记录。

以倒扣为起点的逻辑流程如图 8.7 所示。对于每段处于倒扣状态的当前帧，检测其是否处于第 1 层识别出的半滚倒转动作的临近位置，若处于则将此段倒扣数据段的起始帧赋予对应的半滚倒转数据段的起始帧记录变量，再继续对半滚进行识别。当飞机的横滚角变化率 $d\phi$ 到达一定值时开始滚转，当滚转停下时，若$|d\phi|>150°$，则表明飞机仍处于倒扣状态；若 $15°<|d\phi|<|150°$，则飞机进入转弯状态；若$|d\phi|<15°$，则表明飞机已完成半滚动作回到平飞状态。

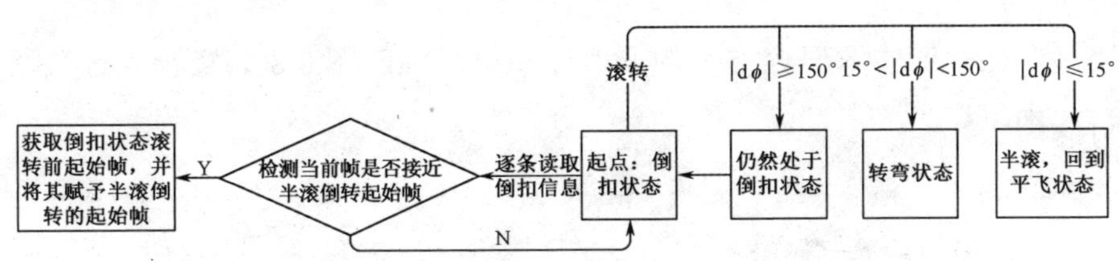

图 8.7　以倒扣为起点的逻辑流程

（6）第 6 层对前 5 层识别出来的机动动作进行整合。

① 若某一段无筋斗类、转弯和爬升/俯冲特征，则该时段记为平飞。

② 若某一段有筋斗类特征，则该时段为筋斗、半筋斗倒转或半滚倒转，不考虑转弯和爬升/俯冲。

③ 若某一时段只有爬升/俯冲特征，则该时段为俯冲或爬升，并记录高度变化量。

④ 若某一时段只有转弯特征，则该时段为转弯，并记录航向角累加变化量$|\Delta\varphi|$。若$|\Delta\varphi|$达到 350°，则记为盘旋。

⑤ 若某一时段为半滚或全滚，则直接记录为半滚或者完全横滚，不考虑爬升/俯冲。

⑥ 若某一时段既有转弯又有爬升/俯冲，则记录为上升转弯或者下降转弯，并计算航向角累加变化量$|\Delta\varphi|$和高度变化量 ΔH，若航向角累加变化量$|\Delta\varphi|$达到 350°，则为上升盘旋或下降盘旋。

8.3　实验结果与分析

本节将利用根据 8.2 节提出的动作识别逻辑方法编写的程序（见附录 A），来进行验证性试验，并将运行结果与人工目测识别结果进行对比，以此验证本章研究方法的准确性和可行性。图 8.8 为实验飞行数据折线图。

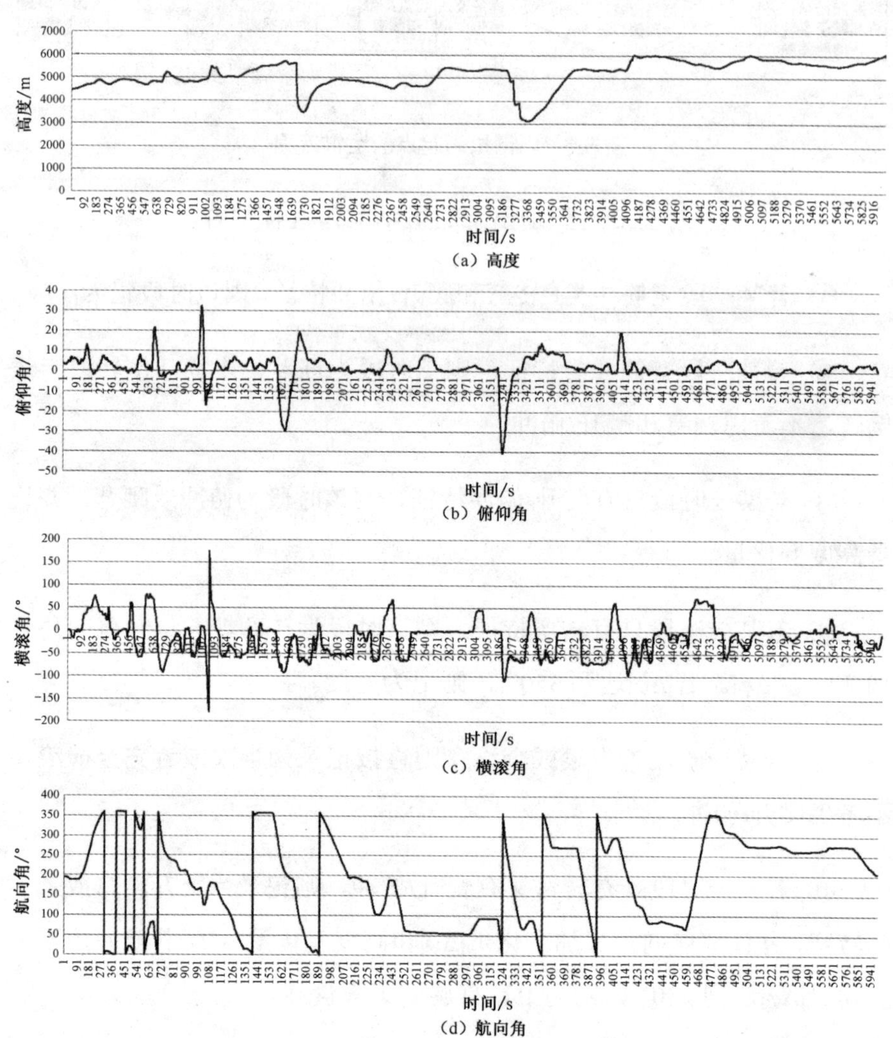

图 8.8　实验飞行数据折线图

由于本数据段内筋斗类机动动作的数据缺失，故从第 2 层开始展现实验结果：

（1）第 2 层：对飞行数据内的转弯类机动动作进行识别，识别结果如表 8.2 所示。

表 8.2　第 2 层识别结果

序号	begin	end	sum	direction	roll
0	109	310	179.187	1	0
1	495	566	66.76392	−1	0
2	571	659	128.5345	1	0
3	665	801	205.4389	−1	0
4	911	984	47.43896	−1	0
5	1023	1098	15.96863	−1	1
6	1132	1347	163.103	−1	0
7	1554	1662	158.2526	−1	0
8	1700	1824	170.0903	−1	0
9	1882	2121	177.3138	−1	0
10	2250	2317	82.39197	−1	0
11	2342	2420	86.11633	1	0
12	2444	2536	127.3535	−1	0
13	3203	3388	384.884	−1	0
14	3457	3607	174.6606	−1	0
15	3785	3999	371.2115	−1	0
16	4078	4180	112.5714	−1	0
17	4184	4317	101.2775	−1	0
18	4586	4769	287.5342	1	0
19	5822	5991	66.85181	−1	0

表 8.2 中，begin 为动作起始帧；end 为动作结束帧；sum 表示航向角累加变化量；direction 代表转弯方向，1 为右转、−1 为左转；roll 表示此段是否存在滚转动作，0 为不存在滚转动作、1 为存在滚转动作。

（2）第 3 层：对飞行数据内的爬升/俯冲机动动作进行识别，识别结果如表 8.3 所示。up_or_down 爬升/俯冲标识符，1 为爬升、−1 为俯冲。

表 8.3 第 3 层识别结果

序号	begin	end	up_or_down
0	154	196	1
1	666	706	1
2	715	839	−1
3	1011	1048	1
4	1057	1126	−1
5	1595	1717	−1
6	1729	1843	1
7	2389	2433	1
8	3211	3345	−1
9	3398	3698	1
10	4089	4138	1
11	5030	5111	−1

（3）第 4 层：对第 3 层识别出的爬升/俯冲数据进行掐头去尾、延展等处理，处理结果如表 8.4 所示。由表 8.4 结果可知，掐头去尾并延展对数据结果的改变很小，准确性还有待提高。

表 8.4 第 4 层处理结果

序号	begin	end	up_or_down
0	154	196	1
1	666	706	1
2	715	839	−1
3	1011	1048	1
4	1054	1126	−1
5	1595	1717	−1
6	1729	1843	1
7	2389	2433	1
8	3211	3345	−1
9	3398	3698	1
10	4089	4138	1
11	5030	5111	−1

（4）第 5 层：在第 2 层识别结果的基础上，对存在滚转特征的数据段进行识别，重点识别半滚和全滚动作，并处理半滚倒转机动动作，第 5 层识别结果如表 8.5 所示。表 8.5 中，type 为滚转动作标识符，1 为普通转弯动作、2 为半滚动作、3 为全滚动作。

表 8.5 第 5 层识别结果

序号	begin	end	type	sum	direction
0	109	310	1	179.187	1
1	495	566	1	66.76392	−1
2	571	659	1	128.5345	1
3	665	801	1	205.4389	−1
4	911	984	1	47.43896	−1
5	1023	1073	3		
6	1132	1347	1	163.103	−1
7	1554	1662	1	158.2526	−1
8	1700	1824	1	170.0903	−1
9	1882	2121	1	177.3138	−1
10	2250	2317	1	82.39197	−1
11	2342	2420	1	86.11633	1
12	2444	2536	1	127.3535	−1
13	3203	3388	1	384.884	−1
14	3457	3607	1	174.6606	−1
15	3785	3999	1	371.2115	−1
16	4078	4180	1	112.5714	−1
17	4184	4317	1	101.2775	−1
18	4586	4769	1	287.5342	1
19	5822	5991	1	66.85181	−1

（5）第 6 层：对第 1 层、第 3 层和第 5 层的识别结果进行整合，得到最终的识别结果，如表 8.6 所示。

表 8.6　第 6 层识别结果

序号	KStime	JStime	DZLX	GDBH	HXBH
0	12:24:48_500	12:24:59_0	Syz	161	55.6842
1	12:26:13_750	12:26:31_500	ZZ		66.72546
2	12:26:32_750	12:26:54_750	YZ		128.6609
3	12:26:56_500	12:27:7_250	Szz	418	98.71216
4	12:27:9_500	12:27:31_0	Xzz	−328	84.4574
5	12:27:58_500	12:28:16_750	ZZ		47.54883
6	12:28:26_500	12:28:39_0	HG		
7	12:28:53_750	12:29:47_500	ZZ		163.2623
8	12:30:49_500	12:31:6_250	Xzz	−82	87.44019
9	12:31:23_0	12:31:47_0	Szz	1042	121.9812
10	12:32:1_500	12:33:1_250	ZZ		177.6324
11	12:33:33_750	12:33:50_500	ZZ		82.43042
12	12:34:8_500	12:34:16_250	Syz	142	46.4447
13	12:34:22_250	12:34:45_250	ZZ		127.4304
14	12:37:33_750	12:38:7_250	Xzz	−2144	328.8702
15	12:38:35_250	12:39:13_0	Szz	1133	174.7705
16	12:39:57_500	12:40:51_0	PX		371.3214
17	12:41:13_500	12:41:25_750	Szz	516	70.38391
18	12:41:37_250	12:42:10_500	ZZ		101.2885
19	12:43:17_750	12:44:4_250	YZ		287.9846
20	12:45:9_500	12:45:29_750	FC	−159	
21	12:48:27_500	12:49:9_750	ZZ		66.91223

表 8.6 中，KStime 为开始时间；JStime 为结束时间；DZLX 为动作类型，JD/BJD/BGDZ 代表筋斗/半筋斗/半滚倒转、ZZ/YZ 代表左转/右转、PS/FC 代表爬升/俯冲、PX 代表盘旋机动、HG/BHG 代表横滚/半横滚、Syz/Szz 代表上升右转/上升左转、Xyz/Xzz 代表下降右转/下降左转、Spx/Xpx 代表上升盘旋/下降盘旋；GDBH 代表高度变化量；HXBH 代表航向角累加变化量。对数据进行目测识别，结果如表 8.7 所示。

表 8.7　目测识别结果

序号	开始时间	结束时间	动作类型	高度变化量	航向变化量
0	12:24:48_500	12:24:59_0	上升右转	161	55
1	12:26:13_750	12:26:31_500	左转		66
2	12:26:32_750	12:26:54_750	右转		128
3	12:26:56_500	12:27:7_250	上升左转	418	98
4	12:27:9_250	12:27:32_500	下降左转	−329	84
5	12:27:58_500	12:28:17_250	左转		48
6	12:28:26_0	12:28:40_250	横滚		
7	12:28:53_750	12:29:47_500	左转		163
8	12:30:49_250	12:31:6_250	下降左转	−82	158
9	12:31:22_750	12:31:47_500	上升左转	1044	122
10	12:32:1_250	12:33:1_0	左转		176
11	12:33:33_250	12:33:50_750	左转		83
12	12:34:8_0	12:34:16_250	上升右转	145	46
13	12:34:21_0	12:34:45_250	左转		128
14	12:37:33_750	12:38:7_500	下降左转	−2144	328
15	12:38:35_250	12:39:13_250	上升左转	1133	174
16	12:39:57_500	12:40:51_0	盘旋		371
17	12:41:13_500	12:41:25_750	上升左转	516	70
18	12:41:37_250	12:42:10_500	左转		101
19	12:43:17_500	12:44:4_250	右转		287
20	12:45:9_0	12:45:30_250	俯冲	−160	
21	12:48:27_250	12:49:10_500	左转		67

将程序识别结果与人工识别结果进行对比发现，程序能够成功识别出本数据段内的绝大部分机动动作，准确率在 99%以上，虽然程序在动作的起始时间与结束时间进行了标注，但程序对组合动作的处理并不完全准确，但误差均控制在 0.5s 以内。

此处由于数据缺失，无法验证筋斗类机动动作的识别效果，因而在此利用自拟数据进行验证性识别，用以确定该理论方法的可行性，自拟数据折线图如图 8.9 所示。自拟数据第 1 层识别结果如表 8.8 所示，第

6 层识别结果如表 8.9 所示。表 8.8 中，jd_or_bjd 为筋斗类动作，1 为筋斗机动、2 为半筋斗倒转、3 为半滚倒转。由表 8.8 可知，此自拟数据段中包含 3 种筋斗类机动动作。从表 8.9 中半滚倒转机动动作的 KStime 与 JStime 可知，程序在最终的组合识别中，成功识别出半滚倒转机动动作过程中的半滚机动部分。

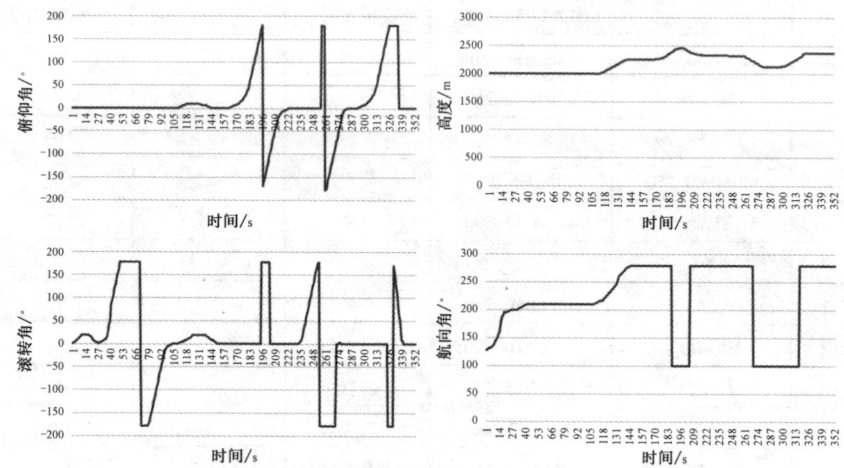

图 8.9 自拟数据折线图

表 8.8 自拟数据第 1 层识别结果

序号	begin	end	jd_or_bjd
0	167	223	1
1	252	283	3
2	297	337	2

表 8.9 自拟数据第 6 层识别结果

序号	KStime	JStime	DZLX	GDBH	HXBH
0	9	19	YZ		60.4
1	37	52	BHG		
2	80	96	BHG		
3	123	140	Syz	159	46
4	168	224	JD		
5	234	284	BGDZ		
6	298	338	BJD		

通过对实验结果的分析可知，本章提出的机动动作识别方法是可行的，该方法能够准确地从飞行数据中识别出绝大部分机动动作，而且在理论上是可以识别出筋斗类机动动作的，但在准确性上暂时无从考究。总体而言，本章研究方法是有效且准确的。

本部分总结

本部分的研究对象是飞机的机动动作识别方法，主要思路是通过分析飞机的飞行数据参数，从中挖掘相关特征参数，搭建由飞行数据到机动动作的桥梁。首先建立了相关参考坐标系解释相关参数的实际意义；其次分析飞机的典型机动动作，并将它们分为基础机动动作和组合机动动作；最后将其与数据参数结合起来并进行分析，得出在设计识别程序时可能会用到的特征数据参数。在识别方法上，通过改进前人已有的先验方法，提出机动状态牵引思路，通过分层识别实现的方法，将该方法通过 Python 编程实现。经过实验验证与人工识别进行比较，本书提出的方法确实有效且具有较高的准确性。但本书的方法在有些方面仍具有需要深入研究和探讨的问题：

（1）本部分通过机动状态牵引思路和分层识别的方法实现机动动作识别，有较高准确性和抗干扰能力，具有识别复杂飞行数据的能力。但在面对错误数据段较长和机动动作较为复杂，且动作时间比较短的情况时，可能会产生错误的识别结果。在数据预处理过程中，针对数据的突变性错误，由于个人当前的精力和学识有限，并未提出较好的错误数据处理办法。在未来的研究中，我们会注重于提高复杂机动动作的识别准确度，以及针对错误数据检测方法的研究。

（2）本方法实现了针对转弯、爬升/俯冲、筋斗、半筋斗倒转、半滚倒转、横滚、上升/下降转弯、左/右盘旋、上升/下降盘旋的典型机动动作的识别，但对于更为复杂的斜筋斗机动动作，仍然未提出较为有效的识别方法，并且在筋斗、半筋斗倒转和半滚倒转这几个机动动作的识别上存在实际数据缺失的情况，无法利用真实数据进行实验验证。未来可以在如何识别斜筋斗机动动作和通过实际数据验证该方法的准确性上进行研究。

参考文献

[1] 张戈，寇雅楠，张彬超，等. 航空飞行员直觉模糊空战战术决策研究[J]. 计算机仿真，2016，33（9）：142-146.

[2] 王建国，许红，陆俊. 美国陆军训练管理及启示[J]. 国防科技，2019，40（2）：83-87.

[3] HYUNJU P, LEE B Y, TAHK M J, et al. Differential Game Based Air Combat Maneuver Generation Using Scoring Function Matrix[J]. 2016, 17(2): 204-213.

[4] RODIN E Y, AMIN M. Maneuver prediction in air combat via artificial neural networks[J]. Computers & Mathematics with Applications, 1992, 24(3): 95-112.

[5] 孟光磊，陈振，罗元. 基于动态贝叶斯网络的机动动作识别方法[J]. 系统仿真学报，2017，29（增刊 1）：140-145.

[6] 孟光磊，张慧敏，朴海音，等. 自动化飞行训练评估中的战机机动动作识别[J]. 北京航空航天大学学报，2020，46（7）：1267-1274.

[7] 张振兴，杨任农，房育寰，等. 基于 IL-HMM 的目标机动动作识别[J]. 飞行力学，2018，36（5）：92-96.

[8] 王新亮，倪世宏．基于改进 PSO 的规划提取方法[J]．计算机工程，2008，34（20）：221-223.

[9] 高原，倪世宏，王彦鸿，等．一种基于改进量子遗传算法的飞行状态规划提取方法[J]．电光与控制，2011，18（1）：28-31.

[10] 王玉伟，高永．一种基于鲸鱼优化算法的飞行动作识别规则提取方法[J]．海军工程学院学报，2018，33（5）：447-451.

[11] 郑昌艳，梅卫，冯小雨．基于多时间窗口的空中目标机动模式提取及识别方法[J]．探测与控制学报，2016，38（5）：81-87.

[12] 徐西蒙，杨任农，于洋，等．基于运动分解和 H-SVM 的空战目标机动识别[J]．控制与决策，2020，35（5）：1265-1272.

[13] 杨俊，段种，谢寿生．基于模糊最小二乘支持向量机的飞机飞行动作识别[J]．弹箭与制导学报，2004，24（3）：395-398.

[14] 杨俊，谢寿生．基于模糊支持向量机的飞机飞行动作识别[J]．航空学报，2005，26（6）：738-742.

[15] 钟友武，柳嘉润，申功璋．自主近距空战中敌机的战术动作识别方法[J]．北京航空航天大学学报，2007，33（9）：1056-1059.

[16] 姜龙亭，寇雅楠，王栋，等．近距空战中战术动作的定量识别方法[J]．电子测量与仪器学报，2019，33（11）：30-35.

[17] 周超，樊蓉，张戈，等．基于多元时间序列融合的飞行动作识别方法[J]．空军工程大学学报，2017，18（4）：34-39.

[18] 贾镇泽，樊晓光，薛明浩，等．基于机动动作元的敌机战术机动在线识别方法[J]．北京理工大学学报，2018，38（8）：820-827.

[19] 王玉伟，高永．基于飞行基本动作对复杂动作识别方法研究[J]．舰船电子工程，2018，38（10）：74-76，168.

[20] 刘瑛．飞行器战术机动动作最优航迹控制模型研究[D]．天津：天津大学，2014.

[21] 方振平，陈万春，张曙光. 航空飞行器飞行动力学[M]. 北京：北京航空航天大学出版社，2005：95-114.

[22] 胡朝江. 斜筋斗特性研究[J]. 空军工程大学学报，2000，1（2）：8-10.

[23] 张戈. 基于训练数据的 1 对 1 超视距空战战术评估关键技术研究[D]. 西安：空军工程大学，2016.

[24] 袁修久，赵学军，李嘉林. 基于航迹的飞机姿态角建模与仿真[J]. 系统工程与电子技术，2016，38（4）：889-894.

[25] 倪世宏，史忠科，谢川. 军用战机机动飞行动作识别知识库的建立[J]. 计算机仿真，2005，22（4）：23-26.

[26] 谢川，倪世宏，张宗麟. 一种基于知识的特技飞行动作快速识别方法[J]. 人工智能及识别技术，2004，30（12）：116-118.

[27] HUANG C Q, DONG K S, HUANG H Q, et al. Autonomous air combat maneuver decision using Bayesian inference and moving horizon optimization[J]. Journal of Systems Engineering and Electronics, 2018, 29(1): 86-97.

[28] SCHREIER M, WILLERT V, JÜRGEN A. An Integrated Approach to Maneuver-Based Trajectory Prediction and Criticality Assessment in Arbitrary Road Environments[J]. IEEE Transactions on Intelligent Transportation Systems, 2016, 17(10): 2751-2766.

[29] TOLEDO A, TOLEDO-MOREO R, JOSÉ MANUEL C-I, et al. Maneuver prediction for road vehicles based on a novel neuro-fuzzy dynamic architecture[J]. Robotics & Autonomous Systems, 2010, 58(12): 1316-1320.

[30] 郑春红，郑贵文，焦李成. 基于 FSVM 的雷达多目标识别[J]. 系统工程与电子技术，2003，25（11）：1358-1361.

第三部分

多机协同空战决策
关键技术研究

第9章
多机协同空战决策关键技术研究概述

9.1 研究背景及意义

9.1.1 研究背景

空空作战作为当前世界各国夺取制空权的主要作战行动，目的是通过获得空中优势，为后期进行空地作战扫清障碍，降低敌方作战能力和潜能，从而取得战争胜利。从海湾战争，特别是科索沃战争以来，以美军为首的西方军事强国通过发展先进的体系作战理论和研制先进战机，在战争中牢牢掌握制空权、控制战争进程，空空作战已成为决定未来战争胜负的关键。鉴于其重要性，世界各国争相对空战作战样式、作战理论先进战机及其关键技术进行研究，从而争取未来战争主动权。

在以往的空战中，由于缺乏相应的协同作战理论和作战机理研究，战机能力有限，特别是探测能力和攻击能力不足，每架战机依靠自身独立执行搜索、跟踪和攻击任务，难以形成对战场态势的全面理解，存在“战场空白”。即使执行编队任务，其协同作战能力的发挥也主要取决于指挥员的决策水平和飞行员的个人能力，难以形成系统化、专业化的作战理论，这严重制约了空军的转型升级和战斗力提升。而进行多机协同空战，需要对其作战机理进行有效研究，单独依靠飞行员自身专业知识难以完成面临的复杂决策问题，难以发挥现有四代机强大的多目标跟踪和多目标攻击能力，这严重制约了战机性能和飞行员技战术水平的发挥。

空战信息化逐步加强，需要获得相应的信息来提高决策的可靠性，但过多的信息反而影响了飞行员的决策效率。飞行员在进行多机协同作战时，需要处理越来越多来自本机和其他战机的信息，需要执行越来越多的操作，特别是为了发挥现有战机的性能，需要执行越来越大的机动动作，这使飞行员的心理和生理承受能力达到了极限，严重降低了飞行员对战场态势的理解能力，不利于飞行员作出最佳决策，极大地影响了整个编队的作战能力。

同时，现有战机造价十分昂贵，频繁进行训练会增加维护负担，也会增加飞行训练风险，造成不必要的损失。鉴于此，需要对多机协同空战决策方法进行充分研究，为后续的战机设计和飞行员训练提供指导。

9.1.2 研究意义

随着航空武器装备和作战理论的迅速发展，各种先进战机得到列装；先进探测系统能够提升对战场态势信息的获取；先进空空导弹能够更快摧毁更远的目标；特别是先进的综合航电系统，通过对战机获得的数据进行融合处理，依托新型战机的协同作战理论也得到了巨大发展，经过几次战争的实践，验证了其有效性和科学性。

多机协同空战作为当前的主要空战作战样式，通过机载探测系统获得敌方信息，接收通过指挥信息系统传输的其他信息，实现信息共享，用以实现协同攻击、协同防御。

1. 协同攻击

随着先进传感器技术、通信导航技术和先进空空导弹的迅速发展，战场环境发生了深刻变化，由以往的近距离格斗发展成现在的以编队中远距离攻防对抗。编队中的飞机通过自身、自编队内部及我方指挥系统获得的信息，能够获得更加精准、全面的战场态势信息，进行协同目标分配，通过对战机传感器和武器进行管理，对目标进行协同攻击，能够极大地提高编队的整体作战能力。

2. 协同防御

在空战过程中，往往会遇到不利态势，这时需要被迫进行机动规避，避免损伤。协同防御是指在指挥系统的指挥下，充分利用每架飞机的能力，采取多机协同的防御方式，战机之间可以进行信息支援、火力支援和相互掩护，通过协同防御提高战机的生存能力。

随着信息共享的深度发展，飞行员需要处理海量信息，这不利于飞行员进行有效决策，我们需要对影响多机协同空战决策效果的关键因素进行分析，采用先进的智能决策技术来提高飞行员决策的合理性。

2016 年，美国前空军上校 Gene Lee 在模拟对抗中被美国辛辛那提大学研发的 ALPHA 击败，这表明智能决策技术在空战复杂博弈中已经达到人类顶尖水平。本部分针对多机协同空战决策关键技术进行研究，可以对未来空战自主决策研究提供新的思路，将飞行员从繁重的决策负担中解放出来，以保持对空战态势的全面、及时的理解，提高飞行员决策的合理度和效果。本部分研究内容还可以对实际训练或演习数据进行分析，并进行事后评估，用以指导训练和进行技战术研究。

9.2　国内外研究现状

9.2.1　目标威胁评估研究现状

目标威胁评估作为进行目标分配的依据，合理的评估结果有利于飞行员作出正确决策。虽然各国对目标威胁评估开展了广泛研究，但是到目前为止，仍然没有一个被普遍接受的定义。目前能够被广泛认可的定义是：目标威胁评估是量化评判敌我双方意图和目的的威胁程度，并形成直观认识。

文献[14]认为飞机在进行协同作战时，所面临的环境各不相同，需要建立不同的目标威胁评估模型，作者建立了多种模糊认知图模型，仿真结果验证了其合理性。文献[15]提出了一种目标威胁评估指标权重计算方法，并采用 TOPSIS 对目标进行威胁排序，仿真结果验证了该方法的简单实用性。

然而，在复杂空战环境下，所获得的态势信息往往是不全面、不确定的，同时，这种信息的不确定性还存在于专家决策、先验知识和推理规则等方面。

文献[16, 17]提出了将认知理论和直觉模糊推理结合的态势评估方法，能够解决空战信息的不确定性和关联性问题。文献[18]提出了一种基于直觉模糊集的混合威胁评估方法，能够处理信息的不确定性。文献[19]建立了基于动态贝叶斯网络的威胁评估推理方法，能够解决专家评价带有主观性的问题，但是对先验信息具有较高要求。文献[20]提出了基于模糊贝叶斯网络的威胁评估算法，能够处理战场不确定信息，但是对先验信息要求很高。文献[21]提出了将粗糙集和 TOPSIS 相结合用于威胁评估的方法，减少了专家主观判断对决策的影响。文献[22]提出了将一种直觉模糊理论和 VIKOR 法相结合的空战威胁评估方法，能够减少指标权重模糊性和专家决策差异性的影响。文献[23]提出了一种基于粗糙集和 CRITIC 法的威胁评估模型，用以解决信息不确定条件信息丢失对目标威胁评估的影响。

上述威胁评估方法主要存在以下问题：

（1）指标权重计算依赖专家的经验知识和主观判断，不同方法的决策差异过大。

（2）没有考虑指标体系建立时的内在关联性，直接运用线性加权理论求和得到目标威胁值，忽视了线性加权理论必须满足各指标是线性无关的前提。

（3）单纯考虑各指标数值信息，不能挖掘指标的内部隐藏信息，缺乏对指标序列的综合考虑，这些会影响决策结果的可靠性和准确性。

（4）由于欧几里得距离的缺陷，传统的 TOPSIS 并不能反映各方案的位置关系，导致评估结果不够准确。

文献[24]提出，基于动态威力场进行空战威胁评估，能够将编队威胁直观地表现出来，能体现干扰、告警等因素对空战态势的影响。文献[25]提出了一种改进 GRA-TOPSIS 的空战威胁评估模型，采用指标间灰色关联度解决指标间的耦合关系。文献[26]考虑飞行员决策时偏好的不确定性，提出了一种基于前景理论的空战威胁评估模型，能够体现飞行员不同偏好对决策的影响。

本部分提出了一种改进 CRITIC 法计算指标初始权重，利用一阶线性回归分析计算指标关联关系，通过削减指标权重来减少指标关联程度，并采用灰色 TOPSIS 对目标进行威胁排序，使威胁排序更加合理，威胁区分度更大。

9.2.2　协同目标分配研究现状

协同目标分配问题本质上属于非线性多项式完全（Nonlinear Polynomial Completely，NPC）问题，具有多约束条件、非线性和多目标等特点，其解算的可靠程度和实时性会影响多机协同攻击效能。

国外很早就有关于目标分配的研究。1988 年，Hosein 对静态武器目标分配和动态武器目标分配进行了系统阐述。2005 年，Adnan 建立了广义目标分配模型，认为多个目标可以分配给同一个武器平台。

我国对于目标分配问题的研究相对比较滞后，但也取得了许多研究成果。

2001 年，韩松臣提出了基于马尔可夫决策过程（Markov Decision）

的最优化武器目标分配问题。2009 年，黄卓对武器目标分配问题进行了全面阐述，从模型构建、算法求解等多个方面对武器目标分配问题展开了研究，并指出下一步需要着重解决的大规模、不确定性和复杂动态目标分配问题。2015 年，叶青松针对无人机编队作战时数量过多，导致分配实时性不佳的问题，提出了两阶段目标分配方法，先通过相关聚类算法实现编队分配，再根据编队分配结果进行编队内目标分配，从而建立多编队协同目标分配。

在针对 NPC 问题进行求解的算法中，合同网协议（Contract Net Protocol，CNP）、智能优化算法是应用最广泛的，模型稳定性和算法性能也得到了大量验证。

2008 年，毛昭军将合同网协议引入防空目标分配。2006 年，唐苏妍针对武器目标分配问题中未考虑环境动态变化的问题，提出了一种扩展 CNP 的目标分配方法。2015 年，肖玉杰针对现有合同网存在缺乏协同机制、解算时间过长等问题进行改进，提出了基于多方联盟、优先级和公告板的改进算法，取得了不错的效果。

1985 年，John Hopfield 提出了一种被证明可以求解 NPC 问题的人工神经网络，正式将人工神经网络引入目标分配领域。朱德法提出了一种改进粒子群算法的协同目标分配模型，利用贪婪策略实现对粒子群算法的改进，显著提高了算法的全局搜索能力。宋遐淦提出了一种启发式遗传模拟退火算法求解目标分配，将多目标攻击决策问题转化成导弹攻击配对问题，可以解决不确定信息条件下的目标分配问题。高阳阳为了改善免疫算法的“早熟”问题，设计了一种新的移民算子实现种群间的信息交换，提高了种群多样性，有利于改善求解精度。陈志旺认为空战战场是动态变化的，需要进行多次分配以提高分配的可靠性，并设计了战场环境的更新规则，利用遗传算法进行求解，得到了较好的效果。

对于在现有作战环境下，飞机如何发挥多目标跟踪能力和多目标攻击能力的问题，本书首先针对大规模机群对抗问题，进行编队间分配，根据编队间分配结果实现编队内目标分配，提出了一种重复分配策略，能充分发挥载机的多目标跟踪能力，最后提出了一种改进多种群人工免疫算法，提高了对问题的求解效率。

9.2.3　协同空战机动决策研究现状

协同空战机动决策是指采用数学优化和人工智能等方法，对飞行员的空战决策过程进行模拟，自动进行空战对抗的过程。空战机动决策一般分为基于对策方法的机动决策和基于人工智能方法的机动决策。

文献[43]提出了一种基于矩阵对策的机动决策方法；仿真结果表明，该方法具备进行实时机动决策的能力，该方法采取的机动策略在一定程度上与飞行员所执行的策略具有一致性。文献[44]提出了一种采用多级影响图的空战机动决策模型，该模型考虑了决策者偏好的不确定性，将多级影响图转化为离散动态优化问题，用非线性规划问题进行求解；仿真结果表明，该模型只能在很短的规划时间内预测飞机的状态。

文献[45]提出了一种基于近似动态规划的机动决策方法，利用近似动态规划将空战过程划分为多个规划时域，采用基于人工势场法的改进蚁狮算法进行求解；仿真结果表明，该方法可以解决高动态、实时性强的无人机机动决策问题。文献[46]提出了一种基于专家系统的机动决策方法，但是该方法执行的机动动作不一定是最优策略，由于不同机型的飞行参数不一致，需要对基本机动动作库进行重新编码，通用性较差。文献[47]提出的基于遗传模糊树的机动决策方法已成功应用在美国辛辛那提大学的 ALPHA 项目中，并战胜了美国空军退役上校 Gene Lee，该方法对不确定性和随机性具有健壮性，能够适应不断变化的空战环境，具有极高的计算效率。文献[48]针对传统空战决策中缺乏对敌方策略的研究，提出了一种考虑对抗双方机动策略的强化学习框架，采用ε-纳什均衡策略选取机动动作；仿真结果表明，智能体能够作出合理的机动决策。文献[49]通过构建飞机基本动作库，通过飞行仿真获得数据样本，并利用深度神经网络对样本进行训练，设计了一种达成导弹发射条件的决策目标函数；仿真结果表明，该方法用时少，且能通过较少的机动摆脱劣势，从而获得空战胜利。

第10章

基于改进 CRITIC-LRA 法和前景理论的空战威胁评估

随着新型航空装备的广泛应用，空战呈现出强对抗性、强时效性、高复杂性等特点，准确评估空战环境变得愈加困难。面对复杂的空战战场态势环境，实现对敌方目标威胁的合理评估，有利于我方飞行员进行合理决策，采取相应的机动动作，提高生存能力，赢得战场主动权。本章提出了一种改进 CRITIC-LRA 法计算指标权重，减少指标关联对评估结果的影响；并引入前景理论，考虑决策者偏好的不确定性，构建了一种基于三参考点前景理论决策模型；引入灰色逼近理想解排序法，更好地反映各方案的内部变化规律，弥补了逼近理想解排序（TOPSIS）法的不足，通过仿真验证了模型的有效性。

10.1 建立空战威胁评估指标体系

在现代空战对抗环境下进行威胁评估，需要获得敌我双方的能力参数和空战态势信息，而能力参数取决于装备性能。

由系统效用理论可知，指标体系应当具有完备性、独立性和最小性等特点，下面建立一个基于空战能力威胁评估和空战态势因素威胁评估的空战威胁评估指标体系，如图 10.1 所示。

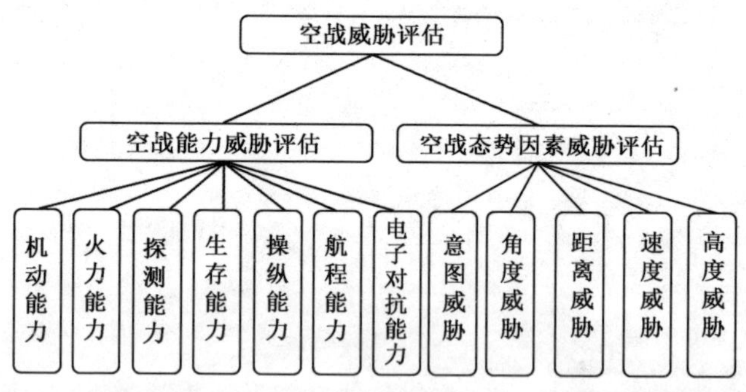

图 10.1 空战威胁评估指标体系

不考虑我机在空战对抗中的影响，根据文献[55]对敌机空战能力进行威胁评估，采用威胁指数法构建单机空战能力威胁模型，即

$$C=\left[\ln B+\ln\left(1+\sum A_1\right)+\ln\left(1+\sum A_2\right)\right]\varepsilon_1\varepsilon_2\varepsilon_3\varepsilon_4 \tag{10.1}$$

式中，C 为战机总体的空战能力；B 为战机的机动能力；A_1 为战机的火力能力；A_2 为战机的探测能力；ε_1 为战机的生存能力；ε_2 为战机的操纵能力；ε_3 为战机的航程能力；ε_4 为战机的电子对抗能力。

空战态势因素主要考虑双方的相对角度、飞行速度、相对高度及相对距离，假设空战态势几何关系如图 10.2 所示。

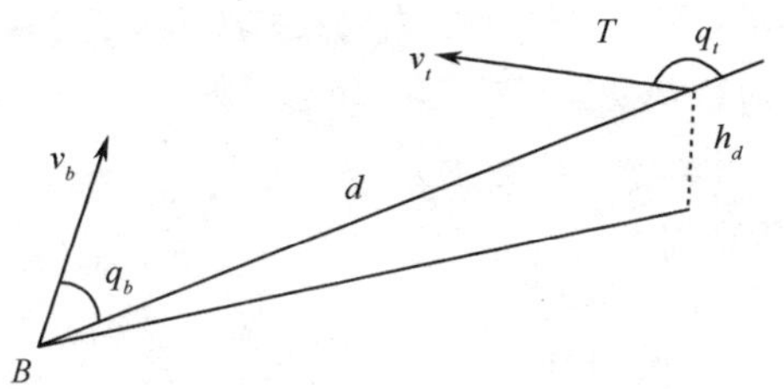

图 10.2　空战态势几何关系

在图 10.2 中，B 为我机，T 为敌机；d 为我机与敌机之间的距离；v_b、v_t 分别为我机和敌机的速度；q_b 为我机航向与目标线夹角；q_t 为敌机航向与目标线夹角；h_d 为我方战机和敌方战机之间的高度差。设 $d_{R\max}$ 为我机探测设备最大跟踪距离；$d_{M\max}$ 为我机导弹最大攻击距离；$d_{MK\max}$、$d_{MK\min}$ 分别为导弹不可逃逸攻击区边界的最大值和最小值。分别定义角度威胁指数为 T_a、速度威胁指数为 T_v、距离威胁指数为 T_d、高度威胁指数为 T_h、意图威胁指数为 T_I。

（1）角度威胁指数：

$$T_a=\frac{|q_b|+|q_t|}{360^\circ} \tag{10.2}$$

（2）速度威胁指数：

$$T_v = \begin{cases} 0.1, & v_t < 0.6v_b \\ -0.5 + \dfrac{v_t}{v_b}, & 0.6v_b \leqslant v_t \leqslant 1.5v_b \\ 1, & v_t > 1.5v_b \end{cases} \tag{10.3}$$

（3）距离威胁指数：

$$T_d = \begin{cases} 0, & d \geqslant d_{R\max} \\ 0.5\exp\left(-\dfrac{d - d_{M\max}}{d_{R\max} - d_{MK\max}}\right), & d_{M\max} < d < d_{R\max} \\ 2^{-\frac{d - d_{MK\max}}{d_{M\max} - d_{MK\max}}}, & d_{MK\max} < d \leqslant d_{M\max} \\ 1, & d_{MK\min} < d \leqslant d_{MK\max} \end{cases} \tag{10.4}$$

（4）高度威胁指数：

$$T_h = \begin{cases} 1, & h_d < -5\text{km} \\ 0.5 - 0.1h_d, & -5\text{km} \leqslant h_d \leqslant 5\text{km} \\ 0.1, & h_d > 5\text{km} \end{cases} \tag{10.5}$$

（5）意图威胁指数：

$$T_I = \begin{cases} 0.8, & \text{攻击} \\ 0.5, & \text{干扰} \\ 0.3, & \text{掩护} \end{cases} \tag{10.6}$$

假设多属性决策问题有 m 个评估方案 $\boldsymbol{G}=\{g_1, g_2,\cdots, g_m\}$，$n$ 个评估指标 $\boldsymbol{U}=\{u_1, u_2,\cdots, u_n\}$，则 m 个评估方案对 n 个评估指标的评估矩阵为 $\boldsymbol{Y}=(y_{ij})_{m\times n}$，$y_{ij}$ 表示评估方案 g_i 中指标 u_j 的值。由于所选的评估指标类型和量纲各不相同，需要对指标值进行标准化处理，得到标准化评估矩阵 $\boldsymbol{X}=(x_{ij})_{m\times n}$，规范化处理方法如下。

（1）效益型指标：

$$x_{ij}=\frac{y_{ij}-\min\limits_{i} y_{ij}}{\max\limits_{i} y_{ij}-\min\limits_{i} y_{ij}} \tag{10.7}$$

（2）成本型指标：

$$x_{ij}=\frac{\max\limits_{i} y_{ij}-y_{ij}}{\max\limits_{i} y_{ij}-\min\limits_{i} y_{ij}} \tag{10.8}$$

10.2 基于改进 CRITIC–LRA 法和灰色 TOPSIS 理论的空战威胁评估

10.2.1 改进 CRITIC 法介绍

CRITIC 法是一种在多属性决策问题中确定指标权重的客观赋权法，其基本思想是以评价指标的对比强度和各评价指标之间的冲突性来综合衡量指标的客观权重。对比强度指的是同一个评价指标在不同评价方案之间的取值差异性；冲突性是以各指标之间的相关性来衡量的，表征各指标之间的相关性。

在传统的 CRITIC 法中，设 C_j 表示指标 u_j 所包含的信息量，即

$$C_j=\sigma_j\sum_{l=1}^{n}\left(1-\zeta_{lj}\right) \tag{10.9}$$

则指标 u_j 的权重为

$$w_j=\frac{C_j}{\sum\limits_{j=1}^{n} C_j} \tag{10.10}$$

式中，σ_j 为指标 u_j 的标准差，用来表征对比强度；ζ_{lj} 为指标 u_i 和指标 u_j 的相关系数，$\sum_{l=1}^{n}\left(1-\zeta_{lj}\right)$ 表征指标之间的冲突性；w_j 为指标 u_j 的指标权重。

传统的 CRITIC 法计算公式存在以下两个问题。

（1）标准差存在量纲。由于各评价指标的量纲和数量级不同，导致标准差并不能反映评价指标的对比强度。

（2）通过计算 $\sum_{l=1}^{n}\left(1-\zeta_{lj}\right)$ 来反映指标之间的冲突性，指标间的相关系数可能为负数，这时相关系数越小，指标冲突性越大。同时，采用皮尔逊相关系数要求两个变量是连续数据、正态分布和线性关系，在实际空战过程中，很难出现满足上述条件的空战态势数据。

针对上述问题，我们提出了一种改进的 CRITIC 法，该方法主要从以下两个方面进行改进。

（1）由于传统 CRITIC 法采用标准差表征冲突强度会带来量纲和数量级不一致的问题，本书引入基尼系数来衡量指标的对比强度。基尼系数是根据洛伦兹曲线定义的，用来表征社会财富在各成员之间的分配差异性。基尼系数越大，表明社会财富在各社会成员之间的分配越不均匀，在多属性决策问题中，基尼系数就是对指标对比强度大小的反映。

$$\xi_j = \frac{\sum_{i=1}^{m}\sum_{k=1}^{m}\left|x_{ij} - x_{kj}\right|}{2m\sum_{i=1}^{m}x_{ij}} \qquad (10.11)$$

式中，ξ_j 为指标 u_j 的基尼系数，ξ_j 的取值范围为[0, 1]，1 表示该指标的对比强度最大，0 表示该指标的对比强度最小。

（2）针对皮尔逊相关系数的缺点，本书引入肯德尔相关系数用来计算各评估指标间的冲突性。肯德尔相关系数是用来衡量多列等级变量相关程度的一种相关系数，其取值不依赖数据分布的任何假设，适用于空战的复杂态势情况。对评估矩阵的任意两个列变量 $\boldsymbol{L}_t$ 和 $\boldsymbol{L}_j$，第 p 个变量分别为 L_{tp} 和 L_{jp}，假设 O_{tp} 和 O_{jp} 分别为 L_{tp} 和 L_{jp} 在 $\boldsymbol{L}_t$ 和 $\boldsymbol{L}_j$ 中的排序值，则 O_{tp} 和 O_{jp} 对应排序值变量可以搭配组成变量对集合 O，则变量对集合 O 的第 p 个变量对为(O_{tp}, O_{jp})。因此，两个评估指标的肯德尔相关系数为

$$\eta_{tj} = \frac{N_{\mathrm{cc}} - N_{\mathrm{dc}}}{\sqrt{\left[D - \sum_{e=1}^{\mathrm{ee}} \frac{E_e\left(E_e - 1\right)}{2}\right]\left[D - \sum_{f=1}^{\mathrm{ff}} \frac{E_f\left(E_f - 1\right)}{2}\right]}} \tag{10.12}$$

式中，η_{tj} 为列变量 $\boldsymbol{L}_t$ 和 $\boldsymbol{L}_j$ 的肯德尔相关系数；N_{cc} 和 N_{dc} 分别为集合 O 中元素排序值相等的变量对数目和元素排序值不等的变量对数目；$D = \frac{m(m-1)}{2}$；将列变量 $\boldsymbol{L}_t$ 和 $\boldsymbol{L}_j$ 中相同元素组成小集合对 $\boldsymbol{E}$ 和 $\boldsymbol{F}$，ee 和 ff 分别表示小集合对 $\boldsymbol{E}$ 和 $\boldsymbol{F}$ 中小集合的个数，E_e 和 E_f 表示小集合对 $\boldsymbol{E}$ 和 $\boldsymbol{F}$ 中第 e 个和第 f 个小集合中的元素个数。

为了避免相关系数的正负对指标相关性的影响，我们对肯德尔相关系数取绝对值。综上所述，可以得到改进 CRITIC 法的计算公式。

设 C_j^* 表示指标 u_j 所包含的信息量，则

$$C_j^* = \xi_j \sum_{i=1}^{n} \left(1 - \left|\eta_{ij}\right|\right) \tag{10.13}$$

指标 u_j 的客观权重为

$$w_j = \frac{C_j^*}{\sum_{j=1}^{n} C_j^*} \tag{10.14}$$

10.2.2 基于一阶 LRA 的指标权重修正

空战威胁评估作为一个多属性决策问题，在决策过程中所选取的评估指标一般存在关联关系，传统思路是在严格意义上剔除两两指标的关联性，但是需要重新建立评估指标体系。本书采用线性回归分析（LRA）方法对评价方案集进行分析，得到指标之间的关联关系，根据指标间关联关系来修正评估指标的初始权重，以此来达到减少指标关联性影响的目的。

假设指标 u_t 和指标 u_j 满足线性关系，那么可以对指标 u_t 和指标 u_j 进行一阶 LRA。V_{kj} 表示指标 u_j 在第 k 个评价方案中的取值，$\hat{V}_j$ 表示指标 u_t 对指标 u_j 的一阶线性回归估计值，$\bar{V}_j$ 表示指标 u_j 的平均值，S_a 表示总平方和，S_r 表示回归平方和，S_e 表示残差平方和。则关于指标 u_t 和指标 u_j 的关联系数 r_{tj} 的计算公式为

$$r_{tj} = \frac{S_r}{S_a} = 1 - \frac{S_e}{S_a} \tag{10.15}$$

$$S_a = S_e + S_r \tag{10.16}$$

$$S_a = \sum_{k=1}^{m}\left(V_{kj} - \bar{V}_j\right)^2 \tag{10.17}$$

$$S_r = \sum_{k=1}^{m}\left(\hat{V}_{kj} - \bar{V}_j\right)^2 \tag{10.18}$$

$$S_e = \sum_{k=1}^{m}\left(V_{kj} - \hat{V}_j\right)^2 \tag{10.19}$$

最终可以得到一个关于两两指标的关联关系矩阵 $(r_{tj})_{n\times n}$，即

$$(r_{tj})_{n\times n} = \begin{bmatrix} r_{11} & \cdots & r_{1n} \\ \vdots & \ddots & \vdots \\ r_{n1} & \cdots & r_{nn} \end{bmatrix} \tag{10.20}$$

式中，r_{tj} 表征指标 u_t 对指标 u_j 有 r_{tj} 比例的预测。降低指标 u_t 和指标 u_j

关联性的办法就是将指标 u_t 和指标 u_j 的权重分别乘以$(1-r_{tj}/2)$，减少的权重部分就是指标 u_t 和指标 u_j 关联的部分。

用 $u_t \otimes u_j$ 表征剔除指标 u_t 和指标 u_j 的关联关系，可得

$$u_t \otimes u_j = w_i \left(1 - \frac{r_{tj}}{2}\right) \tag{10.21}$$

用 $u_t \otimes U$ 表征剔除指标 u_t 和属性集 U 中其余属性之间的关联关系（不包含 u_t 自身），由此可得

$$u_t \otimes U = w_i \prod_{p=1}^{t-1}\left(1 - \frac{r_{pt}}{2}\right)\prod_{q=t+1}^{n}\left(1 - \frac{r_{qt}}{2}\right) \tag{10.22}$$

由此可以得到评估指标的权重修正公式为

$$w_i^* = w_i \prod_{p=1}^{t-1}\left(1 - \frac{r_{pt}}{2}\right)\prod_{q=t+1}^{n}\left(1 - \frac{r_{qt}}{2}\right) \tag{10.23}$$

至此完成了对评估指标权重的修正，即剔除了两两指标的关联关系。经过修正的指标权重 $\boldsymbol{W}^* = (w_1^*, w_2^*, \cdots, w_n^*)$，由于本书通过削减各指标的权重来达到降低指标间关联关系的目的，导致修正后各指标权重分量之和不为 1，所以需要对修正后的指标权重进行归一化处理，得到最终的修正指标权重 $\boldsymbol{W}=(w_1, w_2, \cdots, w_n)$。

10.2.3　灰色 TOPSIS 理论

TOPSIS 法是根据有限个评价对象与理想化目标的接近程度来进行排序的一种决策方法，其基本理论是根据计算评价对象与正负理想解之间的距离来进行排序。但是，传统的 TOPSIS 法存在以下缺点：

（1）传统的 TOPSIS 法在计算各待评估方案到正负理想解之间的欧几里得距离时，当不能考虑各评估指标之间的线性关系时，欧几里得距

离就会失效，从而导致评估结果不够准确。

（2）传统的 TOPSIS 法由于欧几里得距离的缺陷，并不能反映各方案的位置关系，可能存在离正负理想解方案都近的评估方案。

为了解决 TOPSIS 法的问题，下面引入灰色 TOPSIS 理论。灰色 TOPSIS 法以 TOPSIS 理论为基础，将指标间加权灰色关联度作为距离的测度，根据指标数据间整体趋势的相似程度来评价各方案与正负理想解之间的相似度，以更好地反映评估方案之间的内部变化规律，从而弥补欧几里得距离的缺陷，解决 TOPSIS 法的问题。

灰色 TOPSIS 法的步骤如下：

（1）由式（10.1）～式（10.8）可得到标准化的评估矩阵 $\boldsymbol{X}=(x_{ij})_{m\times n}$。

（2）确定正理想解方案 $\boldsymbol{X}_j^+$ 和负理想解方案 $\boldsymbol{X}_j^-$。

$$\boldsymbol{X}_j^+=\left\{\left(\max_i x_{ij}\,\middle|\,j\in J_b\right),\left(\min_i x_{ij}\,\middle|\,j\in J_c\right)\right\}=\left\{x_1^+,x_2^+,\cdots,x_n^+\right\} \quad (10.24)$$

$$\boldsymbol{X}_j^-=\left\{\left(\min_i x_{ij}\,\middle|\,j\in J_b\right),\left(\max_i x_{ij}\,\middle|\,j\in J_c\right)\right\}=\left\{x_1^-,x_2^-,\cdots,x_n^-\right\} \quad (10.25)$$

（3）计算第 i 个方案与正负理想解方案关于第 j 个指标的加权灰色关联度 r_i^+、r_i^-。

$$\gamma_{ij}^+=\frac{\min\limits_i\min\limits_j\left|x_{ij}-x_j^+\right|+\rho\max\limits_i\max\limits_j\left|x_{ij}-x_j^+\right|}{\left|x_{ij}-x_j^+\right|+\rho\max\limits_i\max\limits_j\left|x_{ij}-x_j^+\right|} \quad (10.26)$$

$$\gamma_{ij}^-=\frac{\min\limits_i\min\limits_j\left|x_{ij}-x_j^-\right|+\rho\max\limits_i\max\limits_j\left|x_{ij}-x_j^-\right|}{\left|x_{ij}-x_j^-\right|+\rho\max\limits_i\max\limits_j\left|x_{ij}-x_j^-\right|} \quad (10.27)$$

式中，γ_{ij}^+ 和 γ_{ij}^- 是第 i 个方案与正负理想解方案关于第 j 个指标的加权灰色关联系数；$\rho\in[0, 1]$称为分辨率系数，一般取 $\rho=0.5$；对灰色关联系数进行加权求和，得到第 i 个方案与正负理想解方案的加权灰色关联度 r_i^+、r_i^-，作为灰色 TOPSIS 法的距离测度。

$$r_i^+ = \sum_{j=1}^{n} w_j \gamma_{ij}^+, \quad i = 1,2,\cdots,m \tag{10.28}$$

$$r_i^- = \sum_{j=1}^{n} w_j \gamma_{ij}^-, \quad i = 1,2,\cdots,m \tag{10.29}$$

（4）计算每个方案的相对贴近度 η_i。

$$\eta_i = \frac{r_i^-}{r_i^+ + r_i^-}, \quad i = 1,2,\cdots,m \tag{10.30}$$

（5）根据相对贴近度 η_i 对敌机进行威胁排序。

10.2.4　基于改进 CRITIC-LRA 法和灰色 TOPSIS 理论的空战威胁评估模型

（1）根据评估方案和评估指标建立评估矩阵，并对评估矩阵进行标准化处理，得到标准化的评估矩阵 $\boldsymbol{X}=(x_{ij})_{m\times n}$。

（2）根据改进 CRITIC 法计算评估指标初始权重 $\boldsymbol{W}_0 = (w_1^*, w_2^*, \cdots, w_n^*)$。

（3）对规范化评估矩阵的指标序列进行一阶 LRA，得到指标间关联关系矩阵$(r_{tj})_{n\times n}$。

（4）根据指标间关联关系矩阵来削减各评估指标权重，并进行归一化处理，得到修正后的指标权重 $\boldsymbol{W}=(w_1, w_2, \cdots, w_n)$。

（5）将修正后的指标权重用于灰色 TOPSIS 法，得到关于各方案的相对贴近度 η_i，按照从大到小的顺序，实现对空战目标的威胁排序。

基于改进 CRITIC-LRA 法和灰色 TOPSIS 法的空战威胁评估流程如图 10.3 所示。

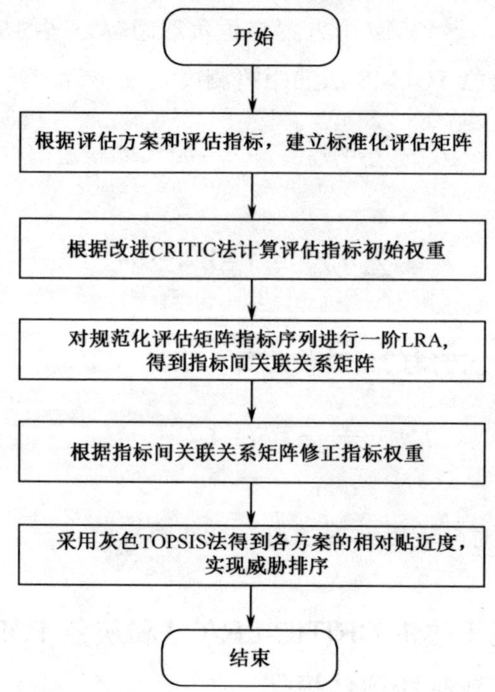

图 10.3 基于改进 CRITIC-LRA 法和灰色 TOPSIS 法的空战威胁评估流程

10.2.5 仿真分析

假设我机在空战中遭遇 6 架敌机（F-16C、F-15E、F-5E），我方雷达的最大探测距离为 80km，我方飞机的飞行速度为 320m/s，所携带导弹的最大射程为 60km，空战对抗相对态势信息如表 10.1 所示。

表 10.1 空战对抗相对态势信息

敌机编号	机型	作战能力	作战意图	目标方向角/°	目标进入角/°	距离/km	速度/m·s^{-1}	高度/km
1	F-16C	16.8	攻击	−45	80	50	320	−1.5
2	F-16C	16.8	掩护	−45	45	70	325	1.2
3	F-15E	19.8	掩护	15	−45	60	330	1.4
4	F-15E	19.8	攻击	45	−60	55	335	−0.7
5	F-5E	8.2	干扰	30	60	55	315	−1.2
6	F-5E	8.2	干扰	50	−60	70	320	−0.5

根据式（10.1）～式（10.8）得到标准化评估矩阵 $\boldsymbol{X}$。

$$\boldsymbol{X}=\begin{bmatrix} 0.741 & 1 & 1 & 0 & 0.254 & 1 \\ 0.741 & 0 & 0.461 & 1 & 0.508 & 0 \\ 1 & 0 & 0 & 0.561 & 0.746 & 0.4390 \\ 1 & 1 & 0.694 & 0.296 & 1 & 0.704 \\ 0 & 0.400 & 0.461 & 0.296 & 0 & 0.704 \\ 0 & 0.400 & 0.772 & 1 & 0.2540 & 0 \end{bmatrix}$$

根据式（10.11）～式（10.14），得到评估指标的初始权重 $\boldsymbol{W}_0$。

$$\boldsymbol{W}_0=\begin{bmatrix}0.178 & 0.182 & 0.128 & 0.147 & 0.203 & 0.162\end{bmatrix}$$

根据式（10.15）～式（10.19），可得指标间关联关系矩阵$(r_{tj})_{n\times n}$。

$$(r_{tj})_{n\times n}=\begin{bmatrix} 1 & 0.111 & 0.238 & 0.245 & 0.832 & 0.245 \\ 0.111 & 1 & 0.784 & 0.715 & 0.081 & 0.715 \\ 0.238 & 0.784 & 1 & 0.293 & 0.288 & 0.293 \\ 0.245 & 0.715 & 0.293 & 1 & 0.034 & 0.875 \\ 0.832 & 0.081 & 0.288 & 0.034 & 1 & 0.034 \\ 0.245 & 0.715 & 0.293 & 0.875 & 0.034 & 1 \end{bmatrix}$$

将指标间关联关系矩阵$(r_{tj})_{n\times n}$形象化展示为图 10.4（彩图见插页）。

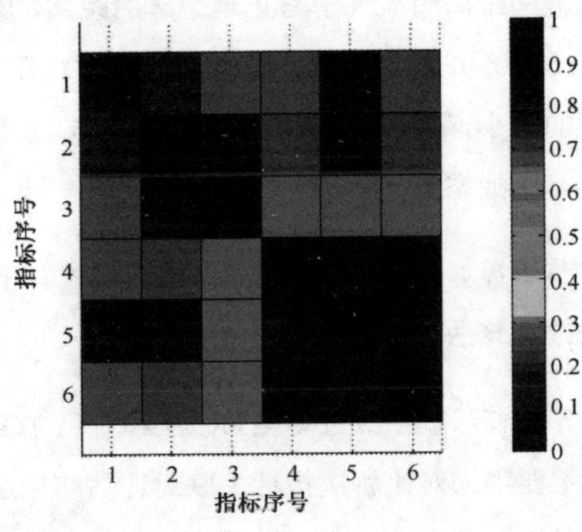

图 10.4　指标间关联关系

根据式（10.23）可求得修正后的指标权重 $\boldsymbol{W}$，即

$$\boldsymbol{W}=\begin{bmatrix}0.204 & 0.127 & 0.131 & 0.120 & 0.288 & 0.132\end{bmatrix}$$

从图 10.4 可以看出，空战能力指标和速度指标关联关系比较大，所削减的指标权重也比较小，其他指标削减的指标权重较大，导致在修正指标权重后，空战能力指标和速度指标所占权重迅速增大。

可根据式（10.24）～式（10.30）确定各敌机与正负理想解之间的加权灰色关联度及相对贴近度，如表 10.2 所示。

表 10.2　改进 CRITIC-LRA 法和灰色 TOPSIS 法相对贴近度计算结果

敌机编号	正理想解灰色关联度	负理想解灰色关联度	相对贴近度	威胁排序
1	0.678	0.518	0.433	5
2	0.544	0.588	0.519	3
3	0.608	0.568	0.483	4
4	0.839	0.386	0.315	6
5	0.413	0.766	0.650	1
6	0.489	0.687	0.584	2

从表 10.2 可以看出，通过灰色 TOPSIS 法计算，可以看出敌机 5 和敌机 6 与负理想解的距离明显大于与正理想解的距离，威胁最大；敌机 1 和敌机 4 与负理想解的距离明显小于与正理想解的距离，威胁最小；根据相对贴近度的大小，最终得到敌机威胁排序为 5＞6＞2＞3＞1＞4，评估结果符合实际空战态势。

为了验证本节所提算法（记为算法 1）的有效性，下面将本书所提的改进算法与未改进算法进行对比。

算法 2　该算法表示基于改进 CRITIC 法和灰色 TOPSIS 法的空战威胁评估算法，主要用来对比解决指标关联对评估结果造成的影响。算法 2 相对贴近度计算结果如表 10.3 所示。

表 10.3　算法 2 相对贴近度计算结果

敌机编号	正理想解灰色关联度	负理想解灰色关联度	相对贴近度	威胁排序
1	0.720	0.510	0.415	5
2	0.543	0.632	0.538	3
3	0.570	0.606	0.515	4
4	0.805	0.401	0.330	6
5	0.434	0.708	0.620	1
6	0.512	0.675	0.569	2

算法 3　该算法表示基于传统 CRITIC-LRA 法和灰色 TOPSIS 法的空战威胁评估算法，用来体现改进 CRITIC 法的优越性。算法 3 相对贴近度计算结果如表 10.4 所示。

表 10.4　算法 3 相对贴近度计算结果

敌机编号	正理想解灰色关联度	负理想解灰色关联度	相对贴近度	威胁排序
1	0.681	0.525	0.435	5
2	0.561	0.578	0.507	3
3	0.606	0.566	0.483	4
4	0.811	0.398	0.329	6
5	0.420	0.750	0.641	1
6	0.509	0.684	0.573	2

算法 4　该算法表示基于传统 CRITIC 法和灰色 TOPSIS 法的空战威胁评估算法，主要用来体现改进 CRITIC 法和解决指标关联对评估结果造成的影响。算法 4 相对贴近度计算结果如表 10.5 所示。

表 10.5　算法 4 相对贴近度计算结果

敌机编号	正理想解灰色关联度	负理想解灰色关联度	相对贴近度	威胁排序
1	0.697	0.553	0.415	5
2	0.595	0.602	0.524	3
3	0.560	0.600	0.506	4
4	0.742	0.431	0.334	6
5	0.440	0.679	0.625	1
6	0.573	0.639	0.568	2

算法 5 该算法表示基于改进 CRITIC-LRA 法和传统 TOPSIS 法的空战威胁评估算法，主要用来体现采用加权灰色关联度代替欧几里得距离的优越性。算法 5 相对贴近度计算结果如表 10.6 所示。

表 10.6 算法 5 相对贴近度计算结果

敌机编号	正理想解关联度	负理想解关联度	相对贴近度	威胁排序
1	0.501	0.609	0.549	1
2	0.417	0.422	0.503	5
3	0.387	0.429	0.526	4
4	0.508	0.602	0.543	3
5	0.182	0.220	0.548	2
6	0.414	0.386	0.483	6

从表 10.7 和图 10.5（彩图见插页）可以看出，本节所提算法（算法 1）和算法 2、算法 3、算法 4 在目标威胁排序方面有相似的发展趋势，且威胁评估结果基本相同，这反映了本节所提算法的稳定性。

表 10.7 5 种算法相对贴近度计算结果比较

敌机编号	本节所提算法（算法 1）	算法 2	算法 3	算法 4	算法 5
1	0.433	0.415	0.435	0.415	0.549
2	0.519	0.538	0.507	0.524	0.503
3	0.483	0.515	0.483	0.506	0.526
4	0.315	0.330	0.329	0.334	0.543
5	0.650	0.620	0.641	0.625	0.548
6	0.584	0.569	0.573	0.568	0.483
威胁排序	5>6>2>3>1>4	5>6>2>3>1>4	5>6>2>3>1>4	5>6>2>3>1>4	1>5>4>3>2>6

本节所提算法（算法 1）和算法 5 相对比可以发现，二者的威胁评估结果存在较大区别，这是因为传统 TOPSIS 法只考虑指标数据的位置关系，且易受指标间线性关系的影响；灰色 TOPSIS 法不用考虑指标间

的线性关系，同时不仅考虑指标数据的位置关系，而且从指标数据的发展变化趋势来解决距离度量问题，所得出的威胁评估结果更加符合战场实际。

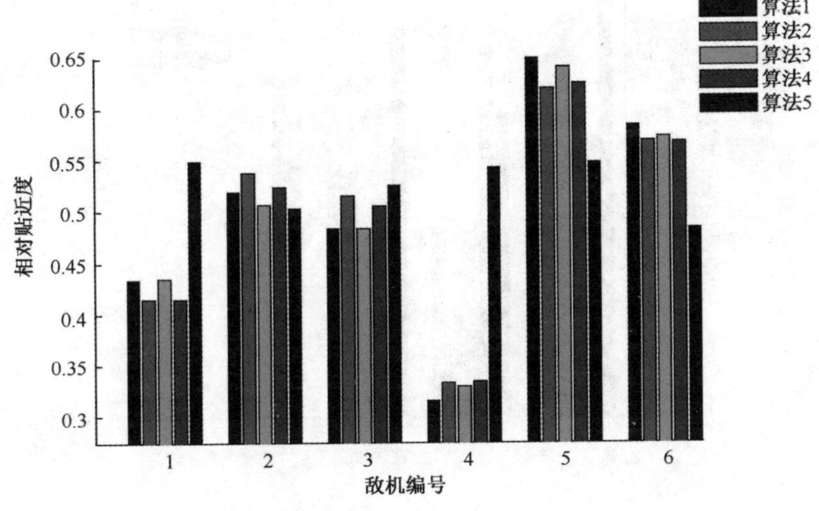

图 10.5　5 种算法相对贴近度对比

为了更好地反映 5 种算法威胁评估结果对目标威胁区分度的大小，我们将 5 种算法所得的相对贴近度按照从小到大的顺序排列，再两两相邻作差，得到顺序相对贴近度差值，结果如表 10.8 和图 10.6 所示。

表 10.8　5 种算法顺序相对贴近度差值比较

算法编号	顺序最小贴近度差值	顺序最大贴近度差值	顺序贴近度差值均值
1	0.036	0.118	0.067
2	0.023	0.100	0.058
3	0.024	0.106	0.062
4	0.018	0.091	0.058
5	0.001	0.027	0.013

从表 10.8 和图 10.6（彩图见插页）可以看出，本节所提算法（算法 1）和算法 2、算法 3、算法 4 对比可以发现，本节所提的改进 CRITIC 法在计算指标权重时，采用一阶 LRA 来解决指标相关性问题，使威胁区分

度比较大，这是因为考虑指标选取时存在的关联关系，从客观逻辑视角来计算指标权重。

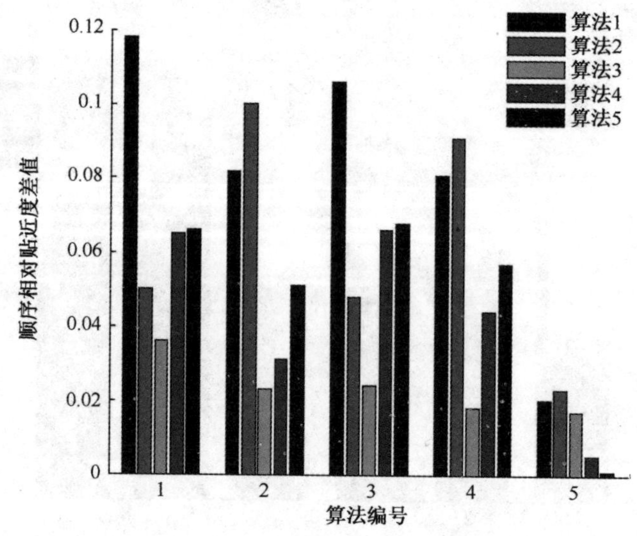

图 10.6　5 种算法顺序相对贴近度差值比较

本节所提算法（算法 1）在计算相对贴近度时，顺序最小贴近度差值和顺序最大贴近度差值最大，顺序相对贴近度差值的均值最大，这样在威胁评估过程中能够更好地对目标威胁实行区分，威胁区分的可信度更高，威胁排序更加合理。

10.3　基于改进 CRITIC-LRA 法和前景理论的空战威胁评估模型

10.3.1　前景理论介绍

在现有空战威胁评估中，不同决策者依赖自身专业知识，使威胁评估结果各异。传统的随机决策理论认为，决策者可以完全获取决策问题信息，且决策者处于完全理性的状态。而前景理论认为，外界的复杂环境会对决策者的个人偏好产生重要影响，前景理论采用价值函数和决策权重函数代替随机决策理论中的效用函数和概率函数，可考虑评价对象的不确定性，并且可以反映决策者的主观偏好和风险态度，使决策过程更加符合空战实际环境和飞行员心理。

前景理论考虑了复杂环境下决策者的心理特征，通过引入价值函数和权重函数代替传统随机决策理论中的效用函数和概率函数，将决策期望转化为前景价值。当前景价值为收益时，决策者更倾向于风险规避；当前景价值为损失时，决策者更倾向于风险偏好；同时认为，决策者在对待同等损失和收益时，对损失更为敏感。决策问题的收益和损失取决于参考点的选取，参考点的选取体现了决策者的不同偏好。

在前景理论中，前景价值由价值函数和决策权重函数共同决定，即

$$V_{ij} = \sum v(x_{ij})\pi(p) \tag{10.31}$$

式中，V_{ij} 表示方案 g_i 在指标 u_j 下的前景价值；$v(x_{ij})$为价值函数，它以参考点作为基准，表征在实际情况下决策者收入和损失的主观价值；$\pi(p)$为决策权重函数，表征决策者对于执行方案可能得到的收益或损失的心理预期。前景理论价值函数如图 10.7 所示。

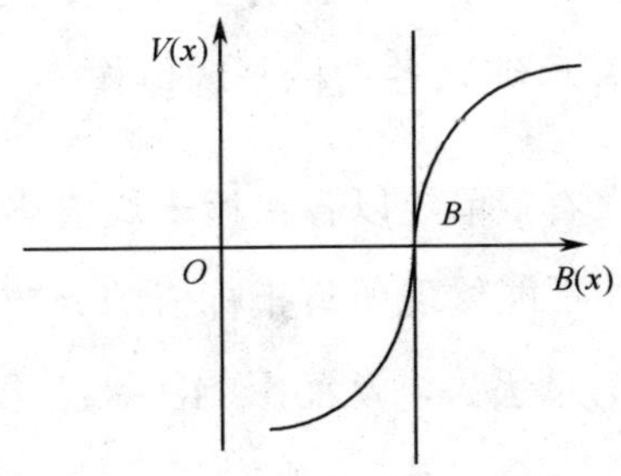

图 10.7　前景理论价值函数

价值函数的表达式为

$$v\left(x_{ij}\right)=\begin{cases}\sigma(\Delta x_{ij})^{\alpha}\\-\lambda(-\Delta x_{ij})^{\beta}\end{cases} \tag{10.32}$$

式中，Δx_{ij}表示决策者相对参考点所获得的价值。当$\Delta x_{ij} \geqslant 0$时，决策者获得收益；当$\Delta x_{ij} < 0$时，决策者遭受损失。$\alpha$和$\beta$分别表征在获得收益和遭受损失时，价值函数的发展趋势。当$\alpha < 1$，$\beta < 1$时，决策者是保守的；当$\alpha = \beta = 1$时，决策者是中立的；当$\alpha > 1$，$\beta > 1$时，决策者是冒险的。σ表示收益敏感系数，λ表示损失规避系数，表征决策者对于收益和损失的敏感程度。当$\sigma > \lambda \geqslant 1$时，决策者对待损失比收益更加敏感；当$\lambda > \sigma \geqslant 1$时，决策者对待收益比损失更加敏感。

决策权重函数的表达式为

$$\pi(p_j)=\begin{cases}\exp\left\{-\gamma^{+}\left(-\ln p_j\right)^{\tau^{+}}\right\},\ \Delta x_{ij} \geqslant 0\\\exp\left\{-\gamma^{-}\left(-\ln p_j\right)^{\tau^{-}}\right\},\ \Delta x_{ij} < 0\end{cases} \tag{10.33}$$

式中，γ^{+}和γ^{-}反映决策者在进行决策时，超过正常状态的程度；τ^{+}和τ^{-}表示决策者在面临损失和收益的态度。当$0 < \tau^{+} < \tau^{-} < 1$时，决策者是冒险的；当$0 < \tau^{-} < \tau^{+} < 1$时，决策者是保守的；当$0 < \tau^{+} = \tau^{-} < 1$时，决策者是中立的。

在前景理论中，参考点是决策者基于自身专业知识、个人经验和情感偏好等共同决定的。单纯以各指标平均值作为参考点存在以下局限。

（1）从价值函数来看，单纯以各指标平均值作为参考点，仅体现了指标数据收敛特性，并不能体现所有指标值的分布特性，而一旦出现极端值，就会使一部分信息丢失，从而影响决策结果。

（2）从决策权重函数来看，在发生低可能性事件时，决策者经常高估该事件的可能性，即决策权重函数值大于事件可能性，从而导致决策结果分辨率降低。

为了避免上述局限性，参考 TOPSIS 理论，引入正负理想点作为另外两个参考点。一方面，从数据整体的角度出发看待分析数据的收敛趋势和分布情况，避免信息丢失；另一方面，考虑正负理想点这种低概率事件，避免使决策结果分辨率下降。

在实际空战过程中，飞行员的偏好在很大程度上是模糊的，于是本节采用模糊分析法来确定决策者对不同参考点的偏好程度，即偏好权重。

首先，根据决策者对不同参考点的偏好程度，根据式（10.34）建立模糊矩阵 $\boldsymbol{P}=(p_{ij})_{s\times s}$；然后，对模糊矩阵 $\boldsymbol{P}$ 进行一致化处理，根据式（10.35）和式（10.36）得到模糊一致矩阵 $\boldsymbol{Q}=(q_{ij})_{s\times s}$；最后，根据式（10.37）和式（10.38）确立各偏好权重 $\boldsymbol{L}=(l_1, l_2, \cdots, l_s)$。

$$p_{ij}=\begin{cases}1,\ \text{相对参考点}j\text{，更偏好参考点}i\\0.5,\ \text{对于参考点}i\text{和}j\text{无明显偏好}\\0,\ \text{相对参考点}i\text{，更偏好参考点}j\end{cases} \tag{10.34}$$

$$q_{ij}=\frac{q_i-q_j}{2s}+0.5 \tag{10.35}$$

$$q_i=\sum_{j=1}^{s}p_{ij} \tag{10.36}$$

$$k_i=\sum_{j=1}^{s}(q_{ij})-0.5 \tag{10.37}$$

$$l_i=\frac{k_i}{\sum_{j=1}^{s}k_{ij}} \tag{10.38}$$

10.3.2　基于改进 CRITIC-LRA 法和前景理论的空战威胁评估模型的构建

通过引入前景理论，基于改进 CRITIC-LRA 法的空战威胁评估模型构建流程如下：

（1）根据评估方案和评估指标建立评估矩阵，并对评估矩阵进行标准化处理，得到标准化的评估矩阵 $\boldsymbol{X}=(x_{ij})_{m\times n}$。

（2）根据改进 CRITIC 法计算评估指标初始权重 $\boldsymbol{W}_0=(w_1^*,w_2^*,\cdots,w_n^*)$。

（3）对规范化评估矩阵的指标序列进行一阶 LRA，得到指标间关联关系矩阵 $(r_{tj})_{n\times n}$。

（4）根据指标间关联关系矩阵来削减各评估指标权重，并进行归一化处理，得到修正后的指标权重 $\boldsymbol{W}=(w_1, w_2,\cdots, w_n)$。

（5）计算基于 3 个参考点的前景价值矩阵 $\boldsymbol{V}_h$（h=1, 2, 3）。

（6）计算决策者对 3 个参考点的偏好权重 $\boldsymbol{L}=(l_1, l_2, l_3)$，对前景价值矩阵 $\boldsymbol{V}_h$（h=1, 2, 3）进行加权求和，得到综合前景价值矩阵 $\boldsymbol{V}$。

（7）采用灰色 TOPSIS 法，得到关于各方案的相对贴近度，按照从大到小的顺序，实现对空战目标的威胁排序。

基于改进 CRITIC-LRA 法和前景理论的空战威胁评估模型构建流程如图 10.8 所示。

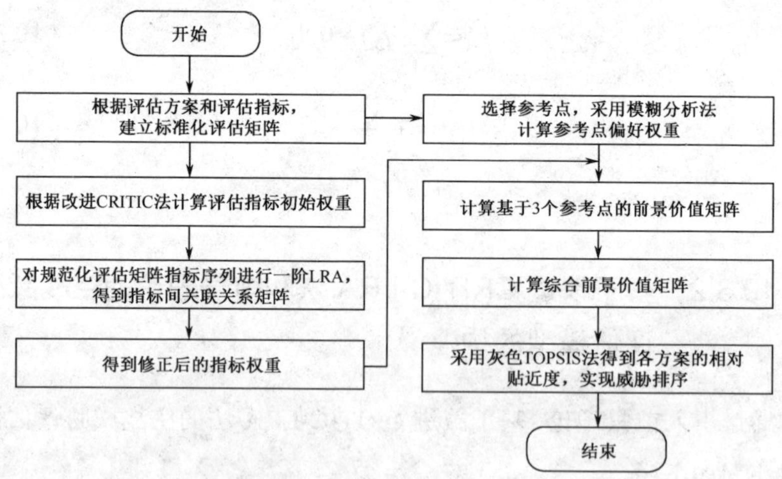

图 10.8 基于改进 CRITIC-LRA 法和前景理论的空战威胁评估模型构建流程

10.3.3　仿真分析

假设我机在空战中遭遇 6 架敌机（F-16C、F-15E、F-5E），由式（10.1）确定 F-16C、F-15E、F-5E 这 3 种型号敌机的空战能力分别为 16.8、19.8 和 9。敌机在我机火控雷达探测范围内，我机速度为 320m/s，导弹最大射程为 60km，雷达的最大探测距离为 120km。空战态势仍然采用表 10.1 的数据。

根据式（10.34）～式（10.38）计算决策者对 3 个参考点的偏好权重 $\boldsymbol{L}$，即

$$\boldsymbol{L}=\begin{bmatrix}0.333 & 0.500 & 0.167\end{bmatrix}$$

根据式（10.31）～式（10.33）确定各参考点的前景价值矩阵 $\boldsymbol{V}_h$（h=1, 2, 3），结合偏好权重 $\boldsymbol{L}$，得到综合前景价值矩阵 $\boldsymbol{V}$。

$$\boldsymbol{V}=\begin{bmatrix}-0.438 & 0.024 & 0.058 & -0.237 & -0.243 & 0.081\\ 0.438 & -0.353 & -0.155 & 0.274 & -0.164 & -0.344\\ 0.034 & -0.353 & -0.075 & -0.190 & -0.028 & -0.141\\ 0.034 & 0.024 & -0.049 & -0.109 & 0.125 & -0.235\\ -0.062 & -0.063 & -0.155 & -0.109 & -0.319 & -0.235\\ -0.062 & -0.063 & -0.088 & 0.274 & -0.243 & -0.344\end{bmatrix}$$

根据综合前景价值矩阵 $\boldsymbol{V}$ 和指标权重 $\boldsymbol{W}$，利用灰色 TOPSIS 法得到排序结果，如表 10.9 所示。

表 10.9　三参考点评估模型的威胁评估结果

敌机编号	正理想解前景灰色关联度	负理想解前景灰色关联度	相对贴近度	威胁排序
1	0.616	0.717	0.538	3
2	0.492	0.814	0.623	1
3	0.638	0.603	0.486	5
4	0.827	0.486	0.370	6
5	0.528	0.733	0.581	2
6	0.610	0.637	0.511	4

为了验证本节所提算法的有效性，将本节所提改进算法（三参考点）与仅考虑 1 个参考点的情况进行对比，结果如表 10.10～表 10.12 所示。

表 10.10 正理想点评估模型的威胁评估结果

敌机编号	正理想解前景灰色关联度	负理想解前景灰色关联度	相对贴近度	威胁排序
1	0.504	0.799	0.613	3
2	0.325	0.750	0.681	1
3	0.514	0.676	0.568	4
4	0.653	0.534	0.450	6
5	0.304	0.584	0.658	2
6	0.525	0.629	0.545	5

表 10.11 负理想点评估模型的威胁评估结果

敌机编号	正理想解前景灰色关联度	负理想解前景灰色关联度	相对贴近度	威胁排序
1	0.465	0.621	0.572	3
2	0.345	0.689	0.667	1
3	0.512	0.748	0.594	2
4	0.701	0.598	0.461	6
5	0.382	0.466	0.550	4
6	0.563	0.542	0.490	5

表 10.12 指标平均值参考点评估模型的威胁评估结果

敌机编号	正理想解前景灰色关联度	负理想解前景灰色关联度	相对贴近度	威胁排序
1	0.653	0.649	0.578	2
2	0.704	0.613	0.669	1
3	0.557	0.693	0.554	3
4	0.775	0.549	0.443	6
5	0.465	0.902	0.522	4
6	0.562	0.762	0.499	5

根据表 10.9～表 10.12，得到基于三参考点决策模型与其他 3 种单参考点及非前景理论（算法 1）结果的综合对比，如表 10.13 和图 10.9 所示（彩图见插页）。

表 10.13　5 种评估模型威胁评估结果对比

敌机编号	三参考点	正理想点	负理想点	平均值参考点	非前景理论（算法 1）
1	0.538	0.613	0.572	0.578	0.433
2	0.623	0.681	0.667	0.669	0.519
3	0.486	0.568	0.594	0.554	0.483
4	0.370	0.450	0.461	0.443	0.315
5	0.581	0.658	0.550	0.522	0.650
6	0.511	0.545	0.490	0.499	0.584
威胁排序	2>5>1>6>3>4	2>5>1>3>6>4	2>3>1>5>6>4	2>1>3>5>6>4	5>6>2>3>1>4

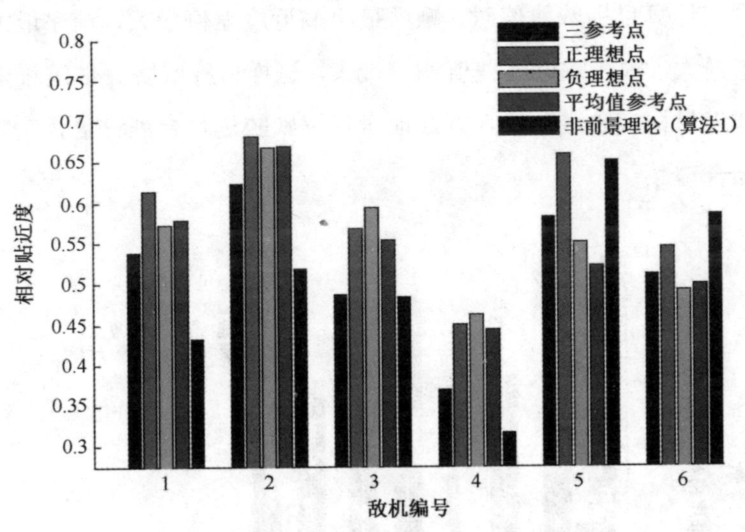

图 10.9　5 种评估模型下目标威胁大小对比

从表 10.13 和图 10.9 可以看出，本节所提的三参考点评估模型和其他 3 种前景理论评估模型威胁排序结果基本一致，具有相似的发展趋势。从威胁排序结果来看，目标 2 的威胁最大，在各种参考点情况下威胁排序都是第一，而目标 4 的威胁较小，这反映了三参考点评估模型的稳定性。三参考点评估模型威胁排序结果与非前景理论评估模型威胁排序结果差异较大，这是因为决策者偏好对决策结果会产生影响。本节提出的基于三参考点的威胁评估模型与其他威胁评估模型的结果存在差异，主要原因有以下两点：

（1）三参考点评估模型相比单参考点评估模型，能够充分体现决策者偏好，并从数据的整体分布趋势出发，考虑正负理想点等低概率事件，避免了单参考点所导致的决策信息损失和决策结果分辨率下降等问题。

（2）基于前景理论的威胁评估模型能够考虑决策者偏好的不确定性，从决策者的类型出发，充分考虑决策者偏好的差异性。

从图 10.10（彩图见插页）和表 10.14 可知，本节所提的三参考点评估模型在计算目标威胁值时，顺序最小贴近度差值最大，顺序最大贴近度差值最大，顺序贴近度差值均值最大，这样目标威胁评估过程能够更好地体现目标威胁区分度，更好地对目标威胁进行合理评估，使威胁排序更加合理。

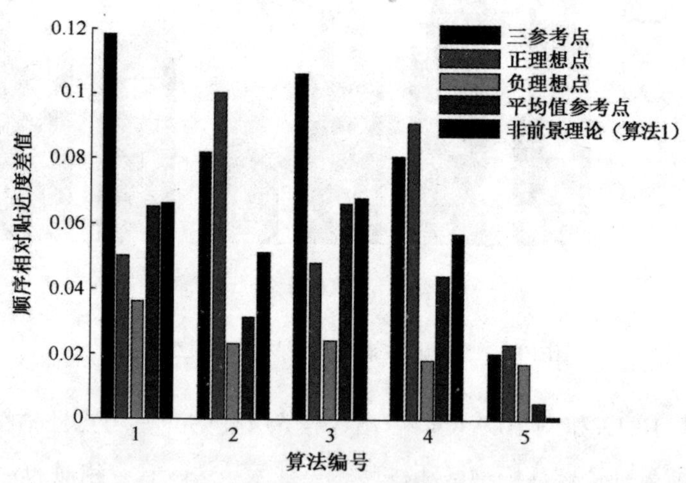

图 10.10 5 种评估模型下的顺序相对贴近度差值比较

表 10.14　5 种评估模型威胁评估结果对比

评估模型	顺序最小贴近度差值	顺序最大贴近度差值	顺序贴近度差值均值
三参考点	0.025	0.116	0.051
正理想点	0.023	0.095	0.046
负理想点	0.022	0.073	0.041
平均值参考点	0.023	0.091	0.045

为了体现具有不同倾向的飞行员的决策结果之间的差异，即参数变化对威胁评估结果的影响，本节采用文献[73]中关于前景理论参数的取值，如表 10.15 和表 10.16 所示。

表 10.15　决策损失敏感程度高于决策收益

参数编号	价值函数参数	决策权重函数参数	飞行员类型
A1	$\alpha=0.89$，$\beta=0.92$，$\sigma=1$，$\lambda=2.25$	$\gamma^+=\gamma^-=0.938$，$\tau^+=0.603$，$\tau^-=0.605$	冒险
A2	$\alpha=0.89$，$\beta=0.92$，$\sigma=1$，$\lambda=2.25$	$\gamma^+=\gamma^-=1.083$，$\tau^+=0.533$，$\tau^-=0.535$	冒险
A3	$\alpha=0.37$，$\beta=0.59$，$\sigma=1$，$\lambda=1.51$	$\gamma^+=\gamma^-=0.938$，$\tau^+=0.603$，$\tau^-=0.605$	冒险
A4	$\alpha=0.89$，$\beta=0.92$，$\sigma=1$，$\lambda=1.51$	$\gamma^+=\gamma^-=1.083$，$\tau^+=0.533$，$\tau^-=0.535$	冒险
A5	$\alpha=1.21$，$\beta=1.02$，$\sigma=1$，$\lambda=2.25$	$\gamma^+=\gamma^-=0.938$，$\tau^+=0.603$，$\tau^-=0.605$	保守
A6	$\alpha=1.21$，$\beta=1.02$，$\sigma=1$，$\lambda=2.25$	$\gamma^+=\gamma^-=1.083$，$\tau^+=0.535$，$\tau^-=0.533$	保守

表 10.16　决策收益敏感程度高于决策损失

参数编号	价值函数参数	决策权重函数参数	飞行员类型
B1	$\alpha=0.89$，$\beta=0.92$，$\sigma=2.25$，$\lambda=1$	$\gamma^+=\gamma^-=0.938$，$\tau^+=0.603$，$\tau^-=0.605$	冒险
B2	$\alpha=0.89$，$\beta=0.92$，$\sigma=2.25$，$\lambda=1$	$\gamma^+=\gamma^-=1.083$，$\tau^+=0.533$，$\tau^-=0.535$	冒险
B3	$\alpha=0.37$，$\beta=0.59$，$\sigma=1.51$，$\lambda=1$	$\gamma^+=\gamma^-=0.938$，$\tau^+=0.603$，$\tau^-=0.605$	冒险
B4	$\alpha=0.37$，$\beta=0.59$，$\sigma=1.51$，$\lambda=1$	$\gamma^+=\gamma^-=1.083$，$\tau^+=0.533$，$\tau^-=0.535$	冒险
B5	$\alpha=1.21$，$\beta=1.02$，$\sigma=2.25$，$\lambda=1$	$\gamma^+=\gamma^-=0.938$，$\tau^+=0.603$，$\tau^-=0.605$	保守
B6	$\alpha=1.21$，$\beta=1.02$，$\sigma=2.25$，$\lambda=1$	$\gamma^+=\gamma^-=1.083$，$\tau^+=0.535$，$\tau^-=0.533$	保守

利用表 10.15 和表 10.16 中的数据，对 4 种参考点评估模型威胁评估结果进行比较，其中排序等级 1～6 表示 6 个目标的威胁由最大到最小，如图 10.11 和图 10.12 所示（彩图见插页）。

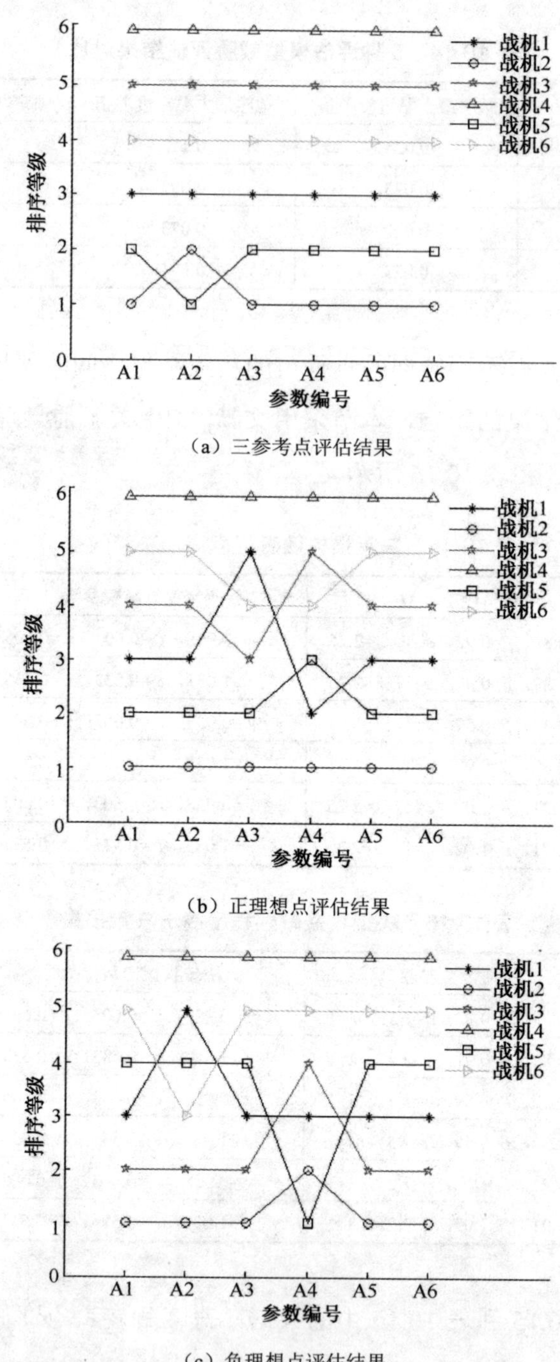

（a）三参考点评估结果

（b）正理想点评估结果

（c）负理想点评估结果

图 10.11　决策损失敏感程度高于决策收益威胁评估结果

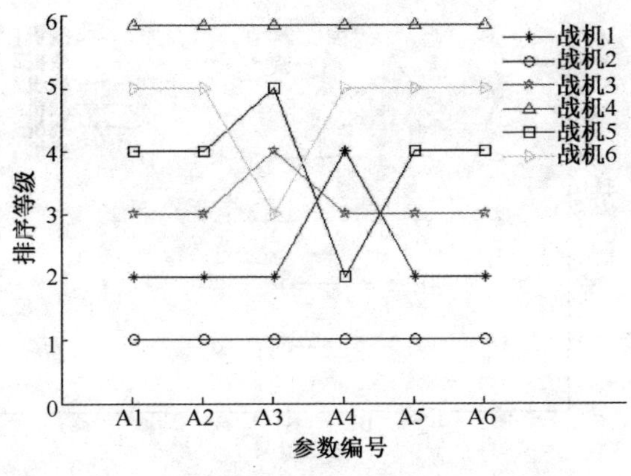

（d）平均值参考点评估结果

图 10.11　决策损失敏感程度高于决策收益威胁评估结果（续）

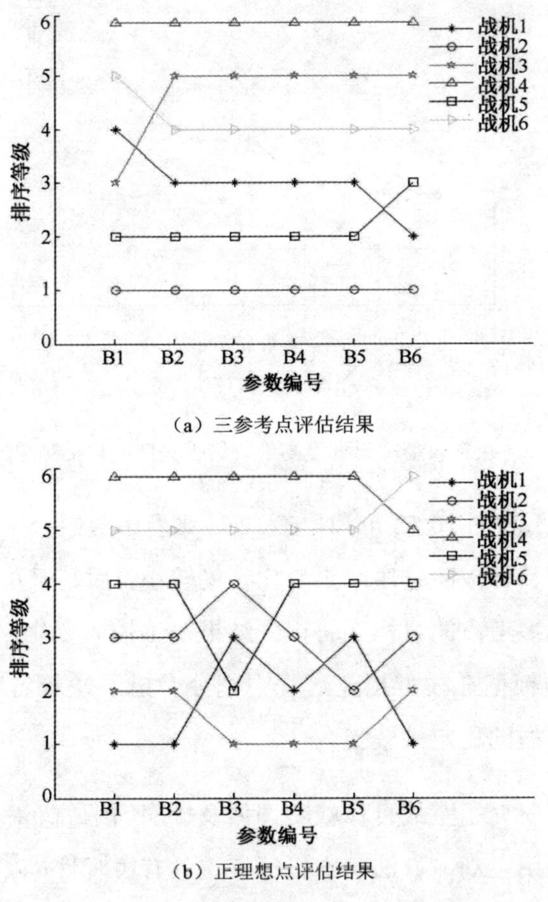

（a）三参考点评估结果

（b）正理想点评估结果

图 10.12　决策收益敏感程度高于决策损失威胁评估结果

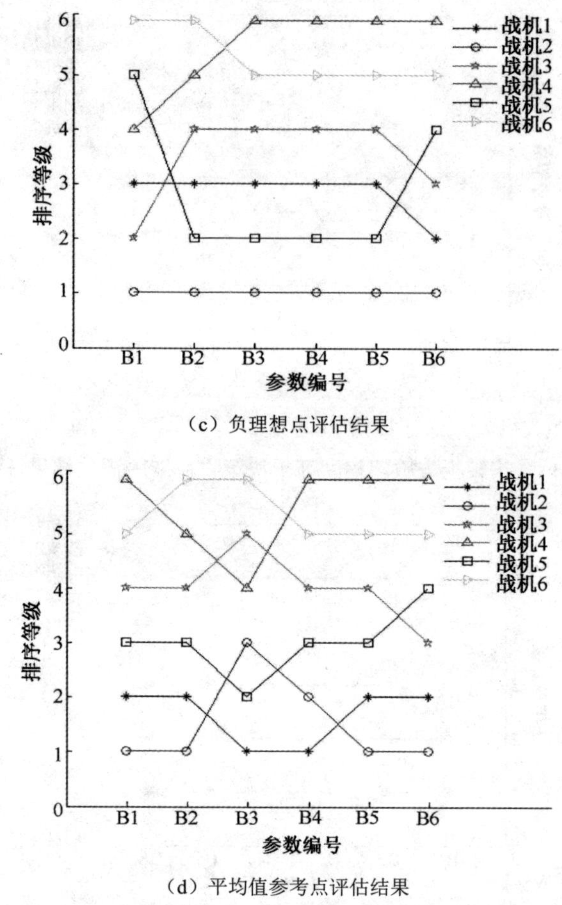

（c）负理想点评估结果

（d）平均值参考点评估结果

图 10.12　决策收益敏感程度高于决策损失威胁评估结果（续）

由图 10.11 和图 10.12 可知，在 12 种典型参数组合中，基于三参考点评估模型的目标威胁排序结果变化幅度较小；而基于正理想点、负理想点和平均值参考点的目标威胁评估结果发生较大变化，这是因为基于三参考点评估模型在模型构建过程中充分考虑了决策者对未来各种情况的偏好，模型的稳定性较强。

本章主要研究了空战目标威胁评估及排序问题。针对当前空战威胁评估过程中采用主观赋权法确定指标权重具有主观性，以及忽视指标间内在关联关系的问题，提出了一种基于改进 CRITIC-LRA 确定指标权重的算法。根据 CRITIC 法的缺陷，引入基尼系数和肯德尔相关系数实现对 CRITIC 法的改进，并确定指标初始权重；利用一阶 LRA 计算评估指标关联关系，通过削减指标权重降低指标关联性，实现对指标权重的修正，降低指标关联对评估造成的影响；由于飞行员在面临收益和损失时，其评估结果可能会产生差异，因此引入前景理论，考虑决策者偏好的不确定性；为了解决单独使用平均值参考点带来的决策信息损失和决策结果分辨率下降等问题，提出了一种基于三参考点的前景理论评估模型，参考 TOPSIS 法，引入正负理想点作为参考点，采用模糊分析法确定决策者对不同参考点的偏好权重。威胁评估算例表明，威胁评估结果能够考虑决策者偏好的变动，威胁排序区分度更大，评估结果更加合理。本章仿真结果为第 3 章和第 4 章的协同目标分配和机动决策提供重要依据。

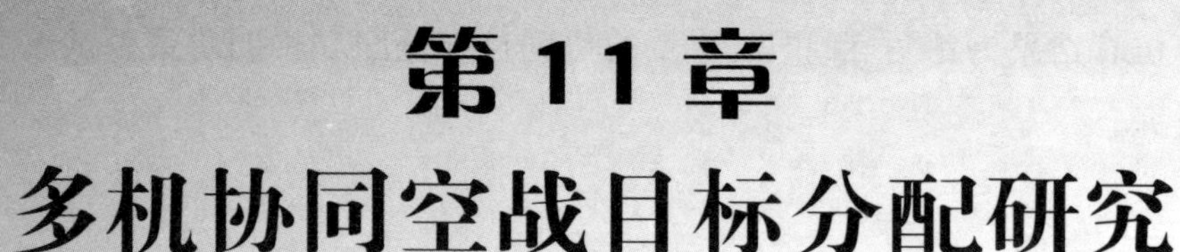

第 11 章 多机协同空战目标分配研究

随着航空武器装备的发展，多架战机依托现有的机载电子信息系统，在指挥信息系统的支撑下相互配合，进行多机协同空战，能够充分发挥现有战机的多目标跟踪和攻击能力。而多机协同攻击是有次序和目标的，合理地对机群进行分组，确定任务目标，有利于任务的完成及充分发挥作战效能，因此需要对多机协同目标分配进行研究。

本章针对空战大规模机群对抗问题计算量大、求解时间长等问题，提出先进行敌我双方机群分组，再进行编队内协同目标分配。首先采用模糊 c 均值聚类算法对敌方机群进行分组，根据敌方分组结果，采用遗传模拟退火算法对我方机群进行分组；然后针对编队协同目标分配问题，考虑空战战场态势的动态变化，充分发挥四代机的多目标跟踪和攻击能力，进行多次重复分配。为了解决免疫算法的“早熟”问题，提出了一种改进的多种群人工免疫算法，通过种群间信息交换提高算法求解精度，通过仿真验证了算法和模型的有效性。

11.1　敌方机群分组

敌方机群分组通过判断敌方作战意图或根据敌方在空间中位置的相似性，将敌方飞机分成若干个具有相似功效的小组。一方面，通过机群分组，使我方飞行员快速判断敌方作战意图和掌握战场态势；另一方面，目标分配在本质上属于最优化问题，一般采用智能算法进行处理，而随着目标数目的增加，算法的解算时间会迅速增加，导致目标分配的效果难以满足实时性要求。因此，需要采用相应的方法将敌方机群转化为若干个小规模机组，以提高决策的实时性和可靠性，为后续编队内协同目标分配，执行机动策略，获取战场优势打下基础。

本章研究根据敌方在空间中位置的相似性对敌方机群进行分组，通过获取敌方机群在空间中坐标(x, y, z)的相似性来实现分组。本章采用模糊 c 均值聚类算法，对敌方机群进行分组。

11.1.1 基于模糊c均值聚类的敌方机群分组

模糊 c 均值聚类算法（Fuzzy C-Means，FCM）的思想是，首先将样本分成 c 个类别，每个数据样本分别以不同的隶属度隶属于这 c 个类别，通过迭代计算修正隶属度和聚类中心，使目标函数达到最小值。

给定一个样本数为 n 的数据集 $X=\{x_1, x_2, \cdots, x_n\}$，记 $V=\{v_1, v_2, \cdots, v_c\}$ 为 c 个聚类中心，其中 $2\leqslant c\leqslant n$。建立隶属度矩阵 $\boldsymbol{U}=(u_{ij})_{n\times c}$，$u_{ij}$ 是第 i 个数据样本隶属于第 j 个类别的隶属度，满足 $u_{ij}\in[0, 1]$，$\sum\limits_{j=1}^{c}u_{ij}=1$。

建立目标函数：

$$\min J\left(\boldsymbol{U},V\right)=\sum_{i=1}^{n}\sum_{j=1}^{c}u_{ij}^{m}\left(d_{ij}\right)^{2} \tag{11.1}$$

式中，m 是模糊加权指数，$m>1$，m 为常数；$d_{ij}=\|x_i-v_j\|$表示第 i 架敌机到第 j 个聚类中心的欧几里得距离；$J(\boldsymbol{U}, V)$表示所有数据样本到每个聚类中心的加权距离平方和，$J(\boldsymbol{U}, V)$的值越小，说明聚类效果越好。由文献[77]可知，$J(\boldsymbol{U}, V)$取得最小值的条件分别为

$$v_j=\frac{\sum\limits_{i=1}^{n}\left[\left(u_{ij}\right)^{m}x_i\right]}{\sum\limits_{i=1}^{n}\left(u_{ij}\right)^{m}} \tag{11.2}$$

$$u_{ij}=\sum_{l=1}^{c}\left(\frac{d_{ij}}{d_{il}}\right)^{-2/(m-1)} \tag{11.3}$$

模糊 c 均值聚类算法的计算步骤如下：

步骤 1　设置迭代计数器 k=1，初始化隶属度矩阵 $\boldsymbol{U}^{(0)}$，确定迭代停止阈值 ε 和最大迭代步长 $L_{\max}$。

步骤 2　根据式（11.4）和式（11.5）计算聚类中心和修正隶属度矩阵 $\boldsymbol{U}^{(k)}$。

$$v_j^k=\frac{\sum_{i=1}^{n}\left[\left(u_{ij}^{k-1}\right)^m x_i\right]}{\sum_{i=1}^{n}\left(u_{ij}^{k-1}\right)^m} \tag{11.4}$$

$$u_{ij}^k=\sum_{l=1}^{c}\left(\frac{d_{ij}^{(k)}}{d_{il}^{(k)}}\right)^{-2/(m-1)} \tag{11.5}$$

步骤 3　根据式（11.4）和式（11.5）计算目标函数值 $\boldsymbol{J}^{(k)}$。

$$\boldsymbol{J}^{(k)}\left(\boldsymbol{U}^{(k)},\boldsymbol{V}^{(k)}\right)=\sum_{i=1}^{n}\sum_{j=1}^{c}\left(u_{ij}^{(k)}\right)^m\left(d_{ij}^{(k)}\right)^2 \tag{11.6}$$

步骤 4　计算前后两次目标函数值的变化量（或达到最大迭代步长 $L_{\max}$），若满足$|\boldsymbol{J}^{(k)}-\boldsymbol{J}^{(k-1)}|<\varepsilon$，则停止迭代，否则继续执行步骤 2。

步骤 5　输出最佳聚类中心和聚类方案。

模糊 c 均值聚类算法流程如图 11.1 所示。

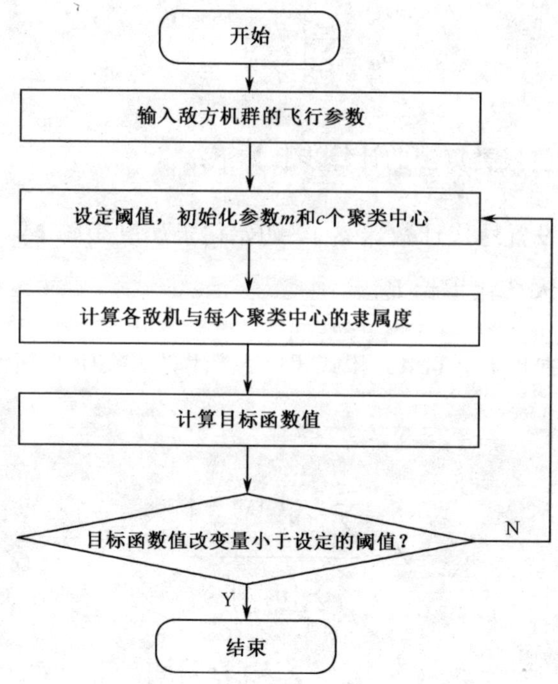

图 11.1　模糊 c 均值聚类算法流程

11.1.2　仿真分析

假设敌方机群有 12 架载机，其在空间坐标系中的飞行参数如表 11.1 所示；采用模糊 c 均值聚类算法将敌方机群分成 3 组，结果如表 11.2 所示，U 表示敌机相对各小组的隶属度。

表 11.1　敌方机群飞行参数

飞行参数	1	2	3	4	5	6	7	8	9	10	11	12
x/km	400	410	390	399	409	389	401	411	391	402	412	392
y/km	600	610	590	599	609	589	601	611	589	600	612	592
z/km	2.5	2.9	3.5	3.8	3.4	3.1	3.0	2.8	3.1	3.6	3.7	3.3

表 11.2　分组结果

分组	U											
	1	2	3	4	5	6	7	8	9	10	11	12
1	0.0040	0.0007	0.9983	0.0226	0.0063	0.9846	0.0054	0.0007	0.9928	0.0099	0.0048	0.9459
2	0.9926	0.0032	0.0014	0.9642	0.0290	0.0121	0.9877	0.0027	0.0057	0.9773	0.0167	0.0451
3	0.0034	0.9961	0.0003	0.0132	0.9647	0.0033	0.0059	0.9965	0.0014	0.0127	0.9785	0.0090

在进行聚类分析前，需要对数据进行规范化处理，这是因为高度数据和其他两个方向的位置数据量级差别太大，若不进行标准化处理，则高度特征对模型几乎不会产生贡献。本书采用最大最小归一化原理对原始数据进行标准化处理。采用模糊 c 均值聚类算法，隶属度阈值为 0.9，令 m=2，可以得到敌方机群分组结果为(3, 6, 9, 12)、(1, 4, 7, 10)、(2, 5, 8, 11)，其迭代变化情况如图 11.2 所示。

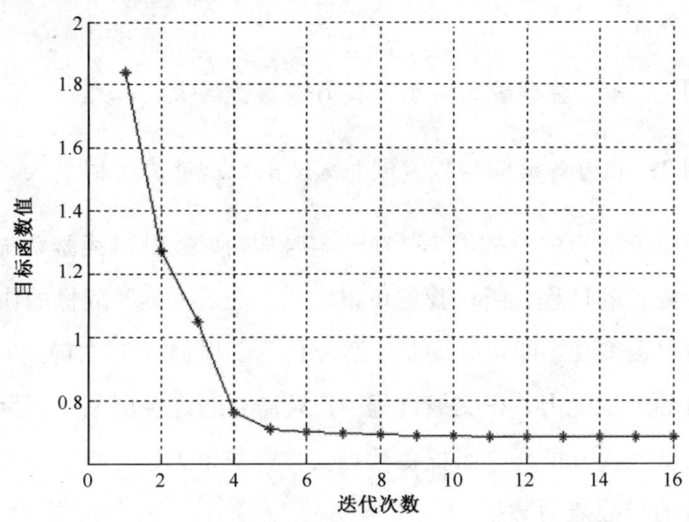

图 11.2　模糊 c 均值聚类算法迭代变化情况

通过仿真分析可知，FCM 算法可以对敌方机群进行分组，通过隶属度矩阵 $\boldsymbol{U}$ 可以反映敌方战机隶属于相应小组的程度，其算法简单，能够满足实时性要求。

11.2 我方机群分组

对敌方机群进行分组后，需要根据敌方机群分组的作战能力、武器装备能力等信息和分组数目，对我方机群进行分组。我方机群分组本质上是一个组合优化问题，本书针对遗传算法运行速度快、易陷入局部最优值、模拟退火算法全局搜索能力强、运行时间长等特点，综合两者优势，弥补单独使用的不足，提出利用遗传模拟退火算法实现对我方机群的分组。

11.2.1 我方机群分组策略模型建立

对敌方机群进行分组后，需要对我方机群进行分组，这里提出以下两条分组原则。

原则 1：按照空战能力大小，我方输赢比最大。

原则 2：我方各编队与敌方配对编队的空战能力比值最大。

对于敌方战机的空战能力，在一定时期内，战机和武器系统的更新需要经历漫长的过程，所以我们可以认为，在短期内，战机的作战能力不会发生显著变化，即可认为是“静止的”。根据式（11.1），可以得到敌方战机的空战能力，在交战过程中，只需要通过探测系统识别目标机型，就可以为我方机群分组提供数据支撑，基于上述分析，也可以获得我方战机的空战能力数据。

假设敌方机群有 n 架战机，被分为 k 个小组，我方机群有 m 架战机，根据上述分析，我方机群也需要分为 k 个小组，以保证对战场敌机的覆盖，保证进攻或防御的有效性。

令敌方机群分组矩阵为

$$(Y)_{n\times k}=\begin{bmatrix} Y_{11} & \cdots & Y_{n1} \\ \vdots & & \vdots \\ Y_{1k} & \cdots & Y_{nk} \end{bmatrix} \tag{11.7}$$

式中，$Y_{ij}=\begin{cases}1, & 敌机i属于第j个编队 \\ 0, & 敌机i不属于第j个编队\end{cases}$，$i=1,2,\cdots,n$；$j=1,2,\cdots,k$。

则我方机群分组矩阵为

$$(X)_{m\times k}=\begin{bmatrix} X_{11} & \cdots & X_{m1} \\ \vdots & & \vdots \\ X_{1k} & \cdots & X_{mk} \end{bmatrix} \tag{11.8}$$

式中，$X_{pj}=\begin{cases}1, & 我机p属于第j个编队 \\ 0, & 我机p不属于第j个编队\end{cases}$，$p=1,2,\cdots,m$；$j=1,2,\cdots,k$。

定义如下变量：

C_{ij}^{e}表示敌方第 j 个编队中第 i 架战机的空战能力；C_{j}^{e}表示敌方第 j 个编队的整体作战能力，即

$$C_{j}^{e}=\sum_{i=1}^{n} Y_{ij}C_{ij}^{e},\ j=1,2,\cdots,k \tag{11.9}$$

C_{pj}^{w}表示我方第 j 个编队中第 p 架飞机的空战能力；C_{j}^{w}表示我方第 j 个编队的整体作战能力，即

$$C_{j}^{w}=\sum_{p=1}^{m} X_{pj}C_{pj}^{w},\ j=1,2,\cdots,k \tag{11.10}$$

C_{j}^{r}表示我方第 j 个编队与敌方第 j 个编队整体空战能力的比值，即

$$C_{j}^{r}=\frac{C_{j}^{w}}{C_{j}^{e}} \tag{11.11}$$

S_{j}^{wl}表示我方第 j 个编队与敌方第 j 个编队的输赢情况，即

$$S_j^{wl}=\begin{cases}1, & C_j^r \geqslant 1\\ -1, & C_j^r < 1\end{cases} \tag{11.12}$$

C_{ave}^r 表示我方作战编队与敌方作战编队空战能力比值的平均值，即

$$C_{\text{ave}}^r=\frac{1}{k}\sum_{j=1}^{k}C_j^r \tag{11.13}$$

C_{std}^r 表示我方作战编队与敌方作战编队空战能力比值的标准差值，即

$$C_{\text{std}}^r=\sqrt{\frac{1}{k-1}\sum_{j=1}^{k}\left(C_j^r-C_{\text{ave}}^r\right)} \tag{11.14}$$

对于原则 1，要求我方输赢比达到最大，即我方编队与敌方编队的空战能力之比之和最大，即 $\sum_{j=1}^{k}S_j^{wl}$ 最大。

对于原则 2，要求我方各编队与敌方配对编队的空战能力比值最大，即我方编队与敌方配对编队的空战能力比值的均值最大、标准差最小，即 $\frac{1}{k}\sum_{j=1}^{k}C_j^r$ 最大，$\sqrt{\frac{1}{k-1}\sum_{j=1}^{k}\left(C_j^r-C_{\text{ave}}^r\right)}$ 最小。

从原则 1 和原则 2 可以看出，我方机群分组是多目标优化问题，这里通过加权方法将其转化为典型的单目标优化问题，如式（11.15）和式（11.16）所示。

$$\max R\left(\Omega\right)=\omega_1\sum_{j=1}^{k}S_j^{wl}+\omega_2\frac{1}{k}\sum_{j=1}^{k}C_j^r-\omega_3\sqrt{\frac{1}{k-1}\sum_{j=1}^{k}\left(C_j^r-C_{\text{ave}}^r\right)} \tag{11.15}$$

$$\text{s.t.}\begin{cases}\sum_{j=1}^{k}X_{pj}=1\\ b_{\min}\leqslant\sum_{p=1}^{m}X_{pj}=1\leqslant b_{\max}\\ \sum_{j=1}^{k}\sum_{p=1}^{m}X_{pj}\leqslant m\\ X_{pj}\in\{0,1\}\end{cases},\quad p=1,2,\cdots,m;\ j=1,2,\cdots,k \tag{11.16}$$

上述约束条件依次表示：

（1）我方每架战机只能分配给一个编队，不能重复分配。

（2）对一个编队内的战机数目进行限制，目的是避免因某一编队分配的战机数目过多，而造成资源浪费或全局劣势。

（3）我方战机总数不能超过限制。

（4）我方机组分配矩阵元素的意义。

11.2.2　遗传模拟退火算法（GSA）

遗传算法（Genetic Algorithms，GA）是受自然界生物进化理论启发，引入选择、交叉、变异等操作的一种智能算法。遗传算法的一般执行步骤如下：

步骤 1　编码。将问题可行解通过某种编码方式转化为染色体。

步骤 2　初始化。随机生成一组初始群体，设置种群规模、最大迭代次数、交叉和变异概率。

步骤 3　计算适应度函数。计算种群中每个个体的适应度。

步骤 4　选择。根据适应度大小，选择进入下一代的个体；适应度越大，被选中进入下一代的概率越大。

步骤 5　交叉。在种群中随机选择两两配对，根据交叉概率进行交叉操作，生成新的染色体。

步骤 6　变异。对种群进行变异操作，根据变异概率对染色体上的基因进行扰动。

步骤 7　终止条件判断。若达到最大迭代次数，则输出最优个体作为可行解，否则继续执行步骤 3。

遗传算法求解问题流程如图 11.3 所示。

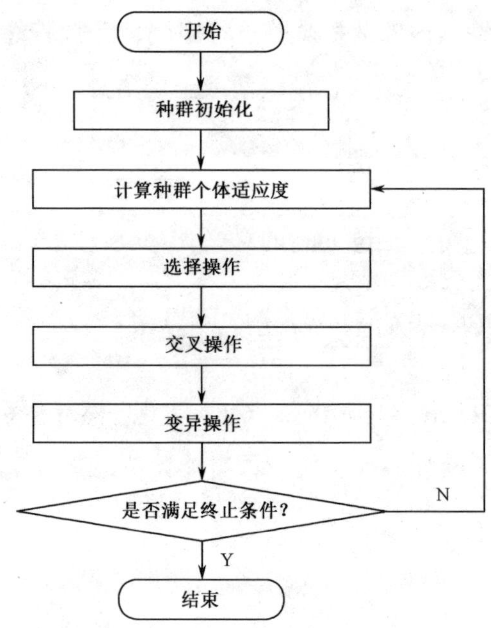

图 11.3 遗传算法求解问题流程

模拟退火算法（Simulated Annealing Algorithm，SA）的原理为，在固体退火过程中，分子微观状态对应可行解，固体在微观状态所具有的内能对应目标函数。对当前解进行随机扰动产生新解，若新解优于当前解，则接受新解作为当前解；反之，根据 Metropolis 准则，按照一定概率接受新解作为当前解。Metropolis 准则如下：

$$p = \exp\left(\frac{E - E^*}{KT}\right) \tag{11.17}$$

式中，K 为玻尔兹曼常数；T 为当前温度。由式（11.17）可知，在算法运行初期，温度较高，可以以较低的接受概率接受劣解，从而扩大搜索空间，增强算法的全局搜索能力，避免陷入局部最优；而在算法运行后期，温度逐渐下降，接受概率变大，增强算法的局部搜索能力，有利于获得精细解。

模拟退火算法容易实现，计算过程简单，对初始解的依赖不大，理论上可以获得收敛概率为 1 的全局最优解，收敛性好，具有全局搜索能力；但是，也有问题求解精度和降温速度存在矛盾、对于复杂问题求解时间过长、实时性差等问题。

模拟退火算法求解流程如图 11.4 所示，执行步骤如下：

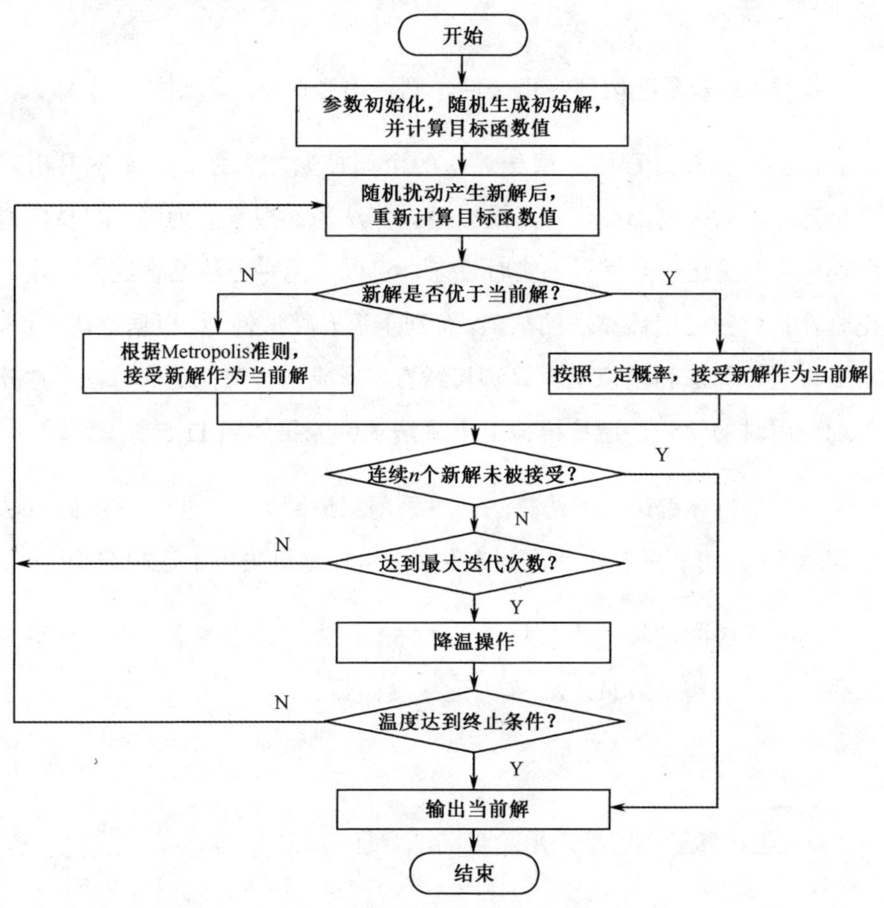

图 11.4　模拟退火算法求解流程

步骤 1 随机生成初始解，设定初始温度、降温温度和迭代次数 L。

步骤 2 对当前解进行随机扰动，产生新解后重新计算目标函数值。

步骤 3 若新解劣于当前解，根据 Metropolis 准则，按照一定概率接受新解作为当前解，否则把新解作为当前解。

步骤 4 若连续 n 个新解未被接受，则输出当前解，否则执行步骤 5。

步骤 5 判断是否达到最大迭代次数，若满足，则进行降温操作，否则执行步骤 2。

步骤 6 若温度达到终止条件，则输出当前解，否则执行步骤 2。

在实际计算过程中，遗传算法的全局搜索能力强，但是容易出现“早熟”，陷入局部最优；而模拟退火算法局部搜索能力强，容易获得精细解，但是运行时间长、实时性差。将以上两种方法结合起来，能够充分弥补单独使用该算法的缺陷，有利于提升算法性能。根据上述分析，本书将遗传算法和模拟退火算法相结合，形成遗传模拟退火算法，弥补单独使用时的缺陷。遗传模拟退火算法求解流程如图 11.5 所示。

（1）染色体编码。遗传算法一般采用二进制编码，但是该编码方法运算时间长，可行解精度受二进制位数影响。这里采用十进制编码方式。

（2）适应度函数设计。由式（11.15）可知，其值越大，表示分组方案更好，所以将式（11.15）作为适应度函数。

（3）遗传算子。

① 选择算子：这里采用轮盘赌法，即

$$P_i = \frac{f_i}{\sum_{k=1}^{M} f_k} \tag{11.18}$$

式中，M 为种群数；f_i 为个体 i 的适应度；P_i 为个体 i 被选中的概率，它由[0, 1]中均匀分布的随机数来决定。

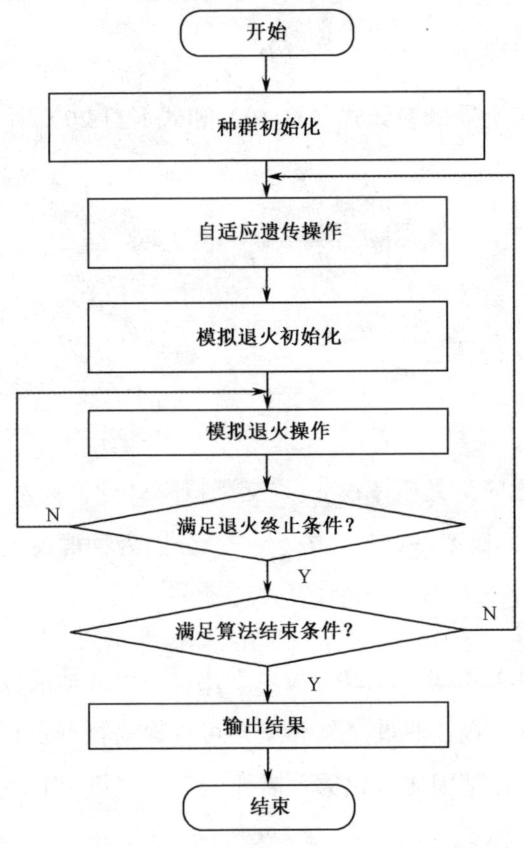

图 11.5　遗传模拟退火算法求解流程

② 交叉算子：由于在空战过程中，在对我方机群进行分组后，在不同的小组和小组内部，不能出现具有相同编号的载机。如果进行两点交叉操作，可能会出现上述问题，这里我们设计一种单点交叉方式，设有 A 和 B 两条染色体，首先随机生成交叉点位，进行交叉变换后得到 A_1 和 B_1。使 A 交叉点位之前（含交叉点位）保持不变，将 B 交叉点位前后互换，舍去与 A 中交叉点位之前相同的基因，将剩下的基因移植到 A 交叉点位之后，得到交叉点位后的 A_1，采取这种交叉方法同样可以得到 B_1。这样可以保证战机编号不会出现重复，即我方同一架战机不会被

同时分配到两个小组中。

③ 变异算子：因为战机编号不能重复，这里我们以一定概率对染色体上的两个基因点位进行交换。

交叉概率和变异概率如式（11.19）和式（11.20）所示。

$$P_c=\begin{cases}p_{cc}, & f_c\leqslant f_{\text{ave}}\\ p_{cc}\dfrac{f_{\max}-f_c}{f_{\max}-f_{\text{ave}}}, & f_c>f_{\text{ave}}\end{cases} \tag{11.19}$$

$$P_m=\begin{cases}p_{mm}, & f_m\leqslant f_{\text{ave}}\\ p_{mm}\dfrac{f_{\max}-f_m}{f_{\max}-f_{\text{ave}}}, & f_m>f_{\text{ave}}\end{cases} \tag{11.20}$$

式中，P_c 为自适应交叉概率；p_{cc} 为交叉概率基础值；P_m 为自适应变异概率；p_{mm} 为变异概率基础值；$f_{\max}$、f_{ave} 分别为种群最大适应度和平均适应度；f_m 为进行变异个体的适应度。

由式（11.19）和式（11.20）可以看出，当个体适应度较低时，交叉概率和变异概率较高，通过交叉和变异可以提高种群多样性；当个体适应度较低时，个体基因比较优秀，需要减小交叉概率和变异概率，来保护种群的优秀个体。

11.2.3 仿真分析

在敌方机群分组中，我方 12 架战机和敌方 12 架战机进行对抗，在敌方分组情况下，其分组情况和各小组空战能力如表 11.3 表示。

表 11.3　12 架敌机分组情况和各小组空战能力

小组	项目				
小组 1	敌机编号	3	6	9	12
	空战能力	16.8	14.5	15.5	16.8
小组 2	敌机编号	1	4	7	10
	空战能力	15.5	15.5	16.8	14.5
小组 3	敌机编号	2	5	8	11
	空战能力	14.5	15.5	14.5	15.5

根据表 11.3 可以得到敌方机群分组后的空战能力分别为 63.6、62.3、60。再添加 3 架敌机，其空战能力分别为 14.5、15.5、15.5。同理，可以得到在敌方 15 架战机和我方 12 架战机对抗态势下，敌方机群分组后空战能力分别为 78.1、77.8、75.5。

在上述敌方机群分组基础上，利用 GSA 对我方机群分组进行求解。为了体现 GSA 的优势，与 GA、SA 的仿真结果进行比较，各算法参数设置如下：

（1）遗传算法：种群规模为 30，交叉概率和变异概率分别为 0.8 和 0.01。

（2）模拟退火算法：初始温度为 1200℃，终止温度为 0.001℃，降温系数为 0.95，变异概率为 0.01，每个温度状态下产生的子集数为 60。

（3）遗传模拟退火算法：种群规模为 30，交叉概率和变异概率基础值分别为 0.8 和 0.01，初始温度为 1200℃，终止温度为 0.001℃，降温系数为 0.95。

每种算法分别运行 50 次，图 11.6 和图 11.7（彩图见插页）为 50 次仿真中某次仿真运行情况，表 11.4 和表 11.5 为我方机群最佳分组方案。

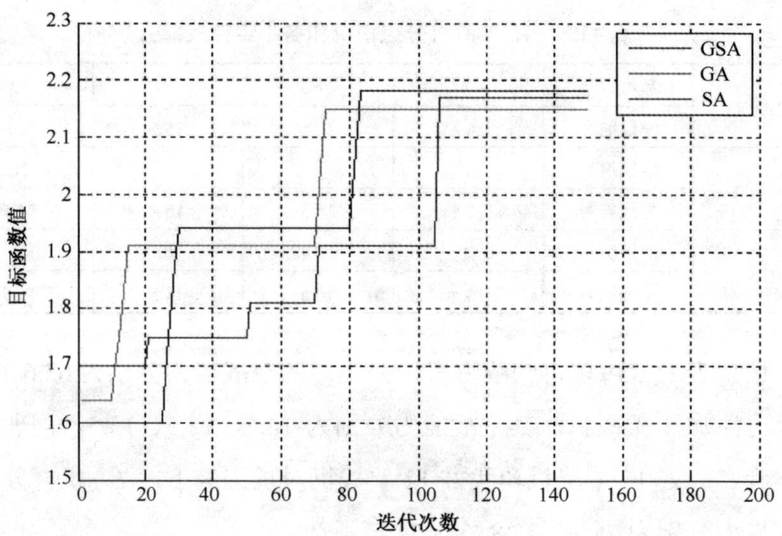

图 11.6　12 对 12 空战态势下我方机群仿真结果结构示意图

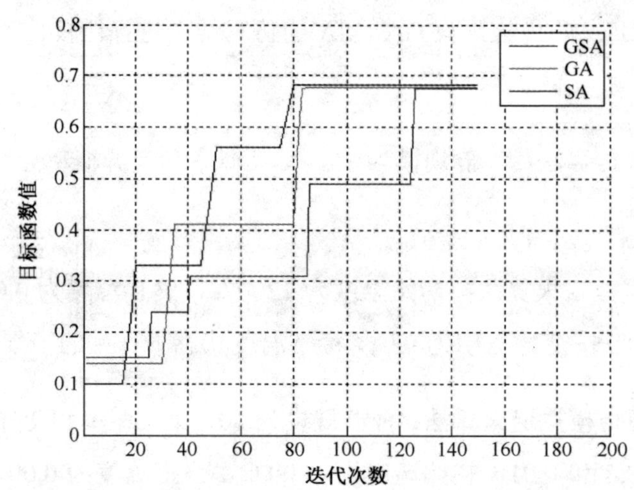

图 11.7　12 对 12 空战态势下我方机群仿真结果结构示意图

表 11.6 中最大值、最小值、平均值及平均运行时间，是 50 次运行之后相应结果的均值。

表 11.4　12 对 12 空战情况下的分组结果

小组编号	敌方小组空战能力	我方小组空战能力
1	63.6	72.3
2	62.3	78.7
3	60	79.4

表 11.5　12 对 15 空战情况下分组结果

小组编号	敌方小组空战能力	我方小组空战能力
1	78.1	71.0
2	77.8	79.7
3	75.5	79.4

表 11.6　算法性能比较

态势情形	算法	目标函数值			收敛到最大值概率	平均运行时间/s
		最小值	最大值	平均值		
12 对 12 空战态势	GSA	2.102	2.183	2.180	92%	0.184
	GA	2.091	2.154	2.148	74%	0.097
	SA	2.099	2.172	2.168	84%	0.278
12 对 15 空战态势	GSA	0.659	0.684	0.682	94%	0.218
	GA	0.643	0.676	0.669	80%	0.125
	SA	0.654	0.675	0.673	88%	0.336

从表 11.6 可以看出，在我方 12 架战机对抗敌方 12 架战机的情况下，GSA 收敛的最大值为 2.183，收敛到最大值的概率为 92%，平均运行时间为 0.184s；在我方 12 架战机对抗敌方 15 架战机时，GSA 收敛的最大值为 0.684，收敛到最大值的概率为 94%，平均运行时间为 0.218s，相比于 GA 和 SA，GSA 的搜索效果最好。

对我方机群进行分组，通过这 3 种算法的比较可以看出，GA 的收敛速度最快，但是其收敛的最大值和平均值都最小，其收敛到最大值的概率也最小，这说明 GA 优化结果容易陷入局部最优；而 SA 的搜索效果好于 GA，但是算法收敛时间最长；GSA 的收敛效果最好，搜索的最大值和搜索到最大值的概率最高。综上所述，GSA 能够弥补单独使用 GA 和 SA 的缺点，可以避免陷入局部最优，同时可以提高算法的收敛速度，能够很好地解决我方机群的分组问题。

11.3 编队内协同目标分配

11.3.1 建立编队内协同目标分配模型

根据第 2 章确定的威胁评估指标体系和权重确定方法，在 1 对 1 空战的环境下，载机收益为

$$\begin{cases} G\left(x_i, y_j\right) = \omega_1 T_1\left(x_i, y_j\right) - \omega_2 T_1\left(y_j, x_i\right) \\ \omega_1 + \omega_2 = 1,\ \omega_1, \omega_2 \in \left[0,1\right] \end{cases} \tag{11.21}$$

扩展到多对多空战的环境下，假设我方 m 架战机攻击敌方 n 架战机，则战机收益为

$$\begin{cases} G_i\left(x_i, y_j\right) = \omega_1 \sum_{j=1}^{n} T_1\left(x_i, y_j\right) \cdot \left(z_1 \times T_1\left(y_j, x_i\right) + z_2 \times T_2\left(y_j, x_i\right)\right) - \\ \qquad \omega_2 \sum_{j=1}^{n} T_1\left(y_j, x_i\right),\ i = 1, 2, \cdots, m \\ \omega_1 + \omega_2 = 1,\ \omega_1, \omega_2 \in \left[0,1\right] \\ z_1 + z_2 = 1,\ z_1, z_2 \in \left[0,1\right] \end{cases} \tag{11.22}$$

式中，x_i 和 y_j 分别表示我方战机和敌方战机；ω_1 和 ω_2 分别表示我方战机采取进攻和防御的偏好，可以根据式（11.23）确定；z_1 和 z_2 分别表示我方战机是以完成自身作战任务为重，还是以完成整体作战任务为重，可根据执行的空战任务和飞机类型决定；$T_1(x_i, y_j)$表示我方战机对敌方战机的威胁；$T_1(y_j, x_i)$表示敌方战机对我方战机的威胁；$T_2(y_j, x_i)$表示除敌方战机 y_j 外，其余敌方战机对我方战机 x_i 的威胁。

$$\omega_1 = \max\left(\min\left(\frac{\sum_{j=1}^{n} T_1\left(x_i, y_j\right)}{\sum_{j=1}^{n} T_1\left(y_j, x_i\right)} - 0.5 + \text{att}, 1\right), 0\right) \tag{11.23}$$

式中，att 为进攻倾向性，与当前所执行的空战任务、战机类型、飞行员个人偏好和当前空战战场态势有关。当执行截击任务或者锁定敌方战机时，应增大 att，采取更加有效的进攻决策；当执行护航任务和被锁定时，应减小 att，采取机动规避用来进行防御，主要进行态势的改变，获取有利态势，保证自身生存。可以看出，当战机处于劣势时，ω_1 较小，当 $\omega_1 < 0.5$ 时，战机不参与当前目标分配。

在超视距多机协同目标分配过程中，在以往的研究中目标分配模型是静态的，一次性就把战机和目标分配完毕。实际上，空战环境是动态变化的，这意味着需要建立一个动态的目标分配模型，一些研究提出进行多次重复分配，应当根据敌方战机数量进行多次分配，我方战机每分配到一架敌方战机，就需要更新战场态势，根据更新后的战场态势，重新进行分配，直至敌方战机全部分配完毕。

进行重复分配，一方面考虑空战环境是动态变化的，能够加强对敌方战机的杀伤力；另一方面可以充分考虑现有战机的多目标跟踪和攻击能力，即当某些战机被干扰或处于劣势时，可以保证其他战机对敌方战机进行攻击。

根据以上分析，本节提出以下两条分配原则。

原则 1：优先分配对战机威胁大的敌方战机，态势占优的战机优先进行目标分配。

原则 2：战机分配优先程度与战机已分配的目标数目成反比。

为了根据上述分配原则进行目标分配，首先计算得到目标对战机的威胁表，来确定对战机威胁大的敌方战机，如表 11.7 所示。

表 11.7 目标对战机的威胁

目 标	战 机			
	1	2	…	i
1	T_{11}	T_{12}	…	T_{1i}
2	T_{21}	T_{22}	…	T_{2i}
⋮	⋮	⋮	⋮	⋮
j	T_{j1}	T_{j2}	…	T_{ji}

由于空战的目的是消灭敌方战机，所以从目标入手，先对目标进行分配，编队内目标分配决策流程如图 11.8 所示。

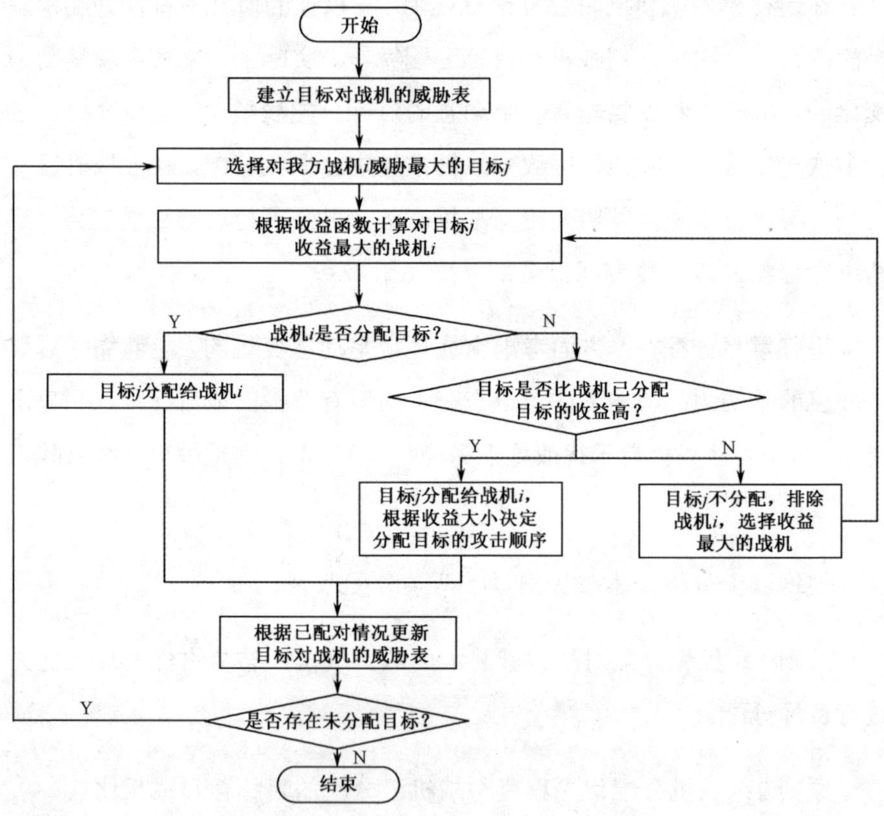

图 11.8 编队内目标分配决策流程

对于经过多次分配仍然没有分配到目标的战机，直接根据对目标的优势情况，选择态势最优的目标进行分配。

随着战争形态的演化和发展，以及有源相控阵雷达的大量使用和信息处理能力的增强，在进行多目标跟踪和攻击时，战机可以同时跟踪多个目标，但是其跟踪能力也会迅速下降，使目标跟踪不连续，导致目标丢失。因此，需要对战机的分配目标数目作出限制，其分配优先级与已分配目标数目成反比。

下面对相控阵雷达跟踪多个目标时的跟踪距离变化进行推导。

（1）跟踪一个目标时的雷达作用距离。假设相控阵雷达在一个目标方向上的跟踪波束驻留时间为 t_r，则

$$t_r = n_r T_r \tag{11.24}$$

式中，n_r 为一次跟踪照射次数；T_r 为一次跟踪照射周期。

$$\frac{P_t}{B} = \frac{P_{\text{ave}} t_r}{n_r D} \tag{11.25}$$

式中，D 为信号时间带宽乘积，$D=BT$。

根据文献[82]可得一般雷达方程为

$$R^4 = \frac{\left(P_t A_r G_t\right)\sigma}{\left(4\pi\right)^2 L_r K T_e B\left(\dfrac{S}{N}\right)} \tag{11.26}$$

相控阵雷达在对一个目标进行跟踪时的跟踪距离为

$$R_{\max}^4 = \frac{\left(P_{\text{ave}} A_r G_t\right)\sigma}{\left(4\pi\right)^2 L_r K T_e \left(\dfrac{E}{N_0}\right)} n_r T_r \tag{11.27}$$

式中，P_{ave} 为雷达发射机平均功率；A_r 为雷达接收天线的有效面积；

G_t 为雷达发射天线增益；σ 为目标雷达反射截面积；L_r 为雷达系统损耗；K 为玻尔兹曼常数，$K=1.38\times10^{-23}$；T_e 为雷达接收机等效噪声温度；$\frac{E}{N_0}$ 为信号能量与噪声能量的比值，$R_{\max}$ 为雷达基准距离。

（2）跟踪多个目标时的雷达作用距离。从式（11.27）可以看出，相控阵雷达照射单目标时跟踪距离与跟踪波束驻留时间 t_r 成正比，而进行多目标跟踪时，所能允许的单次跟踪照射次数 n_t 是有限的，这会造成跟踪距离缩短，因此需要对雷达跟踪距离和多目标跟踪数目的关系进行研究。

假设跟踪 N 个目标，对这 N 个目标总的波束驻留时间为 t_t，假设这 N 个目标的跟踪照射次数都为 n_r，采样间隔也相同，且具有相同的一次跟踪照射周期 T_r，则

$$t_t = Nn_rT_r \tag{11.28}$$

于是可得一次跟踪照射次数 n_r 为

$$n_r = \frac{t_t}{NT_r} \tag{11.29}$$

将式（11.29）代入式（11.25），可得

$$R^4 = \frac{\left(P_{\text{aver}}A_rG_t\right)\sigma}{(4\pi)^2 L_rKT_e\left(\frac{E}{N_0}\right)} \tag{11.30}$$

从式（11.30）可以看出，当雷达执行多目标跟踪任务时，每个目标所获得的跟踪照射次数变少，即每个目标所获得的雷达能量变小，导致雷达作用距离减小，其关系为雷达作用距离变为基准距离的 $N^{-1/4}$。雷达的作用距离缩短，导致雷达的多目标跟踪能力减弱，不利于对整个战场空域的态势把握，因此对于已经分配了目标的战机，应当限制其继续进

行目标分配的能力。

综上可得，雷达跟踪距离与同时跟踪目标数目的关系为

$$\mathrm{radar}(m) = m^{-1/4} \tag{11.31}$$

式中，m 为雷达同时跟踪目标的数目。

由于一架战机可能同时分配了多个目标，其进攻收益会随着已分配目标数目的增加而降低，需要对目标的攻击优先程度进行控制。假设当一架战机分配 m（$m \geqslant 2$）个目标时，收益变化为

$$a_{ij} = \mathrm{radar}(m) \times \left(\frac{T_1(x_i, y_j)}{T_1(x_i, y_k)} \right) \tag{11.32}$$

式中，k 表示战机 i 第一攻击顺位的目标；j 表示当前目标；m 为目标在战机攻击顺序中的排位。

可以得到改进后的多对多收益函数为

$$\begin{cases} G_i^*(x_i, y_j) = \omega_1 \sum\limits_{j=1}^{n} T_1(x_i, y_j) \times a_{ij} \times \left(z_1 \times T_1(y_j, x_i) + z_2 \times T_2(y_j, x_i)\right) - \\ \qquad \omega_2 \sum\limits_{j=1}^{n} T_1(y_j, x_i),\ i = 1, 2, \cdots, m \\ \omega_1 + \omega_2 = 1,\ \omega_1, \omega_2 \in [0,1] \\ z_1 + z_2 = 1,\ z_1, z_2 \in [0,1] \end{cases} \tag{11.33}$$

根据式（11.33），可以计算我方战机的收益为

$$J = \max \sum_{i=1}^{m} \sum_{j=1}^{n} G_i^*(x_i, y_j) x_{ij} \tag{11.34}$$

式中，$x_{ij}=1$ 表示我方战机 i 与敌方战机 j 进行配对；$x_{ij}=0$ 表示我方战机 i 未与敌方战机 j 进行配对。

11.3.2 改进多种群人工免疫算法

1. 人工免疫算法介绍

人工免疫算法（Artificial Immune Algorithm，AIA）是根据自然界生物免疫系统提出的一种具有全局搜索能力的智能算法。在人工免疫算法中，我们将待解决问题的目标函数和约束条件类比为抗原，将问题的可行解类比为抗体，可行解的质量即可行解的目标函数值，就是抗体和抗原之间的亲和度。在迭代过程中，将那些亲和度低、浓度高的抗体筛除出去，使那些亲和度高、浓度低的抗体保存下来，这样可以保证抗体种群的多样性，提高算法的全局搜索能力，有利于提高收敛精度。

人工免疫算法流程如下：

步骤 1　抗原识别。

步骤 2　确定编码方式。

步骤 3　产生抗体，形成初始种群。

步骤 4　计算抗体和抗原间的亲和度。用欧几里得距离计算亲和度，如式（11.35）所示。

$$\mathrm{aff}\left(\mathrm{ab}_i,\mathrm{ab}_j\right)=\sqrt{\sum_{k=1}^{L}\left(\mathrm{ab}_{i,k}-\mathrm{ab}_{j,k}\right)} \tag{11.35}$$

式中，$\mathrm{aff}(\mathrm{ab}_i,\mathrm{ab}_j)$为抗体 i 和抗体 j 的亲和度；$\mathrm{ab}_{i,k}$ 和 $\mathrm{ab}_{j,k}$ 分别为抗体 i 和抗体 j 的第 k 个编码位；L 为抗体的编码位长度。

步骤 5　判断是否小于阈值，若满足条件，则输出结果，否则执行步骤 6。

步骤 6　进行选择、交叉、变异，产生新的抗体种群。

本节主要针对协同空战目标分配进行研究，抗原表示目标函数，抗体表示目标分配方案，亲和度表示分配方案的优劣，亲和度越高，分配方案越好。

2. 改进多种群人工免疫算法算子介绍

设有抗体群 X，种群规模为 N，每个抗体的编码位长度为 M，下面对本节提出的改进多种群人工免疫算法算子进行介绍。

1）亲和度评价算子

亲和度的大小体现了抗体之间的相似程度，由于采用实数编码，这里用欧几里得距离来计算亲和度，如式（11.35）所示。

2）抗体浓度评价算子

抗体浓度评价算子如下：

$$\mathrm{con}\left(\mathrm{ab}_i\right)=\frac{1}{N}\sum_{j=1}^{N}\mathrm{aff}\left(\mathrm{ab}_i,\mathrm{ab}_j\right) \tag{11.36}$$

式中，$\mathrm{con}(\mathrm{ab}_i)$为抗体 ab_i 的浓度；N 为种群规模。通过计算抗体浓度，我们可以采用策略来改变种群的多样性，如避免对浓度高的抗体进行克隆，能够有效增加种群的多样性。

3）激励度算子

在人工免疫算法中，激励度用来表征抗体能够对抗原进行应答和被其他抗体激活的能力。一般来说，亲和度高、浓度低的抗体具有较大的激励度，激励度算子为

$$\mathrm{inc}\left(\mathrm{ab}_i\right)=\mathrm{aff}\left(\mathrm{ab}_i\right)\exp\left[-\frac{\mathrm{con}\left(\mathrm{ab}_i\right)}{\beta}\right] \tag{11.37}$$

式中，$\mathrm{inc}(\mathrm{ab}_i)$为抗体 ab_i 的激励度；β 为控制因子，$\beta\geqslant 1$。

4）免疫选择算子

一般来说，种群中会选择那些亲和度高、浓度低，即激励度大的抗体进行克隆，以增加种群中优良抗体的比例。这里将抗体种群激励度均值作为阈值，只选取激励度超过抗体种群激励度均值的抗体，免疫选择算子为

$$\text{cho}=\begin{cases}1, & \text{inc}\left(\text{ab}_i\right)\geqslant T\\0, & \text{inc}\left(\text{ab}_i\right)<T\end{cases} \tag{11.38}$$

式中，T 为激励度阈值，当抗体激励度超过激励度阈值时，可以进行克隆。

通过免疫选择算子对抗体进行优选后，还需要对优质个体执行克隆、交叉、变异操作。

5）克隆算子

假设能够进行克隆的抗体通过克隆繁殖 m_i 个抗体，则抗体 ab_i 的克隆操作可以通过式（11.39）确定。

$$\text{clo}\left(\text{ab}_i\right)=\frac{\sum_{i=1}^{m} m_i}{\sum_{i=1}^{N}\text{aff}\left(\text{ab}_i\right)} \tag{11.39}$$

6）交叉算子

为了加快算法搜索速度，保留优良个体，本节采用精英单点交叉方式，交叉前根据抗体亲和度排序，选择前$(1-0.618)N$ 个抗体并去除最优抗体作为精英抗体，其余抗体作为非精英抗体，去除最优抗体是为了保证下一代种群可以继承优良抗体。精英抗体和非精英抗体根据交叉概率 p_c 判断是否进行单点交叉。

7）变异算子

变异算子通过对抗体样本的所有维度进行随机扰动，提高算法的全局搜索能力。本节采用一种改进的变异算子，随机选择两个抗体编码位置，进行反转变异，通过动态改变变异概率来达到缩短算法迭代时间、优化搜索效率的目的。变异概率如式（11.40）所示。

$$T_{\mathrm{var}}\left(\mathrm{ab}_i\right)=\delta \exp\left[\frac{-\mathrm{aff}\left(\mathrm{ab}_i\right)t}{T}\right] \tag{11.40}$$

式中，$T_{\mathrm{var}}(\mathrm{ab}_i)$为抗体 ab_i 的变异概率；δ 为变异概率控制系数；t 为当前迭代次数；T 为设定的总迭代次数。

在进行迭代计算时，根据亲和度和当前迭代次数动态改变变异概率，保留亲和度高的抗体样本，有利于提高收敛能力。在进化初期，增大变异概率，可以扩展搜索空间，提高全局搜索能力；在进化后期，减小变异概率，可以提高算法的局部搜索能力，改善求解精度，更加容易获得全局最优解。

8）抑制算子

为了提高抗体种群的多样性，需要筛除那些亲和度低、浓度高的抗体样本，将“生存度”引入抑制算子，即

$$T_r\left(X\_\mathrm{ab}_i\right)=\max\left\{\mathrm{aff}\left(\mathrm{ab}_i^*\right),\mathrm{ab}_i^* \in X\_\mathrm{ab}_i\right\} \tag{11.41}$$

式中，X_ab_i 表示抗体 ab_i 经过克隆、选择、交叉、变异操作后产生的临时抗体种群。

9）移民算子

传统的人工免疫算法受种群产生方式影响，比较依赖初始解，即使采用交叉、变异等操作，也难以增加种群内部的多样性，使迭代计算的

结果容易陷入局部最优。而通过初始化产生多个种群，进行种群间抗体信息交换，可以增加种群的多样性。每个种群独立进行免疫操作，分别采取不同的进化策略，这种方法可以充分利用现有计算机的多线程并行处理能力，在保证时效性的前提下有效提升算法的优化能力，有利于获得全局最优解。

本节参考李军华提出的双种群思想，设计两个种群，一个作为探测子种群，设置较大的交叉概率和变异概率，用来扩展搜索空间；另一个作为开发子种群，设置较小的交叉概率和变异概率，用来保护优良抗体。

移民算子的思想是，首先将两个种群间的最优抗体进行互换，再分别选择 Num 个个体交换，其余不变。这里采用黄金分割思想，首先对抗体亲和度进行排序，取前 Num 个个体进行交换，Num 的计算方法如下：

$$\mathrm{Num} = 0.618^{\mathrm{pop}} N \tag{11.42}$$

式中，pop 为种群迁移次数。

可以看出，当两个种群适应度差别不大时，种群间迁移率较小；当两者适应度差距较大时，种群迁移率较大，这样可以在种群进化前期保护优良个体，有利于扩展搜索空间，获得最优解。

移民算子是多种群人工免疫算法的核心，通过产生多个具有不同进化搜索策略的种群引入移民算子，实现多个种群之间的协同进化，产生更优抗体。

综上，可以得到改进多种群人工免疫算法流程，如图 11.9 所示。

步骤 1　产生两个种群，采用整数编码方式对所有抗体进行编码。

步骤 2　计算每个种群中所有抗体的亲和度。

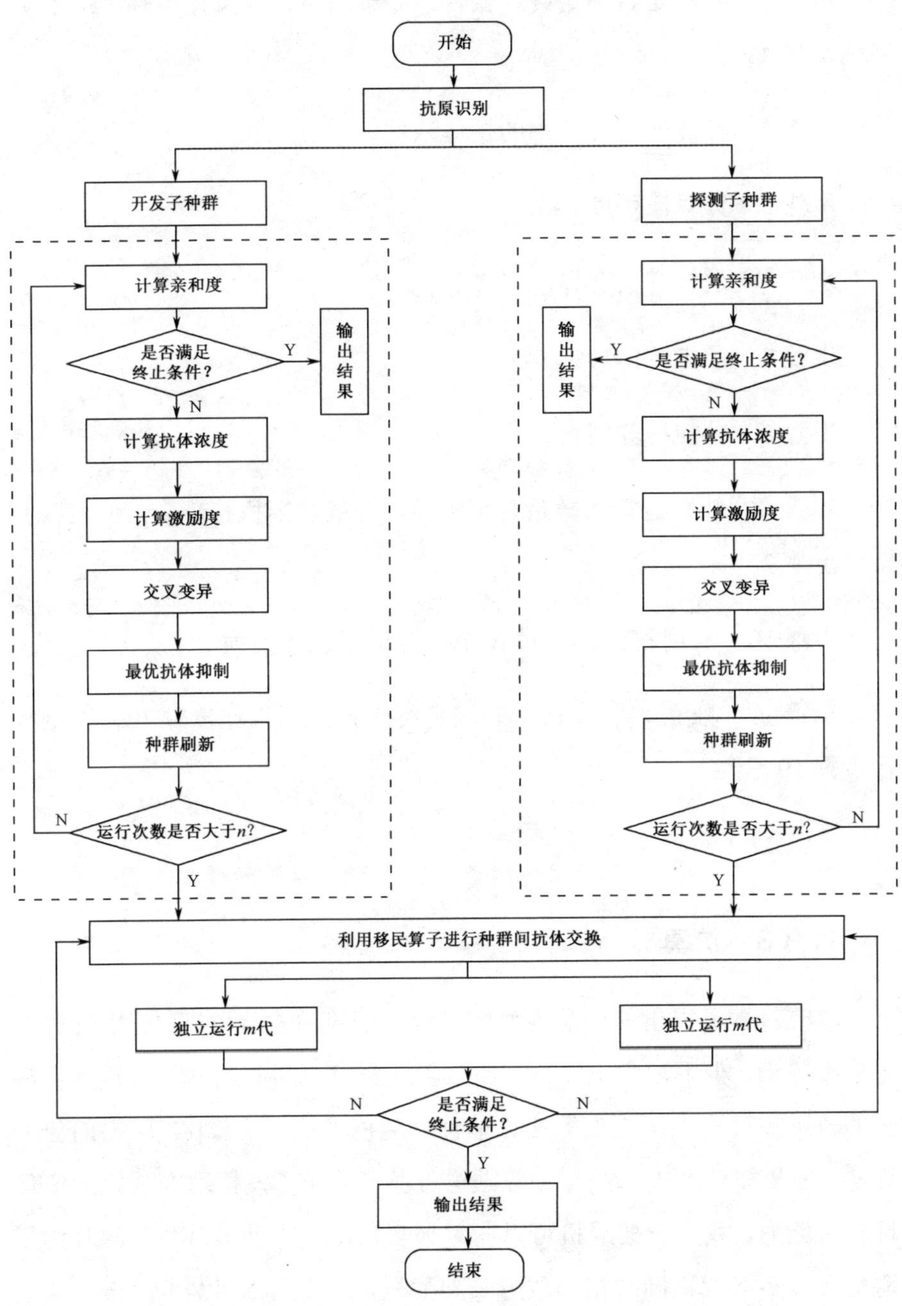

图 11.9　改进多种群人工免疫算法流程

步骤 3　判断是否满足终止条件，如果满足，则执行步骤 12，否则转至步骤 4。

步骤 4　计算所有种群中的抗体浓度。

步骤 5　计算激励度。

步骤 6　进行交叉变异。

步骤 7　最优抗体抑制。

步骤 8　进行种群刷新。

步骤 9　独立运行次数是否大于 n。若是，则执行步骤 10；否则，转至步骤 2。

步骤 10　利用移民算子对 N 个种群进行抗体交换。

步骤 11　独立运行 m 代，若满足终止条件则执行步骤 12，否则执行步骤 10。

步骤 12　输出结果。

11.3.3　仿真分析

本节对本书提出的编队内协同目标分配算法进行验证，分别针对我方战机等于、少于和大于敌方战机数目 3 种情况进行仿真，采用本章提出的改进多种群人工免疫算法、单种群免疫算法、文献[87]所提的免疫算法、遗传模拟退火算法 4 种算法进行验证。为了发挥现有战机的多目标攻击能力，我方一架战机可以同时最多攻击敌方两架战机，同时为了避免我方多架战机同时指向敌方一架战机，造成局部劣势，敌方一架战机最多被我方两架战机同时攻击。

1. 仿真示例一

假设我方 6 架战机攻击敌方 6 架战机，表 11.8 和表 11.9 分别为我方战机对敌方战机的威胁和敌方战机对我方战机的威胁。

表 11.8　我方战机对敌方战机的威胁（一）

我方战机编号	敌方战机编号					
	1	2	3	4	5	6
1	0.6924	0.3363	0.3305	0.5853	0.3727	0.5152
2	0.1812	0.6491	0.4789	0.3974	0.4487	0.4754
3	0.3184	0.3037	0.5876	0.5179	0.3956	0.3807
4	0.5573	0.4553	0.5098	0.4431	0.4522	0.3946
5	0.4517	0.4888	0.3591	0.6127	0.5181	0.5245
6	0.5981	0.5745	0.3964	0.6148	0.3309	0.6506

表 11.9　敌方战机对我方战机的威胁（一）

我方战机编号	敌方战机编号					
	1	2	3	4	5	6
1	0.5488	0.4387	0.4922	0.4358	0.3133	0.4298
2	0.2274	0.6146	0.4141	0.3185	0.3640	0.5095
3	0.2839	0.4604	0.4108	0.7137	0.3171	0.4558
4	0.6442	0.4100	0.386	0.3072	0.5147	0.3298
5	0.4128	0.5236	0.4274	0.6821	0.6317	0.6820
6	0.5495	0.3949	0.1828	0.7182	0.3734	0.5647

取 ω_1=0.6，ω_2=0.4，z_1=0.3，z_2=0.7，即我方战机偏向进攻，以完成整体作战任务为准则；本书设置两个初始种群，每个种群大小为 50，最大运行次数为 50，独立运行代数为 20，按照本章所提改进人工免疫算法进行仿真，探测子种群中交叉概率和变异概率分别为 P_c=0.9 和 δ=0.05，开发子种群交叉概率和变异概率分别为 P_c=0.3 和 δ=0.02。表 11.10 是多种群最优目标分配方案，表 11.11 是通过移民算子进行信息交换前两个子种群中的最优目标分配方案，图 11.10（彩图见插页）是 4 种算

法在 6 对 6 状态下的迭代效果。

表 11.10　多种群最优目标分配方案（一）

我方战机编号	1	2	3	4	5	6
敌方战机编号	1，4	5	3	3，4	1	2，6

表 11.11　单种群最优目标分配方案（一）

我方战机编号	1	2	3	4	5	6
敌方战机编号	1，4	5	3，5	4，6	1	3，6

从表 11.10 可以看出，最优目标分配方案为：我方 1 号战机攻击敌方 1 号和 4 号战机，我方 2 号战机攻击敌方 5 号战机，我方 3 号战机攻击敌方 3 号战机，我方 4 号战机攻击敌方 3 号和 4 号战机，我方 5 号战机攻击敌方 1 号战机，我方 6 号战机攻击敌方 2 号和 6 号战机。经过协同目标分配后，多种群最优目标分配方案目标函数值为 1.0322，而单种群最优目标分配方案的目标函数值为 1.0108。

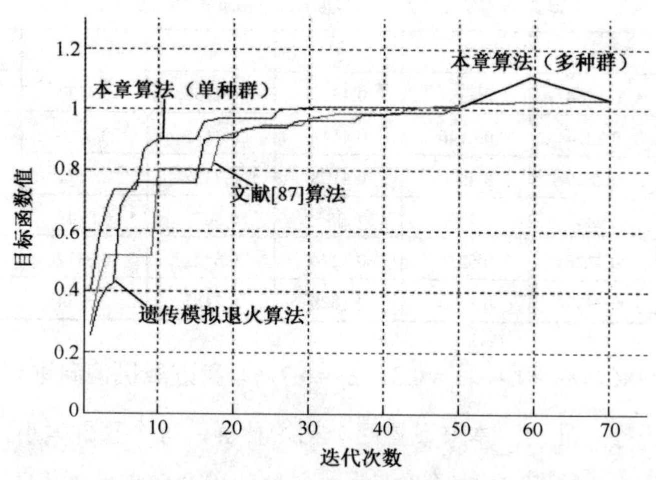

图 11.10　4 种算法在 6 对 6 状态下的迭代效果

2. 仿真示例二

我方 4 架战机攻击敌方 6 架战机，表 11.12 和表 11.13 分别为我方战机对敌方战机的威胁和敌方战机对我方战机的威胁。

表 11.12 我方战机对敌方战机的威胁（二）

我方战机编号	敌方战机编号					
	1	2	3	4	5	6
1	0.5652	0.4238	0.6318	0.4987	0.3395	0.5897
2	0.6265	0.5753	0.5824	0.6461	0.5188	0.5455
3	0.6176	0.6947	0.5381	0.3272	0.4612	0.6132
4	0.4876	0.6080	0.6011	0.6874	0.3428	0.5266

表 11.13 敌方战机对我方战机的威胁（二）

我方战机编号	敌方战机编号					
	1	2	3	4	5	6
1	0.5021	0.6635	0,3586	0.5317	0.4284	0.3602
2	0.3365	0.3616	0.6742	0.6306	0.2880	0.4298
3	0.3726	0.7334	0.4810	0.6895	0.3916	0.4039
4	0.6479	0.5880	0.6365	0.5073	0.6166	0.4872

取 $\omega_1=0.3$，$\omega_2=0.7$，$z_1=0.5$，$z_2=0.5$，即我方战机偏向防御，以完成整体作战任务和保存自身并重；其余设置同仿真示例一。

表 11.14 是多种群最优目标分配方案，表 11.15 是通过移民算子进行信息交换前两个子种群中的最优目标分配方案，图 11.11（彩图见插页）是 4 种算法在 4 对 6 状态下的迭代效果。

表 11.14 多种群最优目标分配方案（二）

我方战机编号	1	2	3	4
敌方战机编号	2，3	1，5	6	4

表 11.15 单种群最优目标分配方案（二）

我方战机编号	1	2	3	4
敌方战机编号	3，5	2	1，6	4

从表 11.14 可以看出，最优目标分配方案为：我方 1 号战机攻击敌方 2 号和 3 号战机，我方 2 号战机攻击敌方 1 号和 5 号战机，我方 3 号

战机攻击敌方 6 号战机，我方 4 号战机攻击敌方 4 号战机。经过协同目标分配后，多种群最优目标分配方案目标函数值为 0.5732，而单种群最优目标分配方案的目标函数值为 0.5529。

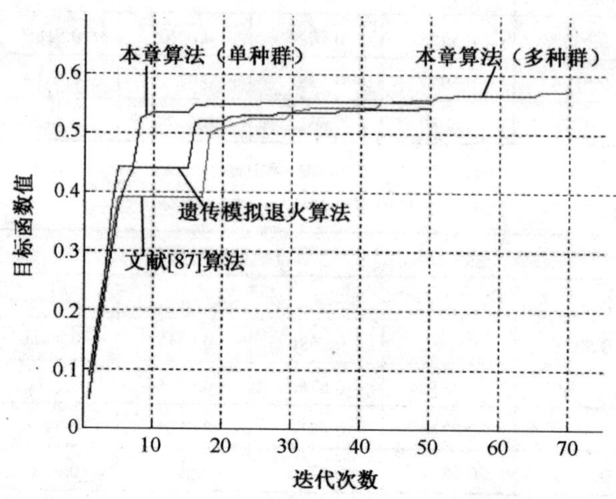

图 11.11 4 种算法在 4 对 6 状态下的迭代效果

3. 仿真示例三

我方 6 架战机攻击敌方 4 架战机，表 11.16 和表 11.17 分别为我方战机对敌方战机的威胁和敌方战机对我方战机的威胁。

表 11.16 我方战机对敌方战机的威胁（三）

我方战机编号	敌方战机编号			
	1	2	3	4
1	0.6576	0.6748	0.6538	0.4356
2	0.6112	0.4093	0.6095	0.5743
3	0.3911	0.6593	0.5068	0.6330
4	0.5282	0.4858	0.5984	0.6487
5	0.4091	0.4839	0.6805	0.4893
6	0.6409	0.4450	0.5109	0.4304

表 11.17　敌方战机对我方战机的威胁（三）

我方战机编号	敌方战机编号			
	1	2	3	4
1	0.5415	0.4696	0.6018	0.5561
2	0.6391	0.3521	0.5244	0.5785
3	0.3253	0.5748	0.4403	0.5342
4	0.5853	0.4873	0.4465	0.6278
5	0.3509	0.4171	0.7379	0.4003
6	0.5408	0.5187	0.4064	0.3923

取 $\omega_1=0.8$，$\omega_2=0.2$，$z_1=0.7$，$z_2=0.3$，即我方战机偏向进攻，以完成整体作战任务为准则；其余参数同仿真示例一。

表 11.18 是多种群最优目标分配方案，表 11.19 是通过移民算子进行信息交换前两个子种群中的最优目标分配方案，图 11.12（彩图见插页）是 4 种算法在 6 对 4 状态下的迭代效果。

表 11.18　多种群最优目标分配方案（三）

我方战机编号	1	2	3	4	5	6
敌方战机编号	2	3	4	4	1	1，3

表 11.19　单种群最优目标分配方案（三）

我方战机编号	1	2	3	4	5	6
敌方战机编号	1	2	4	3	2	1，3

从表 11.18 可以看出，最优目标分配方案为：我方 1 号战机攻击敌方 2 号战机，我方 2 号战机攻击敌方 3 号战机，我方 3 号战机攻击敌方 4 号战机，我方 4 号战机攻击敌方 4 号战机，我方 5 号战机攻击敌方 1 号战机，我方 6 号战机攻击敌方 1 号和 3 号战机。经过协同目标分配后，多种群最优目标分配方案目标函数值为 0.7218，而单种群最优目标分配方案的目标函数值为 0.7124。

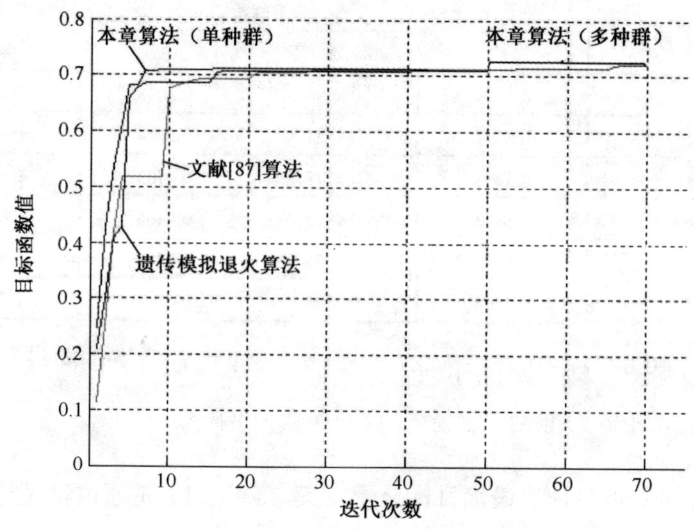

图 11.12　4 种算法在 6 对 4 状态下的迭代效果

在图 11.10～图 11.12 中，本章算法（单种群）曲线为子种群独立运行 50 代后两个种群中最优抗体亲和度，紫色部分即本章算法（多种群）曲线是进行种群信息交换后运行 20 代后的最优抗体亲和度。可以看出，本章所提的改进多种群人工免疫算法只需要较少的迭代次数就可以获得较好的收敛结果，特别是通过种群信息交换后，可以改善求解精度，其结果好于其他对比算法。

从表 11.20 可以看出，本章提出的改进人工免疫算法可以对协同目标分配进行求解，通过设置具备两种不同搜索策略的子种群，可以提高搜索效果，最后通过两个种群间的信息互换，提高种群的多样性，获得全局最优解，相比于文献[87]所提方法和遗传模拟退火算法，其求解精度更高。

表 11.20　4 种算法对比

算　法	种群最优值		
	6 对 6	4 对 6	6 对 4
本章算法（多种群）	1.0322	0.5732	0.7218
本章算法（单种群）	1.0108	0.5529	0.7124
文献[87]算法	1.0126	0.5579	0.7124
遗传模拟退火算法	1.0030	0.5428	0.7089

本章针对多机协同空战目标分配进行了研究。由于现有的多机协同目标分配算法在面对大规模机群作战时，存在计算量大、实时性差等问题，建立一种两阶段目标分配模型。首先采用模糊 c 均值聚类算法对敌方机群进行分组，根据敌方分组结果，采用遗传模拟退火算法对我方机群进行分组；针对编队协同目标分配问题，考虑空战战场态势的动态变化，充分发挥四代机的多目标跟踪和攻击能力，进行多次重复分配；为了解决免疫算法的“早熟”问题，提出了一种改进的多种群人工免疫算法，通过种群间信息交换提高算法求解精度，通过仿真验证了算法和模型的有效性。

第12章 基于群决策理论的协同空战机动决策研究

空战机动决策是指空战双方根据战场态势信息，对未来空战态势进行预测，根据某一决策准则，采取相应的机动策略，通过操纵战机进行机动占位的一系列决策过程。航空武器装备的快速发展，特别是隐身和电子干扰技术的不断进步，使依靠单架战机进行空战已经难以顺利完成任务；而先进综合航电系统的广泛应用，使多机通过信息共享实现协同空战机动决策，能够体现载机平台之间的协同优势。

本章主要针对协同空战机动决策问题进行研究，首先对美国国家航空航天局（NASA）提出的空战机动基本动作库难以对飞机机动进行精确描述的问题，对空战机动基本动作库进行扩充，得到具有 11 种操纵方式的空战机动基本动作库；目前多机协同空战决策通过目标分配后，将多机对抗转化为若干个单机对抗的形式，根据单机对抗态势情况进行机动决策，难以发挥协同作战优势，针对此缺陷引入群决策理论，采用序数型决策方法进行偏好集结，得到整个机群的机动策略集；为了提高决策的可靠性，本章采用一种背景值优化的 MGM(1, N)轨迹预测方法，对敌方轨迹进行预测，可以提高我方机动决策的预测性。

12.1　空战机动基本动作库模型

当前，空战战术基本动作库主要分成两种：一是基于具体的空战战术动作，如蛇形机动、急转弯、桶转、剪式飞行等；二是根据战机在三维空间中操纵方式不同而建立的基本动作库，最著名的是 NASA 提出的空战机动基本动作库，其中包括 7 种基本操纵方式，即匀速前飞、加速前飞、减速前飞、右转弯、左转弯、爬升和俯冲。但这 7 种基本操纵方式难以对飞机机动进行精确描述，本章对 NASA 提出的 7 种基本操纵方式的基本动作库进行扩充，得到具备 11 种操纵方式的基本动作库，用以精确描述飞机在空中的机动动作和战术执行情况，如图 12.1 所示（彩图见插页）。

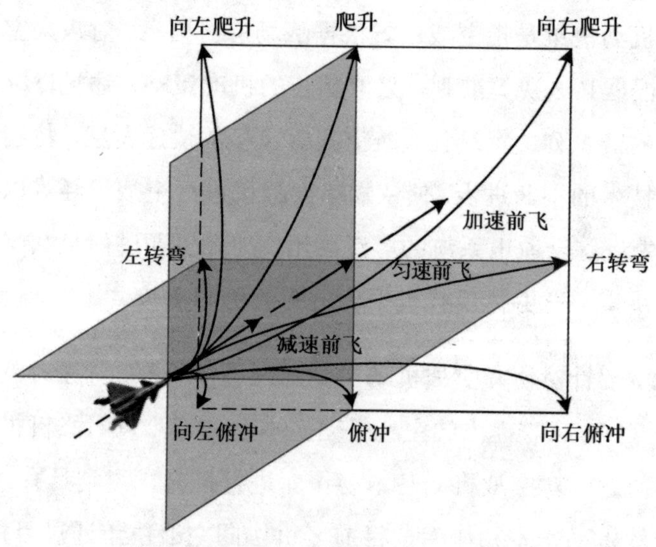

图 12.1 飞机 11 种基本机动动作

为了简化问题，此处不考虑飞行过程中飞机的迎角和侧滑角，也不考虑地球自转的影响，认为地球是一个惯性坐标系。采用 n_x 、n_y 和 ϕ 作为飞机机动的控制变量，n_x、 n_y 和 ϕ 分别表示飞机机动过程中的切向过载、法向过载和滚转角，可以得到基本动作库控制模型，如式（12.1）所示。

$$\begin{cases} n_x = \dfrac{\dot{V}}{g} + \sin\beta \\ n_y = \left(\dfrac{\dot{V}\dot{\beta}}{g} + \cos\beta\right)\dfrac{1}{\cos\phi} \\ \phi = -\dfrac{V\dot{\alpha}\cos\beta}{gn_y} \end{cases} \tag{12.1}$$

式中，α 和 β 分别为飞机的航向角和俯仰角；$\dot{\alpha}$ 和 $\dot{\beta}$ 分别为飞机的航向角速度和俯仰角速度；V 和 $\dot{V}$ 分别为飞机的速度和加速度；g 为重力加速度，一般取 g=9.8m/s^2。在实际空战中，受飞行员身体素质和机载设备能力的限制，n_x 、n_y 和 ϕ 取值不能过大，本书取 $n_x \in [-2, 2]$、$n_y \in [-2, 6]$、

$\phi \in [-180^\circ, 180^\circ]$。

当飞机的初始状态确定时，对式（12.1）积分可以得到飞机的航向角速度、俯仰角速度和加速度，如式（12.2）所示。

$$\begin{cases} \dot{\alpha} = \dfrac{-gn_y\phi}{V\cos\beta} \\ \dot{\beta} = \dfrac{n_y\cos\phi - \cos\beta}{n_x - \sin\beta} \\ \dot{V} = g\left(n_x - \sin\beta\right) \end{cases} \tag{12.2}$$

可以得到飞机在坐标系中各方向的速度，如式（12.3）所示。

$$\begin{cases} \dot{x} = V\cos\beta\cos\alpha \\ \dot{y} = -V\cos\beta\sin\alpha \\ \dot{z} = V\sin\beta \end{cases} \tag{12.3}$$

对这 11 种基本操纵方式用控制量 n_x、n_y 和 ϕ 表示，结果如表 12.1 所示。

表 12.1　11 种基本机动动作控制量

机动动作	n_x	n_y	ϕ
匀速前飞	0	1	0
加速前飞	(0, 2]	1	0
减速前飞	[−2, 0)	1	0
左转弯	[−2, 2]	$n_y=1/\cos\phi$	[−90°, 0)
右转弯	[−2, 2]	$n_y=1/\cos\phi$	(0, 90°]
爬升	[−2, 2]	(1, 6]	0
俯冲	[−2, 2]	[−5, 1)	0
向左俯冲	[−2, 2]	$n_y<1/\cos\phi$	[−90°, 0)
向右俯冲	[−2, 2]	$n_y<1/\cos\phi$	(0, 90°]
向左爬升	[−2, 2]	$n_y>1/\cos\phi$	[−90°, 0)
向右爬升	[−2, 2]	$n_y>1/\cos\phi$	(0, 90°]

12.2 基于群决策理论的多机协同空战机动决策

目前多机协同空战决策通过目标分配后，将多机对抗转化为若干个单机对抗的形式，根据单机对抗态势情况进行机动决策，难以发挥协同作战优势。针对此缺陷，引入群决策理论，采用序数型决策方法进行偏好集结，得到整个机群的机动策略集，体现机群之间的协同特性。

12.2.1 多机协同空战群决策成员和候选方案

假设在某一编队进行对抗时，我方编队 F 有 m 架战机，即 $F=\{F_1, F_2,\cdots, F_m\}$；设我方每架战机有 n 种机动备选方案，我方战机 F_i 的机动方案集为 $U_i=\{u_{i1}, u_{i2},\cdots, u_{in}\}$；我方编队所有战机的机动备选方案可以组成编队机动方案集合 U，即

$$U = U_1 \cup U_2 \cup \cdots \cup U_m = \begin{Bmatrix} u_{11} & \cdots & u_{1n} \\ \vdots & & \vdots \\ u_{m1} & \dots & u_{mn} \end{Bmatrix} \tag{12.4}$$

我们可以根据所有战机组成的机动方案集 U 对战机所采取的机动策略进行排序；但是受限于决策者数目，当排序规模过大时，会降低决策准确度。因此本章先对每架战机所采取的机动策略进行偏好排序，再对这些偏好进行集结。

12.2.2 机动策略的偏好排序

假设敌方编队 T 有 t 架战机，即 $T=\{T_1, T_2,\cdots, T_t\}$。设每架敌方战机有 p 种机动备选方案，则敌方战机 T_j 的机动方案集为 $V_j=\{v_{j1}, v_{j2},\cdots, v_{jp}\}$；敌方编队所有战机的机动备选方案可以组成敌方编队机动方案集合 T，即

$$T = V_1 \cup V_2 \cup \cdots \cup V_t = \begin{Bmatrix} v_{11} & \cdots & v_{1p} \\ \vdots & & \vdots \\ v_{t1} & \cdots & v_{tp} \end{Bmatrix} \tag{12.5}$$

则我方战机 F_i 的机动方案集 U_i 对敌方战机 T_j 的机动方案集 T_j 所确定的收益评估矩阵 $\boldsymbol{E}_{F_i,T_j}$ 为

$$\boldsymbol{E}_{F_i,T_j} = \begin{bmatrix} e_{u_{i1},v_{j1}} & \cdots & e_{u_{i1},v_{jp}} \\ \vdots & e_{u_{ik},v_{jl}} & \vdots \\ e_{u_{in},v_{j1}} & \cdots & e_{u_{in},v_{jp}} \end{bmatrix} \tag{12.6}$$

式中，$e_{u_{ik},v_{jl}}$ 为在我方战机 F_i 采取机动策略 u_{ik}，敌方战机 T_j 采取机动策略 v_{jl} 的情况下所获得的空战收益，$e_{u_{ik},v_{jl}}$ 越大，表示对我方战机 F_i 越有利。同理，可以得到我方和敌方所有战机在执行相应的机动策略后总的空战收益矩阵集 $\boldsymbol{E}$，即

$$\boldsymbol{E} = \left\{ \boldsymbol{E}_{F_i,T_j} \middle| F_i \in F, T_j \in T \right\} \tag{12.7}$$

采用期望效用极大化的风险准则来确定我方战机机动方案集的排序，在这之前需要确定敌机选择相应机动策略的概率。以确定战机 F_I（$F_I \in F$）对我方战机 F_i 采取机动策略的影响为例，敌方战机 T_j 采取某种机动策略使我方战机 F_I 面临的收益最小，则敌方战机 T_j 选择该机动策略的概率就最大，构造敌方战机 T_j 的效用矩阵 $\boldsymbol{H}_{T_j}$，即

$$\boldsymbol{H}_{T_j} = \begin{bmatrix} c_{u_{I1},v_{j1}} & \cdots & c_{u_{I1},v_{jp}} \\ \vdots & c_{u_{Ik},v_{jl}} & \vdots \\ c_{u_{In},v_{j1}} & \cdots & c_{u_{In},v_{jp}} \end{bmatrix} \tag{12.8}$$

$$c_{u_{Ik},v_{jl}} = e_{u_{Ik},v_{jl}} - \max\left\{ e_{u_{Ik},v_{jl}} \mid e_{u_{Ik},v_{jl}} \in \boldsymbol{E}_{F_I,T_j} \right\} \tag{12.9}$$

式中，$c_{u_{Ik},v_{jl}}$ 为在我方战机 F_I 采取机动策略 u_{Ik}，敌方战机 T_j 采取机动策

略 v_{jl} 的情况下我方战机获得的收益与收益评估矩阵 $\boldsymbol{E}_{F_I,T_j}$ 中最大值的差值，则敌方战机 T_j 选择机动策略的概率 $\pi(v_{jl})$为

$$\pi\left(v_{jl}\right)=\frac{\sum_{k=1}^{n}c_{u_{Ik},v_{jl}}}{\sum_{l=1}^{p}\sum_{k=1}^{n}c_{u_{Ik},v_{jl}}} \tag{12.10}$$

根据敌方战机 T_j 所采取机动策略的概率，我们可以得到在考虑敌方战机机动的情况下，我方战机 F_i 的收益评估矩阵 $\boldsymbol{E}^*_{F_i,T_j}$，即

$$\boldsymbol{E}^*_{F_i,T_j}=\begin{bmatrix} e_{u_{i1},v_{j1}}\pi(v_{j1}) & \cdots & e_{u_{i1},v_{jp}}\pi(v_{jp}) \\ \vdots & e_{u_{ik},v_{jl}}\pi(v_{jl}) & \vdots \\ e_{u_{in},v_{j1}}\pi(v_{j1}) & \cdots & e_{u_{in},v_{jp}}\pi(v_{jp}) \end{bmatrix} \tag{12.11}$$

根据式（12.11），可以得到我方战机 F_I 对机动策略 u_{ik} 的期望效用 $\boldsymbol{E}^{u_{ik}}_{F_I}$，即

$$\boldsymbol{E}^{u_{ik}}_{F_I}=\sum_{l=1}^{p}e_{u_{ik},v_{jl}}\pi(v_{jl}) \tag{12.12}$$

根据 $\boldsymbol{E}^{u_{ik}}_{F_I}$ 的取值，按照从大到小的顺序进行排列，可以得到 F_I 以敌方战机 T_j 为目标时，我方战机 F_i 的机动策略排序 $L^{F_i}_{F_I,T_j}$，即

$$L^{F_i}_{F_I,T_j}=\{x>y>\cdots>z\},\ x,y,z\in U_i \tag{12.13}$$

综合机群 F 中所有战机以敌方战机为目标对我方战机 F_i 的偏好排序，可以得到机群对 U_i 的偏好排序集 L^{F_i}，即

$$L^{F_i}=\left\{L^{F_i}_{F_1,T_1},\cdots,L^{F_i}_{F_I,T_j},\cdots,L^{F_i}_{F_m,T_t}\right\} \tag{12.14}$$

12.2.3 基于序数类方法的偏好集结

为了对各机动方案机型进行选择，本书采用 Borda 计数法进行偏好

集结。根据我方编队 F 对战机 F_i 的机动方案集 U_i 形成的偏好排序集对 U_i 进行赋值，按照由大到小的顺序，依次赋值 $n-1, n-2, \cdots, 1, 0$，然后计算各候选机动策略的收益 G^*，可根据式（11.22）进行确定。

选取收益最高的机动策略作为编队 F 对战机 F_i 机动方案的决策策略 D_i，集结所有战机的机动策略就可以得到我方编队的机动策略集，即

$$D=\left\{D_1,D_2,\cdots,D_m\right\} \tag{12.15}$$

12.3　改进 MGM(1, N)轨迹预测模型

在使用群决策理论确定我方编队的机动策略集后，我方需要根据战基本机动动作库执行机动。但是机动强弱不同，即控制量不同，即使是同一个机动动作，也会在轨迹和态势方面有较大差别；同时，机动持续时间的差异，也会对空战态势产生影响。在面对敌机机动时，敌机的未来状态具有不确定性，为了对敌机机动进行快速响应，需要对敌机的运动状态进行预测，从而对我方战机机动动作进行精细控制。本书提出一种基于背景值优化的改进 MGM(1, N)轨迹预测方法对敌机轨迹进行预测。

12.3.1　传统 MGM(1, N)轨迹预测模型

假设已经获得敌方战机的位置数据 $P_i^{(0)}=\{p_i^{(0)}(1),\ p_i^{(0)}(2),\ \cdots,\ p_i^{(0)}(n)\}$，$i=x,y,z$，设 $P_x^{(0)}$、$P_y^{(0)}$ 和 $P_z^{(0)}$ 的一阶累加生成数列分别为 $P_x^{(1)}$、$P_y^{(1)}$ 和 $P_z^{(1)}$，$p_i^{(1)}(k)=\sum\limits_{j=1}^{k}p_i^{(0)}(j)$，$k=1,2,\cdots,n$。令 $p_i^{(1)}$ 的均值数列 $z_i^{(1)}(k)=\dfrac{p_i^{(1)}(k)+p_i^{(1)}(k-1)}{2}$，$k$=2, 3, $\cdots$, n；i=x, y, z，于是可以得到 MGM(1, 3)模型的灰微分方程，即

$$\begin{cases} p_x^{(0)}(k) = a_{11}z_x^{(1)} + a_{12}z_y^{(1)} + a_{13}z_z^{(1)} + b_x \\ p_y^{(0)}(k) = a_{21}z_x^{(1)} + a_{22}z_y^{(1)} + a_{23}z_z^{(1)} + b_y \\ p_z^{(0)}(k) = a_{31}z_x^{(1)} + a_{32}z_y^{(1)} + a_{33}z_z^{(1)} + b_z \end{cases} \tag{12.16}$$

将 k=2, 3,⋯, n 代入式（12.16）并记为

$$\boldsymbol{R} = \begin{bmatrix} z_x^{(1)}(2) & z_y^{(1)}(2) & z_z^{(1)}(2) & 1 \\ z_x^{(1)}(3) & z_y^{(1)}(3) & z_z^{(1)}(3) & 1 \\ \vdots & \vdots & \vdots & \vdots \\ z_x^{(1)}(n) & z_y^{(1)}(n) & z_z^{(1)}(n) & 1 \end{bmatrix} \tag{12.17}$$

$$\boldsymbol{Y}_N = \begin{bmatrix} p_x^{(0)}(2) & p_y^{(0)}(2) & p_z^{(0)}(2) \\ p_x^{(0)}(3) & p_y^{(0)}(3) & p_z^{(0)}(3) \\ \vdots & \vdots & \vdots \\ p_x^{(0)}(n) & p_y^{(0)}(n) & p_z^{(0)}(n) \end{bmatrix} \tag{12.18}$$

$$\boldsymbol{A} = \begin{bmatrix} a_{11} & a_{12} & a_{13} \\ a_{21} & a_{22} & a_{23} \\ a_{31} & a_{32} & a_{33} \end{bmatrix}, \quad \boldsymbol{B} = \begin{bmatrix} b_x \\ b_y \\ b_z \end{bmatrix} \tag{12.19}$$

则可以得到 MGM(1, N)模型的参数估计列为

$$\hat{\boldsymbol{a}} = [\boldsymbol{A}, \boldsymbol{B}]^{\mathrm{T}} = (\boldsymbol{R}^{\mathrm{T}}\boldsymbol{R})^{-1}\boldsymbol{R}^{\mathrm{T}}\boldsymbol{Y}_N \tag{12.20}$$

于是可得 MGM(1, 3)模型的白化微分方程，即

$$\begin{cases} \dfrac{\mathrm{d}p_x^{(1)}}{\mathrm{d}t} = a_{11}p_x^{(1)} + a_{12}p_y^{(1)} + a_{13}p_z^{(1)} + b_x \\ \dfrac{\mathrm{d}p_y^{(1)}}{\mathrm{d}t} = a_{21}p_x^{(1)} + a_{22}p_y^{(1)} + a_{23}p_z^{(1)} + b_y \\ \dfrac{\mathrm{d}p_z^{(1)}}{\mathrm{d}t} = a_{31}p_x^{(1)} + a_{32}p_y^{(1)} + a_{33}p_z^{(1)} + b_z \end{cases} \tag{12.21}$$

则 MGM(1, 3)模型的离散时间响应式为

$$\hat{\boldsymbol{P}}^{(1)}(k) = e^{\boldsymbol{A}(k-1)}[\boldsymbol{P}^{(1)}(1) + \boldsymbol{A}^{-1}\boldsymbol{B}] - \boldsymbol{A}^{-1}\boldsymbol{B} \tag{12.22}$$

取 $\hat{p}_x^{(0)}(1)=p_x^{(0)}(1)$，$\hat{p}_y^{(0)}(1)=p_y^{(0)}(1)$ 和 $\hat{p}_z^{(0)}(1)=p_z^{(0)}(1)$，最后对该序列进行一次累减还原，就可以得到原始数据的预测值。

12.3.2　基于背景值优化的 MGM(1, N)轨迹预测模型

由 12.3.1 节可知，传统 MGM(1, 3)模型的预测值取决于参数矩阵 ***A*** 和参数向量 ***B***，而 ***A*** 和 ***B*** 的值取决于 n 个原始位置数据和相应的背景值 $z_i^{(1)}(k)$。因此，背景值的构造会对模型的预测精度产生重要影响。这里令

$$p_i^{(1)}(k)=b_i e^{a_i(k-1)}+c_i,\quad i=x,y,z;\quad k=1,2,\cdots,n \tag{12.23}$$

式中，a_i、b_i、c_i 为待定常数。

记优化的背景值为

$$\bar{z}_i^{(1)}(k)=\int_{k-1}^{k} p_i^{(1)}\mathrm{d}t,\quad i=x,y,z \tag{12.24}$$

$$p_i^{(0)}(k)=p_i^{(1)}(k)-p_i^{(1)}(k-1)=b_i\left[1-\exp\left(-a_i\right)\right]\exp\left[a_i(k-1)\right] \tag{12.25}$$

$$\frac{p_i^{(0)}(k)}{p_i^{(0)}(k-1)}=\frac{b_i\left[1-\exp\left(-a_i\right)\right]\exp\left[a_i(k-1)\right]}{b_i\left[1-\exp\left(-a_i\right)\right]\exp\left[a_i(k-2)\right]}=\exp\left(a_i\right) \tag{12.26}$$

由式（12.26）得

$$a_i=\ln p_i^{(0)}(k)-\ln p_i^{(0)}(k-1) \tag{12.27}$$

由式（12.25）和式（12.27）可得

$$b_i=\frac{p_i^{(0)}(k)\left[\dfrac{p_i^{(0)}(k)}{p_i^{(0)}(k-1)}\right]^{(1-k)}}{1-\dfrac{p_i^{(0)}(k-1)}{p_i^{(0)}(k)}} \tag{12.28}$$

又 $p_i^{(1)}(1)=p_i^{(0)}(1)=b_i+c_i$，$i=x,y,z$，由式（12.28）得

$$c_i = p_i^{(0)}(1) - \frac{p_i^{(0)}(k)\left[\dfrac{p_i^{(0)}(k)}{p_i^{(0)}(k-1)}\right]^{(1-k)}}{1-\dfrac{p_i^{(0)}(k-1)}{p_i^{(0)}(k)}} \tag{12.29}$$

从而可得优化的背景值计算公式为

$$\begin{aligned} \overline{z}_i^{(1)}(k) &= \int_{k-1}^{k} p_i^{(1)} \mathrm{d}t \\ &= \int_{k-1}^{k} \left\{ b_i \exp\left[a_i(t-1)\right] + c_i \right\} \mathrm{d}t \\ &= \frac{1}{a_i} p_i^{(0)}(k) + c_i \\ i = x, y, z&;\ k = 2, 3, \cdots, n \end{aligned} \tag{12.30}$$

将式（12.27）和式（12.29）代入式（12.30），可得背景优化值为

$$\overline{z}_i^{(1)}(k) = \frac{p_i^{(0)}(k)}{\ln p_i^{(0)}(k) - \ln p_i^{(0)}(k-1)} + p_i^{(0)}(1) + \frac{\left[p_i^{(0)}(k-1)\right]^{k-1}}{\left[p_i^{(0)}(k)\right]^{k-3}\left[p_i^{(0)}(k-1) - p_i^{(0)}(k)\right]} \tag{12.31}$$

将背景优化值代入式（12.16）～式（12.22），再进行一次累减还原，可以得到基于背景优化的 MGM(1, 3)预测模型的预测数据。

在实际应用中，通过 MGM(1, 3)模型来预测战机和目标未来时刻的位置，随着战机运动的继续，测量系统会得到新的位置数据，将这些新数据加入原始数据中，造成原始数据点的增多，计算量显著增加。而灰色系统理论认为，随着系统的发展，旧数据描述系统演化的效果逐步降低，在不断添加新数据的同时，及时去掉旧数据，建模序列更能反映系统当前的运行特征，尤其是当战机进行机动时，去掉不反映系统当前特征的老数据，显然是合理的。此外，不断地新陈代谢，可以避免因数据量的增加而使计算机运算时间过长的问题。同时，在实际预测过程中，

还可以利用多个 MGM(1, 3)模型进行叠加，求得预测均值，用预测均值进行预测，以此来提高预测精度。

12.4　多机协同空战决策流程

基于群决策理论的多机协同空战决策流程如图 12.2 所示。

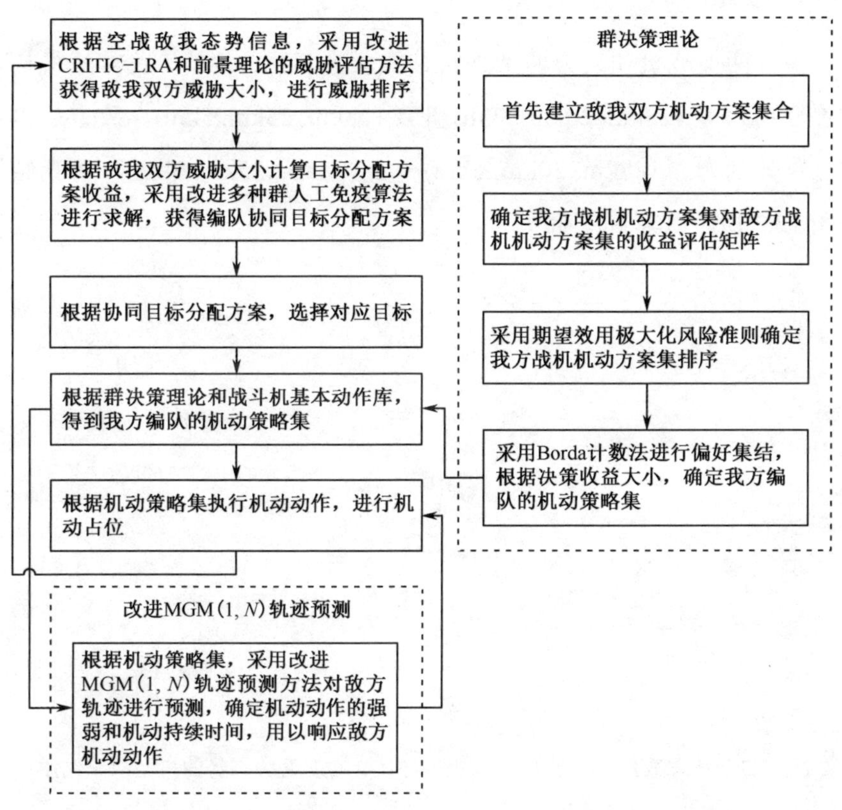

图 12.2　基于群决策理论的多机协同空战决策流程

12.5 仿真分析

本章采用第 3 章所提方法进行收益函数计算，采用基于专家知识库的方法进行空战机动决策策略仿真。

1. 仿真分析一

我方两架战机和敌方两架战机迎头相遇，处于均势，我方战机初始位置分别为 W_1(28km, 20km, 5km)和 W_2(28km, 25km, 5km)，敌方战机初始位置分别为 D_1(88km, 20km, 5km)和 D_2(88km, 25km, 5km)，仿真结果如图 12.3 所示（彩图见插页）。

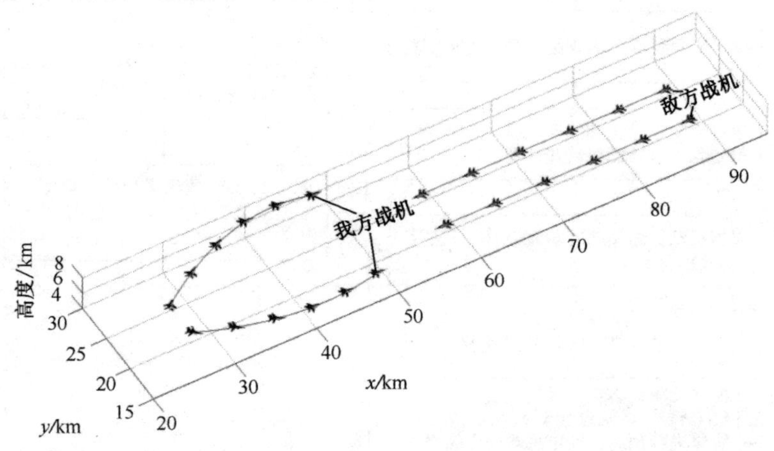

图 12.3 敌方战机不机动时我方战机与其 2 对 2 迎头态势的机动决策结果

从图 12.3 可以看出，我方战机 W_1 与敌方战机 D_1 配对，我方战机 W_2 与敌方战机 D_2 配对，配对敌方战机轨迹用同一线型表示。初始时刻我方战机和敌方战机迎头相遇，处于相对均势，而后我方战机进行迂回爬升，向两侧进行转弯机动，通过增加角度威胁来减少高度威胁。这是因为在距离较远时，高度相对角度对我方战机的影响更大，占据高度优势可以增加导弹发射距离，进而提前发射导弹，从而占据战场进攻主动权；当爬升到合适高度后，我方战机指向敌方战机，减少角度威胁，从整体上获得对敌方战机的态势优势。

2. 仿真分析二

我方两架战机从侧方攻击敌方两架战机，我方优势，敌方劣势。我方战机初始位置为 W_1(90km, −10km, 5km)和 W_2(85km, −10km, 5km)，敌方战机初始位置为 D_1(88km, 20km, 5km)和 D_2(88km, 25km, 5km)，仿真结果如图 12.4 所示（彩图见插页）。

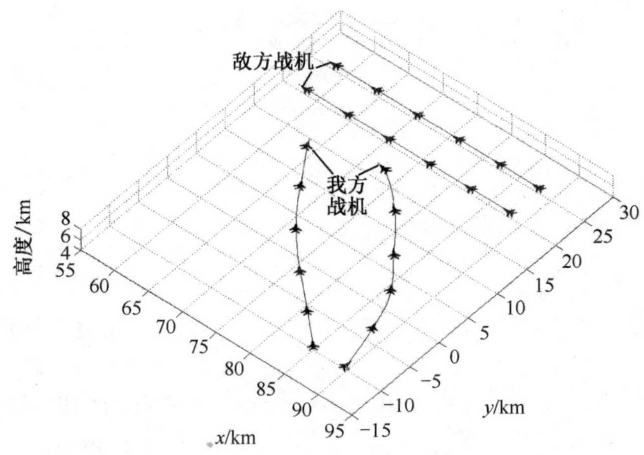

图 12.4 敌方战机不动机时我方战机 2 对 2 对其侧向尾追态势的机动决策结果

从图 12.4 可以看出，我方战机 W_1 最终飞行方向指向敌方战机 D_1，两者配对；W_2 最终的飞行方向指向敌方战机 D_2，两者配对，配对战机轨迹用同一线型表示。初始时刻我方战机从侧方接近敌方战机，我方战机 W_1 进行左转弯，形成对敌方战机 D_1 的尾追优势；我方战机 W_2 进行右转弯，形成对敌方战机 D_2 的侧向尾追优势。通过向不同方向进行机动转弯，能够获得更大的角度优势区域，避免同向机动时因为敌机机动进入我方角度劣势区域而造成我方劣势。从决策结果来看，我方战机通过机动决策，从整体上占据了战场优势。

3. 仿真分析三

我方两架战机和敌方两架战机迎头相遇，处于均势，敌方进行 S 形交叉机动。我方战机初始位置为 W_1(60km, 20km, 5km)和 W_2(60km, 25km, 5km)，敌方战机初始位置为 D_1(90km, 20km, 5km)和 D_2(90km, 25km, 6km)，仿真结果如图 12.5 所示（彩图见插页）。

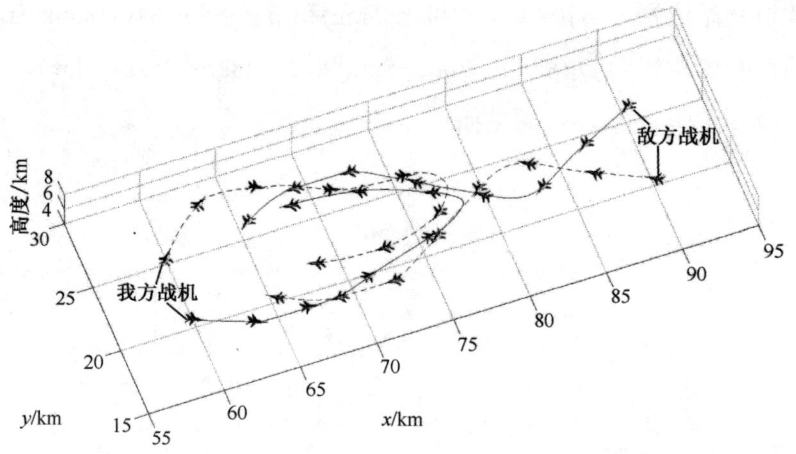

图 12.5　敌方战机机动时我方战机与其 2 对 2 迎头态势的机动决策结果

从图 12.5 可以看出，我方战机 W_1 最终的飞行方向指向敌方战机 D_2，两者配对；我方战机 W_2 最终的飞行方向指向敌方战机 D_1，两者配对，配对战机轨迹用同一线型表示。初始时刻我方战机和敌方战机迎头相遇，目标分配结果为 W_1 和 D_1 配对、W_2 和 D_2 配对，我方战机进行迂回爬升，向两侧进行转弯机动，通过增加角度威胁来减少高度威胁，而后对准敌方战机，减少角度威胁。在飞行过程中，由于机动的滞后性，当发现敌方战机和我方战机形成背向均势，进行转弯机动，形成我方战机对敌方战机的尾追态势，根据态势变化情况，改变目标配对，W_1 和 D_2 配对、W_2 和 D_1 配对，通过改变目标配对情况，能够更快形成对敌机的优势。从决策结果来看，我方战机机动决策可以体现战机之间的协同特性。

4. 仿真分析四

我方两架战机从侧方尾追敌方两架战机，我方优势，敌方劣势，敌方进行 S 形交叉机动。我方战机初始位置为 W_1(90km, −10km, 5km)和 W_2(85km, −10km, 5km)，敌方战机初始位置为 D_1(90km, 20km, 5km)和 D_2(90km, 25km, 6km)，仿真结果如图 12.6 所示（彩图见插页）。

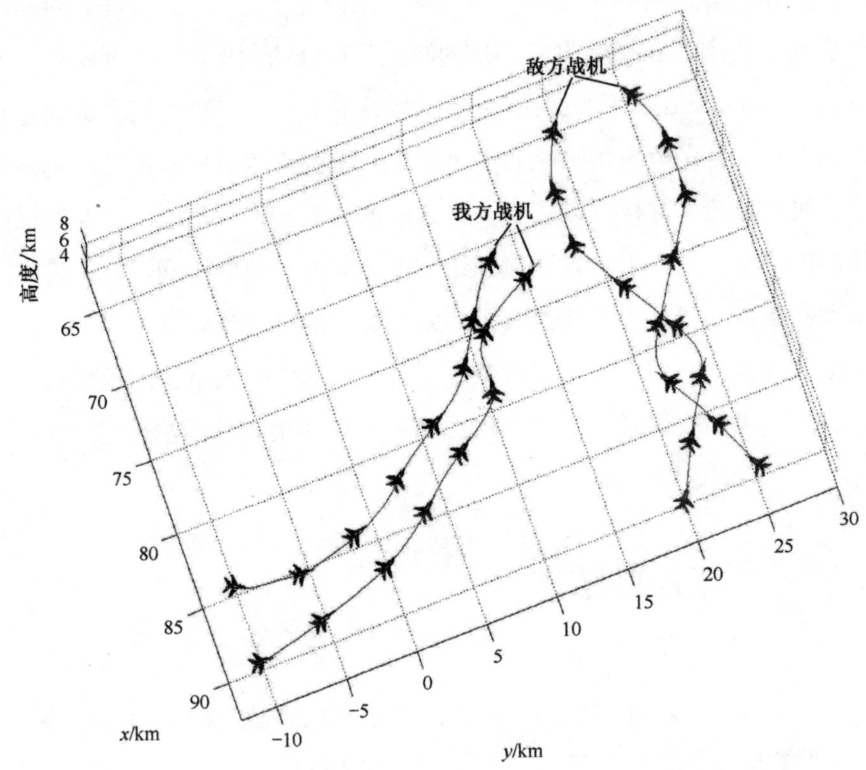

图 12.6　敌方战机机动时我方战机对其 2 对 2 侧向尾追态势的机动决策结果

从图 12.6 可以看出，我方战机 W_1 最终的飞行方向指向敌方战机 D_1，两者配对；我方战机 W_2 最终的飞行方向指向敌方战机 D_2，两者配对，配对战机轨迹用同一线型表示。初始时刻我方战机从侧向接近敌方战机，并进行一定的转弯机动，避免敌方战机对我方战机形成尾追态势。而后，为了避免同向机动时因为敌方战机机动而进入角度劣势区，W_1 开始进行右转弯机动，增加战机协同探测区域，增加角度优势。

上述仿真结果表明，敌方编队采取不同的机动策略，采用本章提出的基于群决策理论的多级协同机动决策方法可以使我方编队战机占据有利态势，掌握战场主动权。

本章主要针对多机协同空战机动决策问题进行研究。首先针对传统的机动动作库存在操纵方式不足的缺点，对机动动作库进行扩充，得到具有 11 种操纵方式的机动动作库；然后鉴于目前多机协同空战通过目标分配后，将多机对抗转化为多个单机对抗的形式，根据单机对抗态势进行机动决策，这样难以体现多机之间的协同特性，难以发挥多机协同作战的优势，为此引入群决策理论，体现多机之间的协同特性，采用序数型决策方法进行偏好集结，得到整个机群的机动策略集；为了提高决策的可靠性，采用一种基于背景优化的改进 MGM(1, *N*)轨迹预测方法，对敌方战机轨迹进行预测，可以提高我方机动决策的预测性。

本部分总结

本部分以空空作战中的近距空战和超视距空战为研究背景，以深度学习方法为主线，分别研究空空导弹攻击结果预测、近距空战态势评估和超视距空战态势评估 3 个方面的问题。

本部分主要研究内容如下：

（1）构建一种考虑飞行员决策偏好的不确定性和解决指标关联性的指标权重计算和目标威胁排序模型。首先，针对当前空战威胁评估指标体系建立时没有考虑指标之间的关联性，使用线性加权会导致重复计算，以及主观赋权法在计算指标权重时具有主观性，提出了一种改进的

CRITIC-LRA 确定指标权重的计算方法。根据 CRITIC 法的缺陷，引入基尼系数和肯德尔系数实现对 CRITIC 法的改进，并确定指标初始权重；利用一阶 LRA 计算评估指标关联关系，通过削减指标权重来降低指标关联性，实现指标权重修正；为了弥补 TOPSIS 中采用欧几里得距离作为距离测度的缺点，采用指标间加权灰色关联度代替欧几里得距离，计算相对贴近度，实现威胁排序。

针对威胁评估过程中没有考虑决策者的认知局限和决策偏好，引入前景理论，为了解决单纯采用指标平均值参考点带来的信息丢失和决策结果分辨率下降等问题，参考逼近理想解排序法，引入正负理想点作为参考点，采用模糊分析法确定决策者对不同参考点的偏好权重。该模型能够减少单参考点带来的决策信息损失和决策结果分辨率下降等问题，同时能够考虑决策者的偏好变动，使决策结果更加合理，目标威胁区分度更大。

（2）多机协同超视距空战目标分配研究。首先针对现有的目标分配算法，在计算大规模机群交战问题时，会存在计算时间过长、决策效果不佳等问题，提出了将一种两阶段目标分配模型。然后根据敌机在空间中位置的相似性，采用模糊 c 均值聚类算法实现对敌方机群的分组，根据敌方机群的分组结果，引入遗传模拟退火算法实现对我方机群的分组，通过对敌我双方机群进行分组，将大规模机群对抗分组转化为编队小组间的对抗问题。在编队协同目标分配过程中，考虑以往研究中的目标分配模型是静态的，而实际上的空战环境是动态变化的，本书建立了一个动态的目标分配模型，根据敌方飞机数量进行多次分配，能够增加对敌机的杀伤能力。另外，可以充分考虑现有战机的多目标跟踪和攻击能力。最后，提出了一种改进的多种群人工免疫算法，利用仿真验证了算法的求解精度。

（3）针对现有飞机机动动作库难以对飞机运动进行精细描述的问题，

对飞机机动动作库进行扩充，使得对飞机运动的操纵更加精细。考虑现有研究将多机协同空战转化为若干个1对1空战的形式，难以体现飞机之间的协作特性，本部分提出了一种基于群决策理论的协同机动决策算法，体现其他战机进行攻击时对战场态势的影响，采用Borda计数法对机动策略进行偏好集结。本部分提出了一种基于背景优化的改进MGM(1, N)轨迹预测算法，通过对敌方飞机运动轨迹进行预测，提高了机动决策的执行效果。通过进行两种战场态势下的空战仿真，验证了本书所提算法的有效性。

本部分主要针对多机协同超视距空战决策方法进行研究，还在空战目标威胁评估和威胁排序、敌我双方大规模机群分组、编队协同目标分配和多级协同超视距空战等方面进行了研究，得到了一些结论，但仍然需要继续对以下一些问题进行研究。

（1）在空战威胁评估指标体系中，对于作战意图的判断还缺乏准确的定量研究。实际上，目标作战意图的判断是一个动态过程，需要对大量数据进行分析，结合己方相关决策事件，将相应的决策事件关联作战任务，才可以对目标作战意图进行识别。

（2）在前景理论中，针对飞行员偏好的不确定性，对空战威胁评估影响进行了定性分析和定量研究。但是，对于不同的飞行员，其心理和行为偏好不尽相同，如何根据现有的空战训练数据，对每个飞行员的偏好进行量化，是下一步研究的重点。

（3）在进行编队内协同目标分配过程中，在进行多次重复分配确定目标后，由于空战战场的动态复杂特性，需要根据态势变化对目标匹配进行更新。由于空战瞬息万变，寻找一种求解精度高，解算时间快的算法在逻辑上是矛盾的，这需要我们对此进行平衡，下一步我们将对算法的求解精度和解算时间的平衡性进行研究，使之适应复杂多变的空战环境。

（4）多机协同空战中采用的群决策理论，采用的具备 11 种机动动作对空战机动描述仍不够精确，同时受战机能力和飞行员生理能力的限制，其机动策略的连续选择并不是完全可行的，机动强弱和机动持续时间仍不确定，下一步我们需要对这些问题进行深入研究。

参考文献

[1] 陈国际. 空空作战效能评估软件系统的研制与开发[D]. 南京：南京航空航天大学，2014：1-7.

[2] 季荣涛. 基于威胁分析的战场空间划分及其在航迹规划中的作用[D]. 南京：南京大学，2016.

[3] 樊会涛，闫俊. 相控阵制导技术发展现状与展望[J]. 航空学报，2015，36（9）：2807-2814.

[4] 李红卫，蔡金元，王玉田，等. 机载有源相控阵雷达的作战优势、性能对比及军事应用[J]. 国防与科技，2015，36（6）：69-73.

[5] 万伟. 无人机自主协同攻击一体化智能火控技术的研究[D]. 南京：南京航空航天大学，2009.

[6] 刘济西. 虚拟现实技术与新军事变革[D]. 长沙：国防科技大学，2016.

[7] 孙洪星. 飞行仿真训练系统综合控制台三维态势显示的设计与实现[D]. 北京：北京工业大学，2016.

[8] 丛伟，景博. 美国空军空战训练系统的发展历程和启示[J]. 电光与控制，2011，18（7）：55-59.

[9] 张宇龙. 航电全任务数字仿真系统架构设计与验证[D]. 成都：电子科技大学，2014.

[10] SILVER D, HUANG A, MADDISON C, et al. Mastering the game of go with deep neural networks and tree search[J]. Nature, 2016, 529(7587): 484-489.

[11] 李相民，薄宁，代进进，等. 有/无人机编队协同作战指挥控制关键技术综述[J]. 飞航导弹，2017（9）：29-35.

[12] 李银通，韩统，孙楚，等. 基于逆强化学习的空战态势评估函数优化方法[J]. 火力与指挥控制，2019，44（8）：101-106.

[13] 刘同明，夏祖勋，解洪成. 数据融合技术及其应用[M]. 北京：国防工业出版社，1998.

[14] CHEN J, YU G H, GAO X G. Cooperative threat assessment of multi-aircrafts based on synthetic fuzzy cognitive map[J]. Journal of Shanghai Jiaotong University, 2012, 2(17): 228-232.

[15] WANG Y J, ZHANG X B, ZHANG H X, et al. Threat assessment of air combat based on TOPSIS[J]. Electronics Optics & Control, 2008, 5(15): 32-34.

[16] WANG Y, MIAO X. Intuitionistic Fuzzy Perceiving Methods for Situation and Threat Assessment[C]//International Conference on Fuzzy System and Knowledge Discovery Sichuan: IEEE, 2012: 578-582.

[17] 李闯，端木京顺，雷英杰，等. 基于认知图和直觉模糊推理的态势评估方法[J]. 系统工程与电子技术，2012，34（10）：2064-2068.

[18] XU Y L, WANG Y C, MIU X D. Multi-attribute decision making method for air target threat evaluation based on intuitionistic fuzzy sets[J]. Journal of Systems Engineering and Electronics, 2012, 23(6): 891-897.

[19] WANG Y, SUN Y, LI J Y, et al. Air Defense Threat Assessment Based on Dynamic Bayesia Network[C]//International Conference on System and Informatics, Yantai: IEEE, 2012: 721-724.

[20] 刘跃峰，陈哨东，赵振宇，等. 基于 FBNs 的有人机/UCAV 编队对地攻击威胁评估[J]. 系统工程与电子技术，2012，34（8）：1635-1639.

[21] 杨远志，王红卫，索中英，等. 基于粗糙集-逼近理想解排序的辐射源威胁评估方法[J]. 兵工学报，2016，37（5）：945-952.

[22] 张明双，徐克虎，李灵之. 基于直觉模糊集和 VIKOR 法的多目标威胁评估[J]. 兵器装备工程学报，2019，40（6）：62-67.

[23] 杨爱武，李战武，徐安，等. 基于 RS-CRITIC 的空战目标威胁评估[J]. 北京航空航天大学学报，2020，24（1）：90-937.

[24] 李战武，常一哲，杨海燕，等. 基于动态威力场的协同空战态势评估方法研究[J]. 系统仿真学报，2015，27（7）：1584-1590.

[25] 奚之飞，徐安，寇英信，等. 基于改进 GRA-TOPSIS 的空战威胁评估[J]. 北京航空航天大学学报，2020，46（2）：388-397.

[26] 奚之飞，徐安，寇英信，等. 基于前景理论的空战目标威胁评估[J]. 兵工学报，2020，41（6）：1236-1248.

[27] MOON S, OH E, SHIM D H. An integral framework of task assignment and path planning for multiple unmanned aerial vehicles in dynamic environments[J]. Journal of Intelligent & Robotic Systems, 2013, 70(1/4): 303-313.

[28] 张思宇. 多无人机协同航迹规划及其控制方法研究[D]. 北京：北京理工大学，2016.

[29] HOSEIN P A, WALTON J T, ATHANS M. Dynamic weapon-target assignment problems with vulnerable C2 nodes[J]. Proceedings of the Command & Control Symposium, 1988: 1786-1795.

[30] ADNAN Y, RON L W, HEE S H, et al. The Generalized Weapon Target Assignment Problem[C]. 10th International Command and Control Research and Technology Symposium, the Future of C2, June

13-16. McLean, VA: Lockheed Martin Corporation, 2005.

[31] 韩松臣. 导弹武器系统效能分析的随机理论方法[M]. 北京：国防工业出版社，2001.

[32] 李勇君，黄卓，郭波，等. 武器-目标分配问题综述[J]. 兵工自动化，2009，28（11）：1-9.

[33] 叶青松，胡笑旋，马华伟. 多无人机编队协同目标分配的两阶段求解方法[J]. 合肥工业大学学报（自然科学版），2015（10）：1431-1436.

[34] 毛昭军，李云芝，蔡业泉. 防空作战中合同网协议分布式目标分配算法[J]. 火力与指挥控制，2008，33（1）：90-93.

[35] 唐苏妍，梅珊，朱一凡，等. 基于扩展合同网协议的分布式武器目标分配方法[J]. 系统仿真学报，2011，33（3）：568-574.

[36] 肖玉杰，李杰，刘方. 基于合同网的分布式动态任务分配算法[J]. 舰船科学技术，2015，37（3）：113-118.

[37] HOPFIELD J, TANK D W. Neural Computation of Decisions in Optimization Problems[J]. Biological Cybernetics(S1432-0770), 1985, 52(14): 141-152.

[38] 朱德法，单连平，管莹莹. 基于改进粒子群算法的多机协同目标分配[J]. 火力与指挥控制，2015，40（8）：38-41.

[39] 宋遐淦，江驹，徐海燕. 改进模拟退火遗传算法在协同空战中的应用[J]. 哈尔滨工程大学学报，2017，38（11）：1762-1768.

[40] 高阳阳，陈双艳，余敏建，等. 改进人工免疫算法的多机协同空战目标分配方法[J]. 西北工业大学学报，2019，37（2）：354-360.

[41] 陈志旺，夏顺，李建雄，等. 考虑分配次序的无人机协同目标分配建模与遗传算法求解[J]. 控制理论与应用，2019，36（7）：1072-1082.

[42] 周思羽，吴文海，张楠，等. 自主空战机动决策方法综述[J]. 航空计算技术，2012，42（1）：27-31.

[43] AUSTIN F, CARBONE G, MICHAEL F, et al. Game Theory for Automated Maneuvering During Air-to-Air Combat[J]. Journal of Guidance, 1990, 13(6): 1143-1147.

[44] BIRTANEN K, RAIVIO T, HAMAL A R. Modeling pilot's sequential maneuvering decisions by a multistage influence diagram[J]. Journal of Guidance, Control, and Dynamics, 2004, 27(4): 665-677.

[45] 黄长强，赵克新，韩邦杰，等. 一种近似动态规划的无人机机动决策方法[J]. 电子与信息学报，2018，40（10）：2447-2452.

[46] MCMAHON D C. A Neural Network Trained to Select Aircraft Maneuvers During Air combat: A Comparison of Network and Rule Based Performance[C]. IJCNN International Joint Conference. San Diego, 1990: 107-112.

[47] ERNEST N, CARROLL D, SCHUMACHER C, et al. Genetic fuzzy based artificial intelligence for unmanned combat aerial vehicle control in simulated air combat missions[J]. Def Manag, 2016.

[48] 张强，杨任农，俞利新，等. 基于 Q-network 强化学习的超视距空战机动决策[J]. 空军工程大学学报（自然科学版），2018，19（6）：8-14.

[49] 张宏鹏，黄长强，轩永波，等. 基于深度神经网络的自主空战机动决策[J]. 兵工学报（自然科学版），2018，19（6）：8-14.

[50] 武华，苏秀琴. 基于群广义直觉模糊软集的空袭目标威胁评估方法[J]. 控制与决策，2015，30（8）：1462-1468.

[51] 张堃，王雪，张才坤，等. 基于 IFE 动态直觉模糊法的空战目标威胁评估[J]. 系统工程与电子技术，2014，36（4）：697-704.

[52] 骆文辉，杨建军. 灰色逼近理想解排序法在目标威胁评估中的应用[J]. 火力与指挥控制，2009，34（2）：130-133.

[53] DU Y X, GAO C, HU Y, et al. A new method of identifying influential nodes in complex networks based on TOPSIS[J]. Physica A: Statistical Mechanics and Its Applications, 2014, 399: 57-69.

[54] 姜龙亭，寇雅楠，王栋，等. 动态变权重的近距空战态势评估方法[J]. 电光与控制，2019，26（4）：1-5.

[55] 王光辉，徐光达，谢宇鹏，等. 无人作战飞机 1 对 1 超视距空战态势评估[J]. 指挥控制与仿真，2018，40（5）：21-25.

[56] 张立鹏，相猛. 基于 MADM 的多 UCAV 空战态势威胁评估[J]. 工业仪表与自动化装置，2014（2）：109-112.

[57] 傅为忠，刘芳芳. 基于改进 CRITIC-GRAP 模型的“互联网+工业”融合发展评价研究[J]. 工业技术经济，2016，35（10）：21-29.

[58] FAN W L, HU P, LIU Z G. Multi-attribute node importance evaluation method based on Gini-coefficient in complex power grids[J]. IET Generation, Transmission & Distribution, 2016, 10(9): 2027-2034.

[59] DAS S, MEHER P K, PRADHAN U K, et al. Inferring gene regulatory network using Kendall's tau correlation coefficient and identification of salinity stress responsive genes in rice[J]. Current Science, 2017, 112(6): 1257-1262.

[60] 罗滇生，别少勇，庞振国，等. 考虑指标关联的配电网设备利用率综合评价[J]. 电力系统及其自动化学报，2017，29（10）：73-79.

[61] 管新建，秦海东，孟钰. 基于 CRITIC-TOPSIS-灰色关联度的淮河流域水资源利用效率评估[J]. 节水灌溉，2018（11）：73-79.

[62] 高山，王深哲，李海峰，等. 基于前景理论的电网规划方案综合决策方法[J]. 电网技术，2014，38（8）：2029-2036.

[63] 郝晶晶，朱建军，刘思峰. 基于前景理论的多阶段多准则决策方法[J]. 中国管理科学，2015，23（1）：73-81.

[64] 张波，隽志才，倪安宁. 基于累积前景理论的动态交通流演化博弈模型[J]. 管理工程学报，2014，28（3）：164-173.

[65] 陈俊霖，李沁雪，张春萍，等. 应急环境下时间压力和决策者风险态度对决策行为的影响实验研究[J]. 中国管理科学，2015，28：349-358.

[66] 王坚强，孟利宇，陈晓红. 基于决策者风险态度的多准则决策的 Vague 集方法[J]. 系统工程与电子技术，2009，31（2）：361-365.

[67] 罗承昆，陈云翔，顾天一，等. 基于前景理论和证据推理的混合型多属性决策方法[J]. 国防科技大学学报，2019，41（5）：49-55.

[68] 查勇，宋阿丽，杨宏林，等. 考虑决策者偏好的机会约束 DEA 模型[J]. 管理科学学报，2014，17（1）：11-20.

[69] 赵坤，高建伟，祁之强，等. 基于前景理论及云模型风险多准则决策方法[J]. 控制与决策，2015，30（3）：395-402.

[70] 郝晶晶，朱建军，刘思峰. 基于前景理论的多阶段多准则决策方法[J]. 中国管理科学，2015，23（1）：73-81.

[71] 刘玲. 面向交易全过程的互联网保险购买决策模型研究[D]. 沈阳：沈阳工业大学，2018.

[72] LI L, SHI Z H, YIN W, et al. A fuzzy analytic hierarchy process (FAHP) approach to eco-environmental vulnerability assessment for the danjiangkou reservoir area, China[J]. Ecological Modelling, 2009, 220(23): 3439-3447.

[73] 靳留乾，徐扬. 基于证据推理和第 3 代前景理论的不确定多属性决策方法[J]. 控制与决策，2016，31（1）：105-113.

[74] 吴蕊. 基于层次分解策略的无人机协同航迹规划研究[D]. 南京：南京航空航天大学，2012.

[75] 彭莉莎，郑华利，周献中. 面向网络信息体系的人与多机制整合指挥控制模型[J]. 指挥与控制学报，2020，6（3）：229-244.

[76] 张彤. 无人机编队组网关键技术研究[D]. 西安：西安理工大学，2019.

[77] 张永芳，王小鹏，马鹏，等. 基于欧氏空间距离的加强模糊 c 均值聚类方法[J]. 传感器与微系统，2018，37（9）：38-40.

[78] YF M, Q Y, M X, et al. Method research for high-speed train operation adjustment based on Immune Genetic Algorithm[C]//International Conference on Logistics. IEEE, 2017.

[79] 卢宇婷，林禹攸，彭乔姿，等. 模拟退火算法改进综述及参数探究[J]. 大学数学，2015，31（6）：96-103.

[80] ZHANG S H, LIN J, ZHANG Z J, et al. List-Based Simulated Annealing Algorithm for Traveling Salesman Problem[J]. Computational Intelligence and Neuroscience, 2016: 1-12.

[81] 陈志旺，夏顺，李建雄，等. 考虑分配次序的无人机协同目标分配建模与遗传算法求解[J]. 控制理论与应用，2019，36（7）：1072-1082.

[82] 冯晓哲，杨瑞，王健，等. 雷达探测威力范围与三围可视化研究[J]. 现代雷达，2015，37（5）：74-78.

[83] 张光义，刘兆磊，赵玉洁. 工作方式对相控阵雷达作用距离的影响[J]. 现代雷达，2003（5）：1-6.

[84] GAO J Q. A novel artificial immune system for solveing multiobjective scheduling problems subject to special process constraint[J]. Computers & Industrial Engineering, 2010, 58(4): 602-609.

[85] 莫宏伟，左兴权. 人工免疫系统[M]. 北京：科学出版社，2009.

[86] 李军华，黎明，袁丽华. 一种改进的双种群遗传算法[J]. 小型微型计算机系统，2008，29（11）：2099-2102.

[87] 瞿仲曦，钱锋，杜文莉. 基于定向突变的自适应并行免疫算法[J]. 华东理工大学学报（自然科学版），2010，36（1）：88-92.

[88] 周思羽，孔繁峨，吴文海，等. 基于变异离散粒子群的协同空战攻击决策算法[J]. 指挥控制与仿真，2012，34（4）：25-29.

[89] 姜甲玉，周思羽，尚崇伟. 空战自主机动决策问题建模[J]. 四川兵工学报，2014，35（5）：112-115.

[90] AUSTIN F, CARBONE G, FALCO M, et al. Automated maneuvering decisions for air-to-air combat[C]//JProceedings of Guidance, Navigation and Control Conference, 1987.

[91] 徐玖平，陈建中. 群决策理论的方法及实现[M]. 北京：清华大学出版社，2009.

[92] 刘思峰，等. 灰色系统理论及其应用[M]. 8 版. 北京：科学出版社，2017.

[93] 柯宏发，何可，陈永光. 运动目标的 MGM(1, *N*)轨迹预测算法[J]. 武汉大学学报（信息科学版），2012，37（7）：662-666.

附 录 A

A.1 数据预处理

```
import pandas as pd
sj=pd.read_csv(r"e:\Desktop\acmi.csv")    #获取原始 ACMI 文件数据
data=pd.DataFrame(columns=['time','r','dr','g','dg','H','dH','f','df'])
length=len(sj.index)
def cs(point):
    data.loc[point,'time']=sj.loc[point,'time']
    data.loc[point,'g']=sj.loc[point,'g']
    data.loc[point,'H']=sj.loc[point,'H']
    data.loc[point,'r']=sj.loc[point,'r']
    data.loc[point,'f']=sj.loc[point,'f']
for i in range(length):
    if(i==0):
        cs(i)
    else:
        cs(i)  #记录了 3 个姿态角的值
        data.loc[i,'dH']=sj.loc[i,'H']-sj.loc[i-1,'H']
        d1=sj.loc[i,'r']-sj.loc[i-1,'r']
        if((360>d1)and(d1>180)):
            data.loc[i,'dr']=d1-360
        elif((-180>d1)and(d1>-360)):
            data.loc[i,'dr']=d1+360
        else:
            data.loc[i,'dr']=d1
        d2=sj.loc[i,'g']-sj.loc[i-1,'g']
        if((360>d2)and(d2>180)):
```

```
                data.loc[i,'dg']=d2-360
            elif((-180>d2)and(d2>-360)):
                data.loc[i,'dg']=d2+360
            else:
                data.loc[i,'dg']=d2
            d3=sj.loc[i,'f']-sj.loc[i-1,'f']
            if((360>d3)and(d3>180)):
                data.loc[i,'df']=d3-360
            elif((-180>d3)and(d1>-360)):
                data.loc[i,'df']=d3+360
            else:
                data.loc[i,'df']=d3
data.to_csv(path_or_buf=r"e:\Desktop\data.csv")
```

A.2 识别程序

```
import pandas as pd
data=pd.read_csv(r"e:\Desktop\data.csv")    #载入经过预处理的 ACMI 数据
length=len(data.index)              #ACMI 数据帧数
BZdzks=0        #动作开始记录变量
BZdzjs=0        #动作结束记录变量
BZwheel=0       #转弯标志变量
hxjbh=0         #航向角变化绝对值总量
hgjbh=0         #横滚角变化绝对值总量
fyjbh=0         #俯仰角变化绝对值总量
```

A.2.1 筋斗类机动动作识别

```
notejd=pd.DataFrame(columns=['begin','end','jd_or_bjd']) #创建一个列表
point=0
```

```
timel=0
time2=0
BZjd=0      #筋斗类动作标识符
BZjd2=1
BZdzks=0    #动作开始记录变量
BZdzks2=0
def jd_noted(BZdzks,BZdzjs,direction):    #筋斗动作
    global point
    notejd.loc[point,'begin']=BZdzks     #记录动作开始帧
    notejd.loc[point,'end']=BZdzjs          #记录动作结束帧
    notejd.loc[point,'jd_or_bjd']=direction
    point+=1
for row in range(length):              #对原始数据进行处理
    if data.loc[row,'H']<=200:  #200m 以下不管，高度变化量小于或等于 200m
        continue
    if BZjd==0:      #筋斗类动作标识符
        if(abs(data.loc[row,'g'])>170):
            if(BZdzks2==0):
                BZdzks2=row
            if(data.loc[row,'f']<0):
                if(data.loc[row,'df']>=1):
                    time2+=0.25
                    if(timel>2):
                        BZjd=-1
                        time2=0
                else:
                    continue
            else:
                continue
    else:
```

```
            if(data.loc[row,'f']<=5):  #计时器清零，进入下一帧
                timel=0
                BZdzks=0
                continue
            elif(data.loc[row,'f']>=5):  #确定爬升动作起始帧
                if BZdzks==0:
                    BZdzks=row      #拉起预备状态，记录动作开始帧
                if(data.loc[row,'df']>=1):     #data.loc[row,'df']俯仰角变化率
                    timel+=0.25
                    if(timel>2):
                        BZjd=1      #爬升动作筋斗标识符
                        timel=0
                else:
                    continue
    if BZjd==1:       #表示可能存在筋斗类机动动作
        BZdzks2=0
        if(BZjd2==1):
            if(fyjbh==0):
                for i in range(BZdzks,row):
                    fyjbh+=data.loc[i,'df']    #俯仰角变化量
            else:
                fyjbh+=data.loc[row,'df']
            if(data.loc[row,'df']>1):
                continue
            elif(fyjbh>340):        #俯仰角最大值超过 340°
                BZdzjs=row
                direction=1
                if((data.loc[row,'f']<5)and(data.loc[row,'f']>0)):
                    jd_noted(BZdzks,BZdzjs,direction)    #记录筋斗机动动作
                    BZdzks=0
```

```
                fyjbh=0
                BZdzjs=0
                direction=0
                BZjd=0
                continue
            else:
                continue
        elif(fyjbh>160):        #俯仰角最大值超过 160°
            BZjd2=-1        #跳转识别半滚倒转
            continue
        else:
            BZjd=0
            BZdzks=0
            fyjbh=0
            direction=0
            BZdzjs=0
    if(BZjd2==-1):      #表示可能存在半滚倒转机动动作
        if(abs(data.loc[row,'g'])<15):
            BZdzjs=row-1
            direction=2
            jd_noted(BZdzks,BZdzjs,direction)    #记录半滚倒转机动动作
            BZdzks=0
            BZdzjs=0
            direction=0
            fyjbh=0
            BZjd2=1
            BZjd=0
        elif(data.loc[row,'df']>1):
            BZjd2=1
        else:
```

```
                continue
    if BZjd==-1:
        if(fyjbh==0):
            for i in range(BZdzks2,row):
                fyjbh+=data.loc[i,'df']    #俯仰角变化量
        if(data.loc[row,'df']>1):
            continue
        elif(fyjbh>160):          #俯仰角最大值超过 160°
                BZdzjs=row
                direction=3
                if((data.loc[row,'f']<5)and(data.loc[row,'f']>0)):
                    jd_noted(BZdzks2,BZdzjs,direction) #记录筋斗类机动动作
                    BZdzks2=0
                    fyjbh=0
                    BZdzjs=0
                    direction=0
                    BZjd=0
                    continue
                else:
                    continue
        else:
            BZdzks2=0
            fyjbh=0
            BZdzjs=0
            direction=0
            BZjd=0
notejd.to_csv(path_or_buf=r'e:\Desktop\notejd.csv')
```

A.2.2 转弯类机动动作识别

```
note=pd.DataFrame(columns=['begin','end','sum','direction','roll'])
point=0
```

```
BZpx=0
BZhg=0
hgjzd=0        #横滚角最大值
def noted(BZdzks,row,hxjbh,BZwheel,BZhg): #动作达到记录条件后进行记录
    global point
    note.loc[point,'begin']=BZdzks              #记录动作开始帧
    note.loc[point,'end']=row-1                 #记录动作结束帧
    note.loc[point,'sum']=abs(hxjbh)            #记录航向角变化量绝对值
    note.loc[point,'direction']=BZwheel         #记录转弯类机动动作标识符
    note.loc[point,'roll']=BZhg                 #记录横滚动作标识符
    point+=1
BZdzks=0
BZpx=0
BZhg=0
hxjbh=0
hgjzd=0
for row in range(length):
    if data.loc[row,'H']<500:
        continue    #直接进入下一帧
    if BZwheel==0:
        if(data.loc[row,'g']<15 and data.loc[row,'g']>-15): #g 横滚角
            continue  #直接进入下一帧
        elif data.loc[row,'g']>=15:
            if BZdzks==0:
                BZdzks=row
            BZwheel=1
        elif data.loc[row,'g']<=-15:
            if BZdzks==0:
                BZdzks=row
            BZwheel=-1
```

```
elif BZwheel==1: #右转弯
    hxjbh+=data.loc[row,'dr']
    if abs(data.loc[row,'g'])>hgjzd:
        hgjzd=abs(data.loc[row,'g'])    #data.loc[row,'g']为当前帧的横滚角
    if(data.loc[row,'g']<15 and data.loc[row,'g']>-15):
        if abs(hxjbh)>=40:
            for i in range(BZdzks,row):
                data.loc[i,'wheel']=1
            if hgjzd>170:       #横滚角最大值超过 170°
                BZhg=1
            noted(BZdzks,row,hxjbh,BZwheel,BZhg)
            BZdzks=0
            BZpx=0
            BZhg=0
            hxjbh=0
            hgjzd=0
        elif hgjzd>170:
            BZhg=1
            for i in range(BZdzks,row+1):
                data.loc[i,'wheel']=1
            noted(BZdzks,row,hxjbh,BZwheel,BZhg)
            BZdzks=0
            BZpx=0
            BZhg=0
            hxjbh=0
            hgjzd=0
        else:
            BZdzks=0
            BZpx=0
            BZhg=0
```

```
                hxjbh=0
                hgjzd=0
            BZwheel=0
        else:
            continue
    elif BZwheel==-1:    #左转弯
        hxjbh+=data.loc[row,'dr']
        if abs(data.loc[row,'g'])>hgjzd:
            hgjzd=abs(data.loc[row,'g'])
        if(data.loc[row,'g']<15 and data.loc[row,'g']>-15):
            if abs(hxjbh)>=40:
                for i in range(BZdzks,row):
                    data.loc[i,'wheel']=-1
                if hgjzd>170:
                    BZhg=1
                noted(BZdzks,row,hxjbh,BZwheel,BZhg)
                BZdzks=0
                BZpx=0
                BZhg=0
                hxjbh=0
                hgjzd=0
            elif hgjzd>170:
                BZhg=1
                for i in range(BZdzks,row):
                    data.loc[i,'wheel']=-1
                noted(BZdzks,row,hxjbh,BZwheel,BZhg)
                BZdzks=0
                BZpx=0
                BZhg=0
                hxjbh=0
```

```
                    hgjzd=0
                else:
                    BZdzks=0
                    BZpx=0
                    BZhg=0
                    hxjbh=0
                    hgjzd=0
                BZwheel=0
        else:
                continue
note.to_csv(path_or_buf=r'e:\Desktop\note2.csv')
```

A.2.3 带滚转特征的转弯数据段处理

```
#数据记录在 note2 中
note2=pd.DataFrame(columns=['begin','end','type','sum','direction'])
length2=len(note.index)
BZgz=0      #滚转标识符
BZdk=0      #倒扣标识符
BZzwks=0  #转弯类机动动作开始帧
BZgzks=0  #滚转预备状态开始帧
point2=0
td=0          #倒扣时判断滚转方向
#以下规定动作类型号：1 代表转弯，2 代表半滚，3 代表全滚，4 代表倒扣
def half_roll_noted(BZgzks,row):                          #半滚动作
    global point2
    note2.loc[point2,'begin']=BZgzks                        #记录动作开始帧
    note2.loc[point2,'end']=row                             #记录动作结束帧
    note2.loc[point2,'type']=2                              #记录半滚动作
    for k in range(BZgzks,row+1):
```

```
        data.loc[k,'half_roll']=1
    point2+=1
def full_roll_noted(BZgzks,row):                   #全滚动作
    global point2
    note2.loc[point2,'begin']=BZgzks               #记录动作开始帧
    note2.loc[point2,'end']=row                    #记录动作结束帧
    note2.loc[point2,'type']=3                     #记录全滚动作
    for k in range(BZgzks,row+1):
        data.loc[k,'full_roll']=1
    point2+=1
def turn_noted(BZzwks,end,direction,hxjbh):       #普通转弯动作
    global point2
    note2.loc[point2,'begin']=BZzwks               #记录动作开始帧
    note2.loc[point2,'end']=end                    #记录动作结束帧
    note2.loc[point2,'type']=1                     #记录转弯动作
    note2.loc[point2,'direction']=direction
    note2.loc[point2,'sum']=abs(hxjbh)             #记录航向角变化绝对值总量
    point2+=1
for i in range(length2):                           #对转弯数据进行处理
    begin=int(note.loc[i,'begin'])
    end=int(note.loc[i,'end'])
    roll=int(note.loc[i,'roll'])
    BZzwks=begin
    hxjbh=0
    if roll==1:        #对存在横滚标识符的数据进行处理
        if data.loc[begin,'g']<0:     #判断横滚初始方向
            direction=-1
        elif data.loc[begin,'g']>0: #判断横滚初始方向
            direction=1
        for row in range(begin,end+1):
```

```
if BZdk==0:    #未处于倒扣状态
    if direction==-1:  #此时是向左转
        if row==end:
            if abs(hxjbh)>40:
                turn_noted(BZzwks,row,direction,hxjbh)
                hxjbh=0
        if BZgz==0:  #未滚转处于普通转弯状态
            hxjbh+=data.loc[row,'dr']
            if data.loc[row,'dg']<-2:  #data.loc[row,'dg']
                BZgzks=row  #滚转开始，记录当前帧
                BZgz=1
                continue
        if BZgz==1:  #处于滚转状态
            if data.loc[row,'dg']>0:   #data.loc[row,'dg']
                BZgz=0
            elif data.loc[row,'dg']>-1:
                if data.loc[row+1,'dg']>-1:  #下一帧也是大于-1
                    BZgz=0
            if BZgz==0:
                if((data.loc[row,'g']>-170)and(data.loc[row,'g']<-15)):
                    for j in range(BZgzks,row+1):
                        hxjbh+=data.loc[row,'dr']
                    continue
                if((data.loc[row,'g']>170)or(data.loc[row,'g']<-170)):
                    BZdk=1
                    if abs(hxjbh)>=30:
                        turn_noted(BZzwks,row,direction,hxjbh)
                    half_roll_noted(BZgzks,row)
                    for a in range(len(notejd.index)):
                        if(notejd.loc[a,'jd_or_bjd']==3):
```

```
                    if(abs(notejd.loc[a,'begin']-BZgzks)<=10):
                        notejd.loc[a,'begin']=BZgzks
                        break
                    else:
                        continue
                hxjbh=0
                BZzwks=row
                continue
            if((data.loc[row,'g']>90)and(data.loc[row,'g']<170)):
                if abs(hxjbh)>=30:
                turn_noted(BZzwks,BZgzks-1,direction,hxjbh)
                half_roll_noted(BZgzks,row)
                direction=1       #回到转弯状态，方向改变
                hxjbh=0
                BZzwks=row
                continue
            if((data.loc[row,'g']<90)and(data.loc[row,'g']>15)):
                if abs(hxjbh)>=30:
                turn_noted(BZzwks,BZgzks-1,direction,hxjbh)
                full_roll_noted(BZgzks,row)
                hxjbh=0
                BZzwks=row
                continue
        else:
            continue      #滚转未结束，继续
    else:
        continue          #滚转未开始，继续
if direction==1:   #此时是向右转
    if row==end:
        if abs(hxjbh)>40:
```

```
            turn_noted(BZzwks,row,direction,abs(hxjbh))
            hxjbh=0
    if BZgz==0:  #未滚转处于普通转弯状态
        hxjbh+=data.loc[row,'dr']
        if data.loc[row,'dg']>2:
            BZgzks=row   #滚转开始，记录当前帧
            BZgz=1
            continue
    if BZgz==1:  #处于滚转状态
        if data.loc[row,'dg']<0:    #data.loc[row,'dg']
            BZgz=0
        elif data.loc[row,'dg']<1:
            if data.loc[row+1,'dg']<1:  #下一帧也是小于 1
                BZgz=0
        if BZgz==0:
            if((data.loc[row,'g']<170)and(data.loc[row,'g']>15)):
                for j in range(BZgzks,row+1):
                    hxjbh+=data.loc[row,'dr']
                continue
         if((data.loc[row,'g']>=170)or(data.loc[row,'g']<=-170)):
                BZdk=1
                if abs(hxjbh)>=30:
              turn_noted(BZzwks,BZgzks-1,direction,hxjbh)
                half_roll_noted(BZgzks,row)
                for a in range(len(notejd.index)):
                    if(notejd.loc[a,'jd_or_bjd']==3):
                  if(abs(notejd.loc[a,'begin']-BZgzks)<=10):
                            notejd.loc[a,'begin']=BZgzks
                            break
                    else:
```

```
                            continue
                    hxjbh=0
                    BZzwks=row
                    continue
                if((data.loc[row,'g']<=-90)and(data.loc[row,'g']>-170)):
                    if abs(hxjbh)>=30:
                    turn_noted(BZzwks,BZgzks-1,direction,hxjbh)
                    half_roll_noted(BZgzks,row)
                    direction=-1          #回到转弯状态，方向改变
                    hxjbh=0
                    BZzwks=row
                    continue
                 if((data.loc[row,'g']>-90)and(data.loc[row,'g']<-15)):
                    if abs(hxjbh)>=30:
                    turn_noted(BZzwks,BZgzks-1,direction,hxjbh)
                    full_roll_noted(BZgzks,row) #记录全滚动作
                    hxjbh=0
                    BZzwks=row
                    continue
                elif row==end:
                    full_roll_noted(BZgzks,row)
                continue
            else:
                continue              #滚转未开始，继续
    if BZdk==1:    #当前处于倒扣状态
        if BZgz==0:
            if data.loc[row,'dg']>=2:
                BZgz=1
                td=1   #顺时针旋转
                BZgzks=row
```

```
            BZzwks=row #可能为转弯动作
            continue
        elif data.loc[row,'dg']<=-2:
            BZgz=1
            td=-1   #逆时针旋转
            BZgzks=row
            BZzwks=row #可能为转弯动作
            continue
        elif((data.loc[row,'dg']>-2)and(data.loc[row,'dg']<2)):
            continue
    if BZgz==1:
        hxjbh+=data.loc[row,'dr']
        if td==1:#顺时针
            if data.loc[row,'dg']<1:
                td=0
                BZgz=0
                if data.loc[row,'g']<=-150:    #未脱离倒扣状态
                    continue
                if data.loc[row,'g']>-150:
                    direction=-1
                    BZdk=0
                    BZgzks=0
                    if abs(hxjbh)>=40:
                        turn_noted(BZzwks,row,direction,hxjbh)
                        point2-=1 #退回去，万一更新了呢
                    continue
            if data.loc[row,'dg']>=1:
                if row==end:
                    half_roll_noted(BZgzks,row)
                continue
```

```
                if td==-1:  #逆时针
                    if data.loc[row,'dg']>-1:
                        td=0
                        BZgz=0
                        if data.loc[row,'g']>150:    #未脱离倒扣状态
                            continue
                        if data.loc[row,'g']<150:
                            direction=1
                            BZdk=0
                            BZgzks=0
                            if abs(hxjbh)>=40:
                                turn_noted(BZzwks,row,direction,hxjbh)
                                point2-=1 #退回去，万一更新了呢
                            continue
                    if data.loc[row,'dg']<=-1:
                        if row==end:
                            half_roll_noted(BZgzks,row)
                        continue
    else: #没有横滚，那就直接记录为普通转弯
        hxjbh=note.loc[i,'sum']
        BZzwks=note.loc[i,'begin']
        direction=note.loc[i,'direction']
        row=note.loc[i,'end']
        turn_noted(BZzwks,row,direction,hxjbh)
note2.to_csv(path_or_buf=r'e:\Desktop\note5.csv')
```

A.2.4 爬升/俯冲类机动动作识别

```
#存储爬升/俯冲类机动动作识别结果
note3=pd.DataFrame(columns=['begin','end','up_or_down'])
```

```
point3=0                #对爬升/俯冲类机动动作的识别
timel=0
timef=0
BZlaqi=0
BZdzjs=0                #动作切换记录变量
BZdzks=0                #动作开始记录变量
for row in range(length):              #对原始数据进行处理
    if data.loc[row,'H']<=200:         #200m 以下不管，高度变化量小于或等于 200m
        continue
    if BZlaqi==0:        #爬升/俯冲状态标识符
        if((data.loc[row,'f']<5)and(data.loc[row,'f']>0)): #计时器清零，进入下一帧
            timel=0
            timef=0
            BZdzks=0
            continue
        elif(data.loc[row,'f']>5.5):             #data.loc[row,'f'] 俯仰角的值
            if BZdzks==0:
                BZdzks=row       #拉起预备状态，记录动作开始帧
            if(data.loc[row,'f']>=10):  #10° 以上 2s，认定为进行了显著爬升
                timel+=0.25
                if(timel>=2):
                    BZlaqi=1        #爬升标识符
                    timel=0
                    for i in range(BZdzks,row+1):
                        data.loc[i,'climb']=1
                    note3.loc[point3,'begin']=BZdzks
                    note3.loc[point3,'up_or_down']=1
                    BZdzks=0
        elif data.loc[row,'f']<0:              #data.loc[row,'f'] 俯仰角的值
            if BZdzks==0:
```

```
            BZdzks=row
        if(data.loc[row,'f']<-2):
            timef+=0.25
        else:
            timef=0
        if(timef>=2):
            BZlaqi=-1        #俯冲标识符
            timef=0
            for i in range(BZdzks,row+1):
                data.loc[i,'climb']=-1
            note3.loc[point3,'begin']=BZdzks
            note3.loc[point3,'up_or_down']=-1
elif BZlaqi==-1:        #确定俯冲类机动动作时间段
    if data.loc[row,'f']<0 or data.loc[row,'f']<=-2:
        data.loc[row,'climb']=-1        #记录当前状态为俯冲类机动动作状态
        timef=0
        BZdzks=0
    else:
        if BZdzjs==0:
            BZdzjs=row
        timef+=0.25
        if timef>=2:
            note3.loc[point3,'end']=BZdzjs-1
            point3+=1
            BZdzjs=0
            BZlaqi=0
elif BZlaqi==1:             #确定爬升类机动动作时间段
    if data.loc[row,'f']>=5:
        data.loc[row,'climb']=1
        timel=0
```

```
            timef=0
            BZdzks=0
        else:
            if BZdzjs==0:
                BZdzjs=row
            timel+=0.25
            if timel>=2:
                note3.loc[point3,'end']=BZdzjs-1
                point3+=1
                BZdzjs=0
                BZlaqi=0
note3.to_csv(path_or_buf=r'e:\Desktop\note3.csv')
```

A.2.5 掐头去尾并延展

```
length2=len(note2.index)     #检索转弯数据文件行数
for i in range(length2):
    begin=int(note2.loc[i,'begin'])          #转弯数据段的起始帧
    end=int(note2.loc[i,'end'])              #转弯数据段的结束帧
    n=end-begin+1                            #转弯数据的长度
    for j in range(len(note3.index)):        #第一步，首先将占比较小的尾巴抹平
        x=int(note3.loc[j,'begin'])          #爬升/俯冲数据段的起始帧
        y=int(note3.loc[j,'end'])            #爬升/俯冲数据段的结束帧
        if((x>=begin)and(x<=end)):           #检查尾巴
            if((end-x+1<=13)or(((end-x)/n)<0.05)):
                note3.loc[j,'begin']=end+1 #爬升/俯冲数据段起始帧后延
        if((y>=begin)and(y<=end)):                #检查小头
            if((y-begin+1<=13)or(((y-begin+1)/n)<0.05)):
                note3.loc[j,'end']=begin-1 #爬升/俯冲数据段结束帧前提
        if(x>end):
```

```
            break    #爬升/俯冲已经离开本数据段
    for j in range(len(note3.index)):
        up_or_down=int(note3.loc[j,'up_or_down'])
        x=int(note3.loc[j,'begin'])        #爬升/俯冲数据段的起始帧
        y=int(note3.loc[j,'end'])          #爬升/俯冲数据段的结束帧
        if(x<=begin):
            if(y<=begin):
                continue
            elif(y<end):
                for k in range(y+1,end+1):
                    if(up_or_down==1):
                        if(data.loc[k,'dH']>=2):
                            note3.loc[j,'end']=k
                        if(data.loc[k,'dH']<2):
                            break
                    if(up_or_down==-1):
                        if(data.loc[k,'dH']<=-2):
                            note3.loc[j,'end']=k
                        if(data.loc[k,'dH']>-2):
                            break
            else:
                continue
        if((x>begin)and(x<end)):
            if(y<end):#情况 2
                for k in range(y+1,end+1):#向后延展
                    if(up_or_down==1):
                        if(data.loc[k,'dH']>=2):
                            note3.loc[j,'end']=k
                        if(data.loc[k,'dH']<2):
                            break
```

```
                if(up_or_down==-1):
                    if(data.loc[k,'dH']<=-2):
                        note3.loc[j,'end']=k
                    if(data.loc[k,'dH']>-2):
                        break
            for k in range(x-1,begin-1,-1):#向前延展
                if(up_or_down==1):
                    if(data.loc[k,'dH']>=2):
                        note3.loc[j,'begin']=k
                    if(data.loc[k,'dH']<2):
                        break
                if(up_or_down==-1):
                    if(data.loc[k,'dH']<=-2):
                        note3.loc[j,'begin']=k
                    if(data.loc[k,'dH']>-2):
                        break
        if(y>=end):#情况 3
            for k in range(x-1,begin-1,-1):#向前延展
                if(up_or_down==1):
                    if(data.loc[k,'dH']>=2):
                        note3.loc[j,'begin']=k
                    if(data.loc[k,'dH']<2):
                        break
                if(up_or_down==-1):
                    if(data.loc[k,'dH']<=-2):
                        note3.loc[j,'begin']=k
                    if(data.loc[k,'dH']>-2):
                        break
    if(x>=end):
        break #已经超过了，进入下一个表格
```

```
#涉及筋斗类机动动作的掐头去尾
note21=pd.DataFrame(columns=['begin','end','type','sum','direction'])
note31=pd.DataFrame(columns=['begin','end','up_or_down'])
abc=pd.DataFrame(columns=['tt'])
bcd=pd.DataFrame(columns=['tt'])
ttt=0
ppp=0
pointx=0
pointy=0
pointxx=0
pointyy=0
for i in range(len(notejd.index)):              #检索筋斗类机动动作数据文件行数
    begin=int(notejd.loc[i,'begin'])
    end=int(notejd.loc[i,'end'])
    n=end-begin+1                               #筋斗类机动动作数据的长度
    for j in range(len(note2.index)):           #洗 note2 的数据
        x=int(note2.loc[j,'begin'])             #转弯横滚等数据段的起始帧
        y=int(note2.loc[j,'end'])
        if(x>=end):
            continue
        if(y<=begin):
            continue
        abc.loc[ttt,'tt']=j
        ttt+=1
    for j in range(len(note3.index)):           #洗 note3 的数据
        x=int(note3.loc[j,'begin'])             #转弯横滚等数据段的起始帧
        y=int(note3.loc[j,'end'])
        if(x>=end):
            continue
        if(y<=begin):
```

```
                continue
            bcd.loc[ppp,'tt']=j
            ppp+=1
    for i in range(len(note2.index)):
        for j in range(len(abc.index)):
            if(i==abc.loc[j,'tt']):
                pointx=1
                continue
        if(pointx==1):
            pointx=0
            continue
        note21.loc[pointxx,'begin']=note2.loc[i,'begin']
        note21.loc[pointxx,'end']=note2.loc[i,'end']
        note21.loc[pointxx,'type']=note2.loc[i,'type']
        note21.loc[pointxx,'sum']=note2.loc[i,'sum']
        note21.loc[pointxx,'direction']=note2.loc[i,'direction']
        pointxx+=1
    for i in range(len(note3.index)):
        for j in range(len(bcd.index)):
            if(i==bcd.loc[j,'tt']):
                pointy=1
                continue
        if(pointy==1):
            pointy=0
            continue
        note31.loc[pointyy,'begin']=note3.loc[i,'begin']
        note31.loc[pointyy,'end']=note3.loc[i,'end']
        note31.loc[pointyy,'up_or_down']=note3.loc[i,'up_or_down']
        pointyy+=1
    note2=note2.reset_index(drop=True)
```

```
note21=note21.reset_index(drop=True)
note3=note3.reset_index(drop=True)
note31=note31.reset_index(drop=True)
```

A.2.6 整理识别组合机动动作，并输出最终识别结果

```
#创建一个列表 note1
note1=pd.DataFrame(columns=['begin','end','jd','bjd','bgdz'])
begin=0
for i in range(len(notejd.index)):        #筋斗类机动动作记录
    note1.loc[i,'begin']=notejd.loc[i,'begin']
    note1.loc[i,'end']=notejd.loc[i,'end']
    begin=notejd.loc[i,'end']+1
    if(notejd.loc[i,'jd_or_bjd']==1):     #有筋斗类机动动作
        note1.loc[i,'jd']=1
        note1.loc[i,'bjd']=0
        note1.loc[i,'bgdz']=0
    if(notejd.loc[i,'jd_or_bjd']==2):     #有筋斗倒转动作
        note1.loc[i,'bjd']=1
        note1.loc[i,'jd']=0
        note1.loc[i,'bgdz']=0
    if(notejd.loc[i,'jd_or_bjd']==3):     #有半筋斗倒转动作
        note1.loc[i,'bjd']=0
        note1.loc[i,'jd']=0
        note1.loc[i,'bgdz']=1
note1=note1.reset_index(drop=True)
#创建一个列表 note4
note4=pd.DataFrame(columns=['begin','end','wheel','half_roll','full_roll'])
begin=0
for i in range(len(note21.index)):           #滚转动作记录
```

```
        note4.loc[i,'begin']=note21.loc[i,'begin']
        note4.loc[i,'end']=note21.loc[i,'end']
        begin=note21.loc[i,'end']+1
        if(note21.loc[i,'type']==3):    #有全滚动作
            note4.loc[i,'full_roll']=1
            note4.loc[i,'wheel']=0
            note4.loc[i,'half_roll']=0
        if(note21.loc[i,'type']==2):    #有半滚动作
            note4.loc[i,'half_roll']=1
            note4.loc[i,'wheel']=0
            note4.loc[i,'full_roll']=0
        if(note21.loc[i,'type']==1):    #有转弯动作
            note4.loc[i,'wheel']=note2.loc[i,'direction']
            note4.loc[i,'full_roll']=0
            note4.loc[i,'half_roll']=0
    note4=note4.reset_index(drop=True)
    #创建一个列表 note6
    note6=pd.DataFrame(columns=['begin','end','climb','wheel','half_roll','full_roll','jd','bj
d','bgdz'])
    point6=0
    def notejg(begin,end,climb,wheel):
        global point6
        note6.loc[point6,'begin']=begin
        note6.loc[point6,'end']=end
        note6.loc[point6,'climb']=climb
        note6.loc[point6,'wheel']=wheel
        point6+=1
    for i in range(len(note4.index)):
        if(note4.loc[i,'full_roll']==1):
            note6.loc[point6,'begin']=note4.loc[i,'begin']
```

```
        note6.loc[point6,'end']=note4.loc[i,'end']
        note6.loc[point6,'full_roll']=1
        point6+=1
    elif(note4.loc[i,'half_roll']==1):
        note6.loc[point6,'begin']=note4.loc[i,'begin']
        note6.loc[point6,'end']=note4.loc[i,'end']
        note6.loc[point6,'half_roll']=1
        point6+=1
    else:
        begin=note4.loc[i,'begin']
        end=note4.loc[i,'end']
        wheel=note4.loc[i,'wheel']
        for j in range(len(note31.index)):     #对爬升/俯冲类机动动作进行识别检测
            up_or_down=int(note31.loc[j,'up_or_down'])
            x=int(note31.loc[j,'begin'])       #爬升/俯冲数据段的起始帧
            y=int(note31.loc[j,'end'])         #爬升/俯冲数据段的结束帧
            if(y<=begin):
                continue
            if(x>=end):
                continue
            if(x<=begin):
                if(y<end):
                    notejg(begin,y,up_or_down,wheel)
                else:
                    notejg(begin,end,up_or_down,wheel)
            if(x>begin):
                if(y<end):
                    notejg(x,y,up_or_down,wheel)
                if(y>=end):
                    notejg(x,end,up_or_down,wheel)
```

```
for i in range(len(note4.index)):   #存储普通转弯类机动动作
    if(wheel!=0):
        begin=note4.loc[i,'begin']
        end=note4.loc[i,'end']
        pointj=0
        for j in range(len(note6.index)):
            if((wheel!=0)and(up_or_down!=0)):
                x=int(note6.loc[j,'begin'])
                y=int(note6.loc[j,'end'])
                if(x>=end):
                    continue
                if(y<=begin):
                    continue
                pointj=1
        if(pointj==0):
            note6.loc[point6,'begin']=note4.loc[i,'begin']
            note6.loc[point6,'end']=note4.loc[i,'end']
            note6.loc[point6,'wheel']=note4.loc[i,'wheel']
            note6.loc[point6,'climb']=0
            point6+=1
        else:
            continue
for i in range(len(note31.index)):   #存储爬升/俯冲类机动动作
    begin=note31.loc[i,'begin']
    end=note31.loc[i,'end']
    pointj=0
    for j in range(len(note6.index)):
        if((wheel!=0)and(up_or_down!=0)):
            x=int(note6.loc[j,'begin'])
            y=int(note6.loc[j,'end'])
```

```
                if(x>=end):
                    continue
                if(y<=begin):
                    continue
                pointj=1
        if(pointj==0):
            note6.loc[point6,'begin']=note31.loc[i,'begin']
            note6.loc[point6,'end']=note31.loc[i,'end']
            note6.loc[point6,'climb']=note31.loc[i,'up_or_down']
            note6.loc[point6,'wheel']=0
            point6+=1
        else:
            continue
    for i in range(len(note1.index)):
        if(note1.loc[i,'jd']==1):
            note6.loc[point6,'begin']=note1.loc[i,'begin']
            note6.loc[point6,'end']=note1.loc[i,'end']
            note6.loc[point6,'jd']=1
            point6+=1
        elif(note1.loc[i,'bjd']==1):
            note6.loc[point6,'begin']=note1.loc[i,'begin']
            note6.loc[point6,'end']=note1.loc[i,'end']
            note6.loc[point6,'bjd']=1
            point6+=1
        elif(note1.loc[i,'bgdz']==1):
            note6.loc[point6,'begin']=note1.loc[i,'begin']
            note6.loc[point6,'end']=note1.loc[i,'end']
            note6.loc[point6,'bgdz']=1
            point6+=1
    note6=note6.reset_index(drop=True)
```

```
note6.to_csv(path_or_buf=r'e:\Desktop\note6.csv')
#最终表格数据生成
note7=pd.DataFrame(columns=['KStime','JStime','DZLX','GDBH','HXBH'])
point7=0
def jd(begin,end):                    #筋斗
    global point7
    note7.loc[point7,'KStime']=data.loc[begin,'time']
    note7.loc[point7,'JStime']=data.loc[end,'time']
    note7.loc[point7,'DZLX']='JD'
    point7+=1
def bjd(begin,end):                   #半筋斗
    global point7
    note7.loc[point7,'KStime']=data.loc[begin,'time']
    note7.loc[point7,'JStime']=data.loc[end,'time']
    note7.loc[point7,'DZLX']='BJD'
    point7+=1
def bgdz(begin,end):                  #半滚倒转
    global point7
    note7.loc[point7,'KStime']=data.loc[begin,'time']
    note7.loc[point7,'JStime']=data.loc[end,'time']
    note7.loc[point7,'DZLX']='BGDZ'
    point7+=1
def fcps(begin,end,up_or_down):   #爬升/俯冲
    global point7
    note7.loc[point7,'KStime']=data.loc[begin,'time']
    note7.loc[point7,'JStime']=data.loc[end,'time']
    if(up_or_down==1):
        note7.loc[point7,'DZLX']='PS'
    else:
        note7.loc[point7,'DZLX']='FC'
```

```
    note7.loc[point7,'GDBH']=(data.loc[end,'H']-data.loc[begin,'H'])
    point7+=1
def full_roll_noted(begin,end):          #横滚
    global point7
    note7.loc[point7,'KStime']=data.loc[begin,'time']
    note7.loc[point7,'JStime']=data.loc[end,'time']
    note7.loc[point7,'DZLX']='HG'
    point7+=1
def half_roll_noted(begin,end):          #半滚
    global point7
    note7.loc[point7,'KStime']=data.loc[begin,'time']
    note7.loc[point7,'JStime']=data.loc[end,'time']
    note7.loc[point7,'DZLX']='BHG'
    point7+=1
def wheel(begin,end,direction):          #左/右转弯、盘旋
    global point7
    note7.loc[point7,'KStime']=data.loc[begin,'time']
    note7.loc[point7,'JStime']=data.loc[end,'time']
    hxjbh=0
    for k in range(begin,end+1):
        hxjbh+=data.loc[k,'dr']
    note7.loc[point7,'HXBH']=abs(hxjbh)
    if(abs(hxjbh)>350):
        note7.loc[point7,'DZLX']='PX'
    else:
        if(direction==1):
            note7.loc[point7,'DZLX']='YZ'
        if(direction==-1):
            note7.loc[point7,'DZLX']='ZZ'
    point7+=1
```

```
#上升/下降盘旋、上升/下降（左/右）转弯
def climb_wheel(begin,end,up_or_down,direction):
    global point7
    note7.loc[point7,'KStime']=data.loc[begin,'time']
    note7.loc[point7,'JStime']=data.loc[end,'time']
    note7.loc[point7,'GDBH']=(data.loc[end,'H']-data.loc[begin,'H'])
    hxjbh=0
    for k in range(begin,end+1):
        hxjbh+=data.loc[k,'dr']
    note7.loc[point7,'HXBH']=abs(hxjbh)
    if(direction==1):
        if(abs(hxjbh)>350):
            if(up_or_down==1):
                note7.loc[point7,'DZLX']='Spx'
            else:
                note7.loc[point7,'DZLX']='Xpx'
        else:
            if(up_or_down==1):
                note7.loc[point7,'DZLX']='Syz'
            else:
                note7.loc[point7,'DZLX']='Xyz'
    else:
        if(abs(hxjbh)>350):
            if(up_or_down==1):
                note7.loc[point7,'DZLX']='Spx'
            else:
                note7.loc[point7,'DZLX']='Xpx'
        else:
            if(up_or_down==1):
                note7.loc[point7,'DZLX']='Szz'
```

```
                else:
                    note7.loc[point7,'DZLX']='Xzz'
        point7+=1
    for i in range(len(note6.index)):        #爬升/俯冲转弯、转弯
        x=int(note6.loc[i,'begin'])          #数据段的起始帧
        y=int(note6.loc[i,'end'])            #数据段的结束帧
        if(note6.loc[i,'jd']==1):            #筋斗
            jd(x,y)
            continue
        if(note6.loc[i,'bjd']==1):                 #半筋斗
            bjd(x,y)
            continue
        if(note6.loc[i,'bgdz']==1):          #半滚倒转
            bgdz(x,y)
            continue
        if(note6.loc[i,'full_roll']==1):  #全滚
            full_roll_noted(x,y)
            continue
        if(note6.loc[i,'half_roll']==1):
            half_roll_noted(x,y)
            continue
        if(note6.loc[i,'wheel']==0):        #无转弯
            if(note6.loc[i,'climb']==0):
                continue
            else:
                fcps(x,y,note6.loc[i,'climb'])
                continue
        if(note6.loc[i,'climb']==0):        #无爬升/俯冲
            if(note6.loc[i,'wheel']==0):
                continue
```

```
            else:
                wheel(x,y,note6.loc[i,'wheel'])
                continue
        if((note6.loc[i,'wheel']!=0)and(note6.loc[i,'climb']!=0)):
            climb_wheel(x,y,note6.loc[i,'climb'],note6.loc[i,'wheel'])
note7.to_csv(path_or_buf=r"e:\Desktop\jieguo.csv")
#（完）
```